ENSAYOS SOBRE ÉTICA

UNA LECTURA SEMANAL DE LA BIBLIA JUDÍA

מגיד
MAGGID

THE RABBI SACKS LEGACY

Rabino Jonathan Sacks

ENSAYOS SOBRE ÉTICA

Una lectura semanal de la Biblia judía

Edición Harari

TRADUCIDO POR:
Carlos Betesh & Amalia Silva

Maggid Books & The Rabbi Sacks Legacy

Ensayos sobre ética
Una lectura semanal de la Biblia judía

Maggid Books
Una edición de Koren Publishers Jerusalem Ltd.

POB 8531, New Milford, CT 06776–8531, EUA
& POB 4044, Jerusalén 9104001, Israel
www.maggidbooks.com

Imagen de portada © El encuentro de Abraham y Melquisedec,
c. 1626 (óleo sobre tabla), Peter Paul Rubens (1577–1640) /
Galería Nacional de Arte, Washington DC, EUA / Bridgeman Images

ISBN 978-1-59264-672-2, *pasta dura*

Un registro de este título en su idioma original inglés está disponible en el catálogo CIP a través de la Biblioteca Británica.

Impreso y encuadernado en los Estados Unidos de América

La traducción de esta obra está dedicada
a la memoria de nuestro amado esposo y padre.

Jose Askenazi Harari z"l

1 de Jeshvan 5783

Ciudad de México

"El justo que camina con integridad,
deja hijos benditos después de él".

- Rey Salomón

Hombre justo, bondadoso, generoso y, ante todo, agradecido con la vida.

Fuiste un ser humano altruista y solidario, siempre reconocido por su respeto e integridad.

Tus sabios consejos dejaron huella en todo aquel que te conoció.

Te admiramos y seguiremos tu enseñanza y ejemplo como un gran esposo, hijo, hermano, padre, abuelo, bisabuelo y amigo incondicional que sembraste en nosotros.

THE RABBI SACKS LEGACY

La organización The Rabbi Sacks Legacy perpetúa la sabiduría eterna y universal del Rabino Lord Jonathan Sacks como un maestro de la Torá, un líder entre líderes y una voz moral. Explora el archivo digital que contiene gran parte de los escritos, transmisiones y discursos del rabino Sacks, o apoya el trabajo de dicha organización en www.rabbisacks.org, y sigue The Rabbi Sacks Legacy en las redes sociales @RabbiSacks

Contenido

Prefacio a la edición en español

El Rabino Lord Jonathan Sacks fue sin duda el erudito más destacado de nuestra época. Sus perspectivas de la Torá, su sabiduría eterna y universal y su incomparable voz moral sirven como una auténtica luz guía de verdad y ética para muchos. La profundidad de sus palabras continúa expandiéndose y permeando el mundo entero, mientras personas de todas las religiones y orígenes se encuentran a sí mismas y a sus valores en sus hermosos y poderosos escritos. Estamos encantados de poder ofrecer a la audiencia de habla hispana algunos de los mensajes éticos más importantes del rabino Sacks para nuestro mundo contemporáneo a través de este libro, *Ensayos sobre ética.*

Una nota sobre la traducción:

El estilo literario del rabino Sacks se caracteriza por su carácter conciso, así como por su fluidez y precisión en el lenguaje. Esta traducción ha intentado apegarse al estilo literario del original inglés y capturar la voz singular del rabino Sacks.

El principal problema que planteó esta edición fue el criterio a utilizar para la traducción de nombres. El rabino Sacks optó por traducir todos los nombres hebreos a su equivalente en inglés, tales como "Abraham" (a diferencia de la transliteración "Avraham"), Moisés (en vez de "Moshé"). En esta traducción al español intentamos adherirnos a este estilo siempre que fue posible. Sin embargo, se han hecho algunas excepciones y tomamos la decisión de desviarnos periódicamente de esta regla general en situaciones en las que el nombre transliterado es más familiar para la mayoría de la audiencia, así como por otras razones estilísticas. Por ejemplo, se han decidido utilizar las formas transliteradas de "Itró" y "Noaj" (por encima de su traducción "Jetro" y "Noé") para que sean consistentes con las parashot (lecturas semanales de la Torá) del mismo nombre.

Oramos para que esta traducción cumpla su objetivo de transmitir la importante erudición del rabino Sacks a una audiencia completamente nueva, para que disfrute y se beneficie de sus conocimientos eternos.

Gila Chitiz
Gerente de proyecto

Prólogo

Convirtiendo la religión en ética

Joseph I. Lieberman*

Siendo alguien que cree en el servicio público y conoce qué tanto los líderes pueden influir en la vida del pueblo para bien o para mal, he estado avergonzado y profundamente preocupado por el número de líderes actuales que son culpables de comportamientos poco éticos e inmorales – líderes en el gobierno, la política, los negocios, los deportes y aun en la religión. De cierta manera, esto no tiene nada de nuevo. Desde el jardín del Edén, las personas han batallado con la elección

* Ahora Consultor Senior en el bufete de abogados de Kasowitz, Benso, Torres & Friedman en Nueva York, Joseph I. Lieberman fue miembro del Senado de los Estados Unidos de América por el Estado de Connecticut durante cuarenta y cuatro años. Al finalizar su servicio en enero de 2013, fue presidente del Comité de Seguridad Nacional y Asuntos Gubernamentales, y un alto miembro del Comité de Servicios Armados. Antes de ser electo al Senado en 1988, J.I. Lieberman sirvió durante diez años en el Senado del Estado de Connecticut y otros seis años como Procurador General de ese mismo Estado. En el año 2000 fue el candidato demócrata a la vicepresidencia de los Estados Unidos de América. El Senador Lieberman está casado con Hadassah Freilich Lieberman; juntos tienen cuatro hijos y diez nietos.

entre el bien y el mal. Pero en nuestros tiempos, demasiados líderes parecen perder su camino y tomar malas decisiones, las cuales a su vez, son comunicadas rápidamente a personas de todo el mundo a través de la telecomunicación moderna y las redes sociales. El resultado es una amplia y profunda desconfianza en el liderazgo en general y la consiguiente inseguridad popular sobre el presente y el futuro.

A este campo fangoso de fallas éticas es a donde llega ahora el Rabino Lord Jonathan Sacks con una pluma que es más poderosa que toda la inmoralidad. En este maravilloso volumen de ensayos que extraen lecciones éticas de cada porción semanal de la Biblia hebrea, el rabino Sacks habla con una voz fuerte, principista y elocuente. Sus perspectivas enriquecerán al lector en el entendimiento de la Torá y guiarán los esfuerzos diarios de cada uno de nosotros para elegir el bien sobre el mal.

En Génesis, observa el rabino Sacks, por primera vez la religión se convierte en ética. Abraham es el primer monoteísta, pero es también el primer monoteísta ético. Es instruido por Dios para guardar el camino del Eterno enseñando a sus hijos a hacer lo que es correcto y justo.

Un tema central de este libro y de otras de las obras del rabino Sacks, es que el comportamiento ético es la esencia de la vida y el destino judío. La observancia y los rituales religiosos han sido críticos para proteger los mandatos de la Biblia y permitir el milagro de la supervivencia judía a través de los milenios. Sin embargo, la razón principal de la existencia del pueblo judío es traer al mundo los valores que fueron codificados y transmitidos por Dios al hombre en el Sinaí. En este libro, el rabino Sacks avanza en esa misión de manera brillante.

Hay un mensaje poderoso en el viaje bíblico de los hijos de Israel desde la esclavitud en Egipto hasta la recepción de los Diez Mandamientos en el Sinaí. Y este es que la libertad por sí sola conduce generalmente a la inmoralidad, la violencia o el caos. La gente necesita reglas, necesita leyes. En Egipto, Moisés apela al Faraón no solo diciendo «deja salir a mi pueblo» sino «deja salir a mi pueblo para que sirva al Eterno». El divinamente guiado éxodo de Egipto es solo el principio del viaje; conduce inevitablemente a los Diez Mandamientos y a los requisitos para servir a Dios y defender los valores expresados en esos mandamientos y en la Torá.

Ya que las personas somos inherentemente imperfectas, los Diez Mandamientos —así como todas las buenas leyes desde entonces— son aspiracionales. Establecen un estándar para aquello que aspiramos ser pero que muchas veces no somos.

Las perspectivas del rabino Sacks en este libro habrían sido apreciadas por los hombres sabios, los fundadores de los Estados Unidos de América. Ellos eran conocedores de la Biblia hebrea. Tal vez es por eso por lo que entendieron que cargaban con una gran responsabilidad, no solo la de asegurar su libertad sino de adoptar reglas destinadas a fomentar un mejor comportamiento entre los ciudadanos. Debido a que sus experiencias con el monarca inglés los hicieron escépticos de la autoridad central (me disculpo por mencionar esto en el prefacio de un libro escrito por un lord inglés), quisieron que el alcance de su nuevo gobierno fuera limitado. Por lo tanto, ellos sabían que existía una necesidad de motivadores no-gubernamentales de buena conducta, y creían, así como lo hace el rabino Sacks, que no hay mejor motivador que la religión.

Vean las sabias palabras del presidente George Washington en su discurso de despedida:

> De todas las disposiciones y hábitos que conducen a la prosperidad política, la religión y la moralidad son soportes indispensables… Deben de ser respetadas tanto por el simple político como por el hombre piadoso. Un volumen es incapaz de trazar todas sus conexiones con la felicidad privada y pública… Que simplemente se pregunte: ¿Quién puede asegurar la propiedad, la reputación, la vida, si el sentido de la obligación religiosa abandona a los juramentos?… Y permitámonos, con cautela, la suposición de que la moralidad puede mantenerse sin la religión.[1]

Las ideas de Washington son tan verdaderas y necesarias hoy (particularmente para los «simples políticos») como lo fueron cuando las entregó en 1796.

Una de las grandes lecciones que surge de este libro, del texto bíblico y de las explicaciones del rabino Sacks, es que la creencia en el Creador lleva naturalmente a una ética de igualdad. Todos nosotros —reyes y plebeyos, presidentes y mendigos— somos igualmente

1. *American Daily Advertiser* (Filadelfia, 19 de septiembre de 1976).

bendecidos y merecemos ser tratados éticamente, porque todos somos hijos del mismo Dios. Pero hay otra forma en la cual la Torá deja en claro que no todos somos iguales, que se requiere más de algunos de nosotros. Cuanto mayor sea la posición, el poder o la autoridad de un individuo, más altos serán los estándares a los que él o ella estarán sujetos. Todos hemos sido llamados a vivir de acuerdo con la ley, pero son los líderes quienes deben de ser especialmente ejemplares en cuanto a moral y a ética se refiere, ya que el impacto de la conducta carente de honestidad de un rey o un presidente es mayor que el efecto del mal comportamiento de un plebeyo o un mendigo.

En la Biblia hay muchos ejemplos de este elevado estándar establecido para los líderes, incluyendo a Aarón el sumo sacerdote, al rey Saúl y al rey David. Pero el más conmovedor es sin duda Moisés, quien era tan grande como persona y líder, que Dios le hablaba «cara a cara» (Éxodo 33:11), pero que por perder el dominio de sí mismo en una ocasión, por perder la fe una sola vez, no le fue permitido entrar a la tierra prometida.

Todos aquellos que lean este libro se verán beneficiados. Para quienes se encuentren en posiciones de liderazgo debería ser obligatorio leerlo; con suerte lo harán y elegirán aplicar sus consejos éticos y morales en su trabajo.

Tal como escribe el rabino Sacks en su comentario a la porción de la Torá *de Emor* («Habla») en el libro de Levítico:

> Hace mucho tiempo fuimos convocados a demostrarle al mundo que la religión y la moral van de la mano. Nunca esto ha sido tan necesario como en esta era en la que la violencia, motivada por la religión, es flagrante en algunos países, y la desenfrenada secularidad predomina en otros. Ser judío es estar dedicado a la propuesta de que amar a Dios significa amar a Su imagen, la humanidad. En el siglo XXI, no hay desafío mayor ni más urgente.[2]

AS

2. Página 252

Introducción

Siete características de la ética judía

Hacia el final de su libro *Civilización: Occidente y el resto*, el historiador de Harvard Niall Ferguson relata una notable historia de cómo se le encargó a la Academia China de Ciencias Sociales la tarea de descubrir cómo fue que Occidente se convirtió en la fuerza preeminente en el mundo moderno. Hasta el siglo dieciséis, China había sido la civilización más avanzada del mundo, pero fue alcanzada y dejada atrás. ¿Qué fue lo que dio a Occidente la habilidad de desarrollarse tan rápido?

Un erudito chino contó la historia. Al principio, dijo, pensamos que era porque Occidente tenía mejores armas que las nuestras; militarmente eran más fuertes. Luego investigamos más a fondo y concluimos que era su sistema político; ellos desarrollaron la democracia mientras que nosotros no lo hicimos. Fuimos aún más a fondo y llegamos a la conclusión que era su sistema económico; ellos desarrollaron el libre mercado mientras que nosotros no. Pero durante estos últimos veinte años hemos conocido la verdadera respuesta: es su religión. Eso es lo que le dio a Occidente su ventaja crítica. Fue lo que hizo posible el desarrollo, primero del capitalismo y después de la política democrática — y estos alimentaron al resto.[1]

La religión en cuestión era, por supuesto, el cristianismo. Pero el cristianismo no nació en el siglo dieciséis cuando Occidente comenzó su precipitado crecimiento. Al contrario, tenía ya más de un milenio y medio de existencia, y había sido el poder dominante en Europa desde la conversión del emperador romano Constantino a principios del siglo cuarto. Algo sucedió durante el siglo dieciséis que convirtió a la cultura europea en la fuerza que produjo un acelerado desarrollo, y que a su vez la ubicó como líder intelectual, económico y político del mundo.

Lo que sucedió fue la Reforma, que especialmente en su forma calvinista provocó que los cristianos regresaran a leer lo que ellos llaman el Antiguo Testamento y que nosotros conocemos como el Tanaj o la Biblia hebrea. Fue este nuevo compromiso con la tradición judaica generado por los cristianos hebraístas de los siglos dieciséis y diecisiete aquel que tuvo un impacto decisivo en la política y la economía de Occidente. Fue entonces cuando la constelación de valores que ha venido a denominarse la herencia judeocristiana comenzó a tener un impacto transformador en Occidente, lanzándolo en su vuelo a la grandeza.

Esa civilización está ahora en peligro en la mayor parte de Europa y en muchas regiones de los Estados Unidos de América. En 1869, en el auge de la Inglaterra victoriana, Matthew Arnold argumentó que la cultura británica era el resultado del impacto combinado de dos antiguas civilizaciones: Atenas y Jerusalén. Las llamó, respectivamente, helenismo y hebraísmo. Grecia, dijo, dio al mundo la filosofía y la ciencia, mientras que la Biblia hebrea le dio su código moral. Como él dijo: «La idea suprema del helenismo es el ver las cosas tal como realmente son; la idea suprema del hebraísmo es conducta y obediencia»[2]. Esto significa que «mientras exista el mundo, todos aquellos que deseen progresar en justicia vendrán a Israel en busca de inspiración, al pueblo cuyo sistema judicial ha sido el más fuerte y brillante». Para Arnold, si lo que buscas es entender la moralidad, debes leer la Biblia hebrea.

1. Niall Ferguson, *Civilización: Occidente y el resto (Civilization: The West and the Rest)*, London: Allen Lane, 2011, 287.
2. Matthew Arnold, *Cultura y Anarquía (Culture and Anarchy)*, London: 1869, Cap. 4.

Desde su punto de vista, en su época, el espíritu del hebraísmo estaba en ascenso y no había suficiente helenismo en la cultura británica. Hoy la situación se ha invertido. De innumerables maneras, en su enfoque hacia el cuerpo, en el énfasis que hace en los bienes materiales y los deportes físicos, en su priorización de la política por sobre la moralidad personal como forma de cambiar al mundo, en su enfoque hacia la ética sexual, el aborto y la eutanasia, Occidente ha regresado ahora a los valores y prácticas de la Grecia y Roma precristianas. Así es como Ferdinand Mount lo explica:

> Muchas veces, sin ser mínimamente conscientes de ello, el modo en el que vivimos nuestras ricas y variadas vidas corresponde, casi inquietantemente, a la manera en la que los griegos y los romanos vivieron las suyas. Ya sea que estemos comiendo y bebiendo, tomando un baño, haciendo ejercicio o haciendo el amor, meditando, admirando o cuestionando, nuestros hábitos de pensamiento y acción, nuestras distracciones y concentraciones recuerdan a las suyas. Es como si los 1,500 años pasados desde la caída de Roma hubieran sido solo un descanso de las formas tradicionales de ser humano.[3]

Tal vez esto pueda ser sostenible, pero la probabilidad es que no sea así. Grecia en la era de los estoicos y los epicúreos, y Roma en los siglos I y II eran sociedades al borde de la decadencia. Sus logros culturales, especialmente los de Atenas, fueron insuperables. Pero les faltó la habilidad de sobrevivir, recuperarse de la catástrofe y renovarse a sí mismos. Declinaron y cayeron. Hay algo acerca del estilo de vida iniciado por Abraham, moldeado y estructurado por la revelación en el Monte Sinaí y cuya voz moral provino de los profetas, que tocó la imaginación de un pueblo pequeño y sin distinción, elevándolo vez tras vez a la grandeza espiritual. En su seno se encontraba una visión moral de lo que es ser humano bajo la soberanía divina, una visión que tiene aún la capacidad de inspirarnos y levantarnos tanto individual como colectivamente.

3. Ferdinand Mount, *Full Circle: How the Classical World Came Back to Us* (London: Simon and Schuster, 2010), 1.

Yo no soy uno de aquellos que creen, como Dostoievski, que «si Dios no existe, todo está permitido»; no se necesita ser religioso para ser moral. Platón, Aristóteles y los estoicos tuvieron todos profundas perspectivas morales. El hinduismo y el budismo tienen sus propios códigos y tradiciones. Existen también las grandes herencias chinas del confucionismo y el taoísmo. Ninguna de ellas fue un monoteísmo abrahámico. Cada sociedad necesita un código de conducta que ayude a sus miembros a vivir en colaboración y de forma constructiva. Hay honor incluso entre ladrones, como dijo Yehudá Haleví. Alguna forma de moralidad es una característica universal en los grupos humanos.

La biología evolutiva y la neurociencia nos han ayudado a entender cómo y por qué funciona esto. Todos los animales sociales son capaces de actuar en beneficio del grupo como un todo. Transmitimos nuestros genes como individuos, pero sobrevivimos como miembros de un grupo. Las simulaciones por computadora han mostrado que la cooperación necesita de un patrón de comportamiento conocido como altruismo recíproco, lo que significa, a grandes rasgos, que si tú te comportas bien conmigo yo me comportaré bien contigo. De esto se derivan las dos características casi universales de la vida moral: la llamada regla de oro, «Actúa con otros de la forma en la que deseas que ellos actúen contigo» y el principio de la justicia de medida–por–medida, «Como hagas a otros, así otros te harán». Ellas fluyen de la lógica de la cooperación misma.

Más aún, podemos localizar esto dentro del cerebro. Los animales sociales poseen una característica que los lleva al comportamiento moral: las así llamadas neuronas espejo que nos hacen estremecer cuando vemos a alguien más padeciendo dolor. Estas son la base de la empatía (sentir con) y la simpatía (sentir por). Entonces, por naturaleza e independientemente de las convicciones religiosas, estamos inclinados a ser animales morales. Pero no todos los sistemas morales son iguales. En esta introducción deseo enfocarme en siete características de la ética de la Torá, que la hacen transformadora y singularmente sostenible a través del tiempo. Grandes civilizaciones llegan y se van, el judaísmo llegó para quedarse. Estas son algunas de las razones del por qué:

1. La dignidad del individuo

Primero encontramos la dignidad sin precedente del individuo, señalada en la declaración del primer capítulo de la Torá: «Hagamos a la humanidad a nuestra imagen, conforme a nuestra semejanza» (Génesis 1:26). Cada ser humano, sin importar su clase, color, cultura o credo, lleva dentro de sí mismo la imagen de Dios. Esto, de acuerdo con Ben Azai, sabio de la Mishná, es el principio esencial de la Torá.[4]

La idea de que un ser humano podía ser creado a la imagen de Dios no era nueva en el antiguo Cercano Oriente. Eso es lo que se creía que eran los reyes mesopotámicos, emperadores asirios y faraones egipcios: los hijos de los dioses o los principales intermediarios con los dioses. Era una descripción estándar de realeza. Lo revolucionario en la Biblia fue la proposición de que esto aplica por igual para todos nosotros. El concepto de los derechos humanos no nació sino hasta el siglo diecisiete, y sin embargo, es justo decir que su posibilidad fue creada en esas palabras.

Los rabinos anotaron algunas de las implicaciones. Una mishná en Sanedrín (4:5) dice que los humanos fueron creados uno a uno (la Torá habla de la creación del primer hombre y la primera mujer) para enseñar que una sola vida es como un universo. Cuando una persona destruye una vida, es como si hubiera destruido un universo. Cuando una persona salva una vida, es como si hubiera salvado un universo. También fueron creados de forma individual por el bien de la paz, para que nadie pueda decir a otro: «Mis antepasados fueron más grandes que los tuyos». Y por último, la mishná concluye que fue para mostrar la grandeza del Santo Bendito Sea, ya que cuando los humanos crean muchas monedas de un solo molde todas resultan iguales, pero Dios crea a cada persona a la misma imagen, Su imagen, y sin embargo son todos diferentes. Por lo tanto, estamos todos obligados a decir, «Por mi causa es que el mundo fue creado».

Aquí hay un punto importante que vale la pena destacar. El monoteísmo no es solo un conjunto de creencias sobre Dios. También tiene profundas implicaciones para nuestro entendimiento de la humanidad.

4. Sifra, *Kedoshim* 4:12.

Al descubrir a Dios, solo y singular, los hombres descubrieron el significado del individuo, solo y singular. De ahí que tengamos comentarios como el de Moisés: «¿Pecará un hombre y te enojarás con toda la congregación?» (Números 16:22). De ahí también la aparición por primera vez en la literatura de personajes tan claramente individualizados como Moisés, David, Elías y Jeremías, a la par de mujeres como Débora, Rut, Noemí y Ana. Estas no son las figuras bidimensionales tan representativas del mito, sino más bien personalidades complejas que piensan y actúan como individuos.

2. *Libertad Humana*

En segundo lugar, tenemos el énfasis que pone la Torá en la libertad colectiva y personal la cual se desprende de la lógica del monoteísmo. Los dioses del mundo antiguo eran parte de la naturaleza. Eran más poderosos que los humanos e inmortales, pero existían dentro de los confines del mundo natural. El Dios de la Torá *trasciende* lo natural porque Él creó a la naturaleza como un acto libre de la voluntad. Porque Dios es libre y nos ha dotado con Su imagen, nosotros también somos libres.

Este regalo de libertad define el drama humano tal y como fue expuesto en los primeros capítulos del Génesis, porque significaba, fatídicamente, que los seres humanos podían desobedecer a Dios. Adán y Eva, los primeros seres humanos, desobedecieron la primera orden recibida. Caín, el primer hijo del ser humano, se convirtió en el primer asesino. En la época de Noaj el mundo estaba lleno de violencia. Dios «se arrepintió de haber creado a los seres humanos en la tierra, y Su corazón se turbó profundamente» (Génesis 6:6). A pesar de esto, en ninguna parte del Tanaj se sugiere que Dios haya considerado alguna vez retirar el regalo de la libertad. En la Torá está implícita la idea radical de que el Dios libre busca el servicio libre por parte de seres humanos libres.

La libertad es uno de los principios fundamentales de la fe judía. El Rambám la codifica como tal.[5] Cada uno de nosotros, dice, somos capaces de ser tan piadosos como Moisés o tan malvados como

5. Maimónides, *Mishné Torá,* Hiljot Teshuvá 5:3.

Jeroboam. Este punto se expresa tanto al principio como al final de la Torá. En el principio, está contenido en el breve discurso de Dios para Caín, de quien Él sabe que está en las garras de la ira y al borde de cometer un acto violento: «¿Por qué estás enojado? ¿Por qué ha decaído tu semblante? ¿Acaso no serás aceptado si haces lo correcto? Pero si no haces lo correcto, el pecado se asoma a tu puerta; desea poseerte, pero tú debes dominarlo» (Génesis 4:6–7). En otras palabras: es parte de la naturaleza humana el estar sujetos a impulsos profundamente arraigados que en ciertas ocasiones pueden ser necesarios para la supervivencia, pero que en otras, resultan disfuncionales y destructivos. Debemos ser capaces de controlar nuestras pasiones. Como dijo Freud, la civilización está marcada por la habilidad de posponer la gratificación del instinto. La mayor parte de las leyes de la Torá están dedicadas a inculcar esto.

Al final de la Torá, habiendo recapitulado la historia de los israelitas, Moisés plantea una elección suprema: «Este día convoco a los cielos y la tierra como testigos en su contra que he puesto delante de ustedes la vida y la muerte, bendiciones y maldiciones. Elijan ahora la vida para que puedan vivir ustedes y sus hijos» (Deuteronomio 30:19). Individual y colectivamente somos libres de elegir entre el bien y el mal, y *nuestras elecciones determinan nuestro destino*. Somos agentes morales, y por lo tanto, responsables y llamados a rendir cuentas de lo que hacemos.

Este énfasis en la libertad es una de las características definidoras del judaísmo. La mayoría de las otras civilizaciones hasta cierto punto la han negado. Los griegos enseñaron que estamos sujetos al destino y a fuerzas que están fuera de nuestro control; esta es la base de la tragedia griega. Estamos, dijo Pablo, en las garras del pecado, llevando aún las cicatrices de la desobediencia de los primeros humanos; por lo tanto, necesitamos el sacrificio de alguien más para que expíe por nosotros. La creencia judía de que no estamos contaminados por el pecado original y de que somos capaces de elegir entre el bien y el mal sin una ayuda divina especial, no es compartida por todas las formas de cristianismo, donde se la conoce como la herejía pelagiana.

Es importante notar que el judaísmo no toma la libertad a la ligera. No es fácil, ni en el nivel individual ni en el colectivo. Como Dios le dijo a Caín, el pecado se asoma a la puerta y desea dominarnos. En términos neurocientíficos, el córtex prefrontal nos ayuda a entender las consecuencias de nuestras acciones y con ello a elegir el bien, pero siendo el sistema límbico más rápido y poderoso, muchas veces nos vemos atrapados por fuertes emociones. De ahí la importancia de la vida de autodisciplina engendrada por los mandamientos. De ahí también la centralidad de la familia como marco de la educación moral. La Torá nos dice que Dios escogió a Abraham «para que él ordene a sus hijos y a su casa después de él, para que guarden el camino del Eterno, haciendo lo que es correcto y justo» (Génesis 18:19). Se necesitan familias fuertes, comunidades unidas y un código moral compartido para producir individuos con la fuerza para ser libres.

Lo mismo es cierto en el nivel colectivo. La totalidad de la Torá, desde el comienzo del Éxodo hasta el final de Deuteronomio, trata acerca de lo que es crear una sociedad libre en contraposición con la esclavitud que los israelitas experimentaron en Egipto. «No hay nada más difícil que el aprendizaje de la libertad», dijo Alexis de Tocqueville.[6] Dios, que creó el universo en libertad, desea que la humanidad a quien Él dio el regalo de la elección cree un universo social en el cual todos puedan vivir en libertad.

3. *La santidad de la vida*

En tercer lugar, se encuentra el principio expuesto en el pacto noájida — el pacto que Dios hizo con Noaj después del diluvio, y a través de él con toda la humanidad: «Quien derramare sangre del hombre, por el hombre, su sangre será derramada, porque a la imagen de Dios el hombre fue creado» (Génesis 9:6). La vida es sagrada. Cada uno de nosotros fuimos creados a imagen de Dios, Su única imagen, ya que el crear imágenes está totalmente prohibido. Por lo tanto, el asesinato es más que un crimen; es un acto de sacrilegio, una deshonra a Dios mismo.

En general, la Torá es una protesta contra el uso de la violencia para alcanzar fines humanos. El drama humano puede resumirse de la siguiente manera: *Dios es libre. Dios crea el orden. Dios le da libertad al*

6. Alexis de Tocqueville, *Democracy in America (La democracia en América)*, New York: Vintage Books, 1954, 1:256.

hombre. El hombre, entonces, crea el caos. De ahí que la pregunta a la cual la Torá, la Biblia hebrea y el judaísmo como un todo están dirigidos sea: ¿Pueden coexistir la libertad y el orden? La respuesta es la vida moral tal y como la Torá la concibe. *La moralidad es aquel sistema compartido de restricciones autoimpuestas, que permite que mi libertad coexista con la tuya.*

La alternativa a la moralidad es la violencia. La violencia es el intento de satisfacer mis deseos a costa de los tuyos. Yo deseo X, tú tienes X, tú te interpones en mi camino para que yo obtenga X, por lo tanto, si yo he de tener lo que deseo, debo forzarte a renunciar a X. La violencia es la imposición de mi voluntad en el mundo a través de la fuerza. Y así nace la ley del más fuerte. Tal como los atenienses dijeron a los melios, «Tal como va el mundo, ustedes saben tan bien como nosotros que el derecho no existe más que entre iguales del poder, mientras los poderosos hacen lo que quieren los débiles sufren lo que deben».[7] O como dijera Trasímaco en *La República* de Platón, la justicia no es otra cosa sino lo que sirve los intereses del más fuerte. Esto es lo que Nietzsche vio como el principio fundamental de la existencia humana: la voluntad de poder.

El judaísmo es una protesta sostenida en contra de este estilo de vida. Aun Dios mismo, Creador del universo, gobierna por derecho, no por la fuerza. Ese es el significado de la historia del Éxodo y por qué es central para la Torá. *El poder supremo interviene en la historia para liberar al supremamente impotente.* La razón por la que Dios envió plagas contra Egipto, el imperio más poderoso del mundo antiguo, fue para mostrarle que *aquellos que gobiernan por la fuerza son vencidos por la fuerza.* La razón por la cual Dios eligió a una nación pequeña y de alguna forma inconsecuente, para ser los portadores de Su pacto, fue, al menos en parte, para mostrar *el poder del* indefenso cuando tiene de su lado al derecho y no a la fuerza.

La alternativa al poder es la ley: la ley aceptada y obedecida libremente. Solo al observar el estado de derecho —ley que se aplica por igual tanto a ricos como a pobres, a poderosos como a impotentes— escapamos del trágico ciclo de libertad que engendra conflicto, que conduce al caos y que resulta en el uso de la fuerza que genera tiranía, la libertad de

7. Tucídides, *El diálogo de Melos (The Melian Dialogue)* 5.84–116.

pocos y la esclavitud de muchos. *Dios se revela a Sí mismo en la forma de la ley, porque la ley es la constitución de la libertad.* Esa es la forma moral de una sociedad de libertades bajo la soberanía de Dios.

4. *Culpa, no vergüenza*

Todas las sociedades necesitan un código moral compartido. Por lo tanto, todas necesitan un proceso de socialización, pero no todas hacen esto de la misma manera. La antropóloga Ruth Benedict hizo una distinción fundamental entre *las culturas de la vergüenza* y *las culturas de la culpa*. En las culturas de la vergüenza el valor más importante es el honor, en las culturas de la culpa es la justicia, «hacer lo que es correcto porque es correcto». En las culturas de la vergüenza la moralidad funciona a través de un sentido de lo que los demás esperan de ti. La vergüenza en sí misma es el sentido de la desgracia que sufriríamos si otros descubrieran lo que hemos hecho. La culpa no tiene nada que ver con las opiniones de los demás sino con la voz de la conciencia. Las culturas de la vergüenza tienen su enfoque puesto fuera de uno mismo, mientras que las culturas de la culpa se enfocan en el interior del ser.[8]

Esto tiene consecuencias significativas. Aquel que ha sido avergonzado ha sido marcado, manchado, estigmatizado. La única forma de escapar de la vergüenza es marcharse e irse a vivir a otro lugar o, in extremis, suicidarse. Las culturas de la culpa son distintas porque hacen una clara distinción entre el agente y el acto, entre el pecador y el pecado. El acto cometido puede ser malo, pero el agente permanece sin mancha, intacto. Tal como decimos en nuestras oraciones matutinas, «El alma que Tú me diste es pura», aun si yo he hecho cosas que son impuras. De este modo, en las culturas de la culpa existe siempre la posibilidad del remordimiento, el arrepentimiento, la expiación y el perdón. Podemos resarcir las relaciones rotas, podemos expiar por los pecados, podemos disculparnos y ser perdonados. Lo que hicimos no nos mantiene eternamente cautivos. Lo que hagamos en el futuro puede

8. *El crisantemo y la espada: los patrones de la cultura japonesa (The Chrysanthemum and the Sword: Patterns of Japanese Culture)*, Boston: Houghton Mifflin, 1946.

expiar por aquello que hicimos en el pasado. Una cultura de la culpa es una moralidad de libertad. Una cultura de la vergüenza es una moralidad de conformismo y control social.

Mucho se ha escrito acerca de Génesis 2–3, la historia de los primeros seres humanos en el Jardín el Edén y del primer pecado: comer del fruto del Árbol del Conocimiento. Sin embargo, pocos han entendido que esta es en realidad una historia acerca de la diferencia entre la culpa y la vergüenza. En *Vergüenza y necesidad,*[9] Bernard Williams señala que la vergüenza es esencialmente un fenómeno visual. Cuando sientes vergüenza estás experimentando o imaginando lo que sería estar siendo observado por otros haciendo lo que hiciste. El primer instinto al sentir vergüenza es desear ser invisible o estar en otro lugar. La culpa, por contraste, es más un fenómeno auditivo y no tanto visual. Ella representa la voz interna de la conciencia. El volverse invisible o el ser transportado a otro sitio puede calmar la vergüenza, pero no tiene ningún efecto sobre la culpa. La voz te acompaña donde quiera que estés.

Lee cuidadosamente la historia de Adán y Eva y el fruto prohibido, y verás que trata acerca de los fenómenos visuales y la vergüenza. En un principio, la pareja estaba desnuda y «no se avergonzaban» (Génesis 2:25). Después, Eva observa que el fruto era «agradable a la vista» (Génesis 3:6). La pareja comió del fruto y «los ojos de ambos fueron abiertos» (Génesis 3:7). Buscaron cubrir su desnudez. Por primera vez se vieron a sí mismos como otros podrían verlos y experimentaron vergüenza. Es entonces cuando escucharon «la voz de Dios» (Génesis 3:8) y trataron de esconderse. Todas estas son señales inconfundibles de una cultura de la vergüenza. La historia de Adán y Eva no trata acerca del pecado original ni acerca del conocimiento como tal. Trata acerca del peligro de seguir a los ojos en vez de escuchar la palabra de Dios con los oídos. El verbo hebreo *shemá,* un término clave de la fe judía, significa tanto «escuchar» o «entender» como «obedecer». El judaísmo, la religión del Dios-a-quien-no-se-puede-ver, es una moralidad de la culpa, no de la vergüenza.

9. Bernard Williams, *Vergüenza y necesidad (Shame and Necessity),* Berkeley: University of California Press, 1993.

5. *Lealtad y amor*

El quinto principio se hace aparente tan pronto notamos una característica extraña del libro del Génesis. Por lo general pensamos en el judaísmo como un monoteísmo abrahámico, y al monoteísmo mismo como un rechazo y una protesta en contra del politeísmo del mundo antiguo. Sin embargo, el Génesis no contiene una sola polémica en contra de la idolatría. Aparte de una oscura referencia a Raquel robando los *terafim* de su padre, «dioses domésticos» o «fetiches» (Génesis 31:19), no hay siquiera una mención acerca de ella. Y sin embargo no hay duda de que la historia del Génesis, a partir del capítulo 12 y hasta el final, trata de una única y singular familia que vive de manera distinta a las demás naciones y culturas que la rodean. ¿En qué consiste esta diferencia?

Existe un tema conductor. Siempre que un miembro de la familia del pacto deja el núcleo familiar, él o ella encuentra un mundo de anomia sexual. Tres veces fueron forzados Abraham e Isaac a dejar su hogar a causa de la hambruna, y en cada ocasión sintieron que sus vidas corrían peligro. Ellos serían asesinados para que sus esposas pudieran ser llevadas al harén real (Génesis 12, 20, 26). Cuando dos extraños, que resultaron ser ángeles, visitan a Lot en Sodoma, los habitantes del pueblo rodean la casa de Lot exigiendo que los saque con el propósito de cometer una violación homosexual. Cuando Dina sale a visitar Shejem, es secuestrada y violada por el príncipe del lugar. Cuando José, en Egipto, se queda solo con la esposa de su amo, ella intenta seducirlo y cuando él se resiste lo hace encarcelar bajo el cargo falso de violación.

Hasta los mismos miembros de la familia de Abraham se corrompen cuando viven en medio del pueblo. Las hijas de Lot emborrachan a su padre y tienen relaciones incestuosas con él. Judá, quien ha dejado a sus hermanos para vivir entre los cananitas, no siente reparos en tener relaciones sexuales con una mujer a quien toma por prostituta.

Aquí se formula una idea verdaderamente notable: que hay una conexión entre la idolatría y el desenfreno sexual. Y existe un principio corolario acerca de la fe abrahámica: que la relación entre Dios y la humanidad, y específicamente entre Dios y el pueblo del pacto, es una relación de amor —amor moralizado, amor como un acto, amor como un compromiso y una obligación mutua. La palabra bíblica *emuná*, generalmente traducida como «fe», no significa esto en absoluto. No es un atributo cognitivo, o algo que crees que sea verdad. Pertenece a una esfera de discurso completamente diferente. Es un atributo moral y significa *fidelidad*, como en un matrimonio. La fe en la Biblia hebrea es la historia de un amor —el amor de Dios por la creación, por la humanidad, y por una familia en particular: los hijos de Abraham. Un amor lleno de pasión, pero que no siempre, o incluso a menudo, es correspondido. En algunas ocasiones, como en los libros mosaicos, es descrito como la relación entre un padre y un hijo. En otras ocasiones, particularmente en la literatura profética, se representa como el amor entre un esposo y una esposa a menudo infiel. Pero nunca es menos que amor.

El judaísmo fue el primer sistema moral en colocar al amor interpersonal en el centro de la vida moral: el amor a Dios «con todo tu corazón, con toda tu alma y con todas tus fuerzas» (Deuteronomio 6:5), amor a «tu prójimo como a ti mismo» (Levítico 19:18), y amor al extranjero porque «tú sabes lo que se siente ser extranjero» (Éxodo 23:9). Más tarde esto fue adoptado por el cristianismo y continúa siendo un elemento distintivo de la ética judeocristiana. Todos los sistemas morales tienen en su centro un principio de justicia o altruismo recíproco: haz a otros como deseas que hagan contigo. Pero el amor es algo distinto y más demandante.

De ahí la importancia fundamental de la ética sexual en el judaísmo, de la santidad del matrimonio y de la familia como núcleo de la sociedad y el lugar en el cual los niños son iniciados en la vida moral. Esto se da a conocer desde temprano en la historia bíblica. En el único lugar en el cual la Torá afirma el por qué Abraham fue elegido, dice, «Porque Yo lo he elegido para que él ordene a sus hijos y a su casa después de él, para que guarden el camino del Eterno, haciendo lo que es correcto y justo» (Génesis 18:19). De ahí también el significado de la circuncisión como la señal del pacto, como diciendo que la santidad tiene una conexión directa con la forma en la que conducimos nuestras relaciones sexuales. Parece que la Torá ve el impulso darwiniano de transmitir los propios genes a la siguiente generación, y con ello el fenómeno del macho alfa que domina el acceso a las hembras, como una de las principales causas de la violencia en una sociedad. El judaísmo se trata tanto de la moralización del sexo, como de la moralización del poder, y los dos están conectados.

6. La ética del pacto

Lo que hace al matrimonio fundamental a la ética de la Torá es su naturaleza de pacto. Fue Nietzsche en *La genealogía de la moral* quien argumentó que el acto primario de la vida moral es hacer una promesa. Una promesa es una obligación bajo la cual me coloco a mí mismo. Concilia así a la libertad y el orden —a la libertad, porque yo he elegido obligarme a mí mismo, y al orden porque si soy digno de confianza, se puede confiar en que mantendré mi palabra. Un pacto es en esencia un intercambio de promesas. Dos o más partes acuerdan estar obligadas por ciertos compromisos, prometiéndose una a la otra cumplirlos en una relación abierta de cuidado mutuo.

Los pactos eran una característica común de la política del antiguo Cercano Oriente. Eran por lo general acuerdos de paz entre poderes potencialmente conflictivos. La Torá toma este recurso y le da un uso completamente nuevo, para definir la relación entre los seres humanos y Dios, y para darle forma a la vida moral. Encontramos en la Torá tres pactos entre Dios y los seres humanos —el primero con Noaj y a través de él con toda la humanidad, el segundo con Abraham y su descendencia, y el tercero con Moisés y los israelitas en el Monte Sinaí. Fue el tercero de estos el que dio al judaísmo su constitución de libertad bajo la soberanía de Dios.

En el Sinaí los israelitas acordaron convertirse en una nación unida a Dios a través de un pacto que implicó la adopción de un detallado código moral y social. Ellos debían construir una sociedad de justicia y compasión, de libertad y dignidad humana, cuya lógica residía, en parte, en sus recuerdos del exilio y la esclavitud en Egipto. En realidad, se les encargó construir una especie de antitipo de Egipto libre de opresión y explotación. Al mismo tiempo, acordaron estar sujetos a una ética de santidad cuyo propósito era el recordarles que la Presencia Divina moraba en medio de ellos. Una sociedad basada en un pacto es una en la que la responsabilidad individual y colectiva le pertenecen al pueblo como un todo, y en donde la historia es percibida como un comentario continuo sobre el estado social de la nación. La moralidad en sí misma, es vista no simplemente como una ley natural inherente a la creación ni como la voluntad arbitraria de un Dios que demanda obediencia ciega sino como un acuerdo entre Dios y un pueblo a la luz de su relación a lo largo del tiempo.

El pacto genera una ética de responsabilidad social. Tiene sus raíces en un sentido de historia e identidad. Se basa en la creencia de que una sociedad libre es un logro moral, y un logro por cuyo mantenimiento todo el pueblo comparte responsabilidad.

7. *El pacto dual*

Finalmente llegamos a la característica única de la ética judaica, una muy malentendida y criticada; y ella es la ética dual generada por un lado con el pacto de Noaj, y por el otro con los israelitas en el Sinaí. El primero es universal, el segundo particular. El pacto con Noaj aplica a todos los seres humanos en virtud de su humanidad, el pacto del Sinaí es específico a los miembros de la comunidad del pacto. Esto refleja la dualidad de la situación humana.

Por un lado, reconocemos una afinidad especial hacia los parientes, hacia los miembros de nuestra familia. Ahí es, de hecho, en donde primero se forma el vínculo moral. Conforme crecemos nuestro sentido de obligación se amplía para incluir a los amigos, los vecinos, los miembros de la comunidad y los conciudadanos. Todos los grupos humanos tienen esta configuración, la obligación de ayudar a aquellos dentro del mismo grupo. Darwin reconoció esto, escribiendo en *El origen del hombre*:

> Una tribu que incluye a muchos miembros, quienes por poseer en alto grado el espíritu de patriotismo, fidelidad, obediencia, valentía y simpatía, estuvieron siempre listos a proporcionarse ayuda los unos a los otros y a sacrificarse a sí mismos por el bien común, será victoriosa por sobre la mayoría de las demás tribus; y esto constituirá la selección natural.[10]

10. Darwin, *El origen del hombre (The Descent of Man)*, Princeton, NJ: Princeton University Press, 1981, 166.

Favorecemos a los parientes por sobre quienes no lo son, a los amigos por sobre los extraños, al grupo íntimo por sobre el grupo externo. Sin esto, los grupos no existirían en absoluto y nosotros los necesitamos porque somos animales sociales, no individuos aislados: «No es bueno que el hombre esté solo» (Génesis 2:18). La pertenencia a un grupo es fundamental para el sentido de identidad.

Por otro lado, un sistema moral que falla en reconocer las obligaciones hacia los extraños simplemente generaría tribus en continua guerra. De hecho, parece estar implícito en la Torá que los israelitas experimentaron el exilio y la esclavitud para grabar esta verdad en su memoria colectiva: «No debes oprimir a los extranjeros. Ustedes conocen lo que se siente ser extranjero, ya que ustedes mismos fueron extranjeros en la tierra de Egipto» (Éxodo 23:9).

Esto es lo que representa el pacto dual del judaísmo. Por una parte, somos humanos y compartimos un conjunto de obligaciones básicas entre nosotros por virtud de ese hecho. Todos fuimos creados a imagen y semejanza de Dios. Todos estamos obligados por las reglas básicas de justicia y equidad. Cada vida es sagrada. La violencia y el asesinato son atentados en contra de la condición humana. Esto es lo que Abraham quiso decir cuando le explicó a Abimelec, rey de Gerar, por qué había dicho que Sara era su hermana y no su esposa: «Me dije: Seguramente no hay temor de Dios en este lugar, y ellos me matarán por causa de mi mujer» (Génesis 20:11). En Génesis, el temor de Dios —identificado como *Elohim* en vez de *Hashem*— supone ser un conjunto básico de principios compartidos sobre lo que la moralidad exige, incluso entre extraños.

Por otra parte, el pacto del Sinaí no está dirigido a la humanidad en su conjunto. Está dirigido específicamente a los israelitas en su rol de «reino de sacerdotes y nación sagrada» (Éxodo 19:6). Este es más demandante que el pacto de Noaj, tanto porque se espera que los israelitas sean ejemplares y modelos a seguir para una vida santa, como porque existen fuertes lazos de parentesco entre ellos. Ellos comparten un pasado, un conjunto de memorias y un destino; son como una familia extendida. La mayor parte de la legislación social, por ejemplo, en Levítico 25, usa el lenguaje de parentesco: «Cuando *tu hermano* se vuelva pobre…»

Ha habido épocas en las que el grupo primario ha sido la tribu; el resultado fue la guerra. Ha habido también intentos de abolir completamente a los grupos en favor del universal; el ejemplo clásico fue la Ilustración Europea. Sin embargo, la identidad de grupo regresó en el siglo diecinueve bajo la forma de estados nacionales y de raza. El resultado de los estados nacionales europeos fue dos guerras mundiales. El culto a la raza provocó el Holocausto. No podemos escapar de la identidad, y de aquí la tensión entre quienes pertenecen al grupo y quienes no. La única solución que yo conozco que aborda este tema de una forma clara y con principios es la de la Torá con sus dos pactos, uno representando nuestras obligaciones hacia la humanidad como un todo, y el otro nuestras obligaciones hacia nuestros compañeros de la comunidad de destino y fe. Esta dualidad inusual representa las dos grandes características de la vida moral: la universalidad de la justicia y la particularidad del amor.[11]

El eclipse de la moralidad bíblica

Esas son las siete características que diferencian a la ética bíblica de otros sistemas éticos: la dignidad humana, la libertad, la santidad de la vida, el arrepentimiento y el perdón, la centralidad del matrimonio y la familia, el pacto como la base de la obligación moral y una ética dual de justicia por un lado y amor por el otro. Muchas de estas creencias, quizás todas, se encuentran actualmente amenazadas en el Occidente contemporáneo.

Primero, la dignidad humana. Uno de los resultados de la biología darwiniana ha sido el erosionar las diferencias entre los humanos y otros animales. Compartimos el 98% de nuestros genes con los primates. En 1997, un grupo de científicos distinguidos declaró en un comunicado acerca de la clonación humana: «El rico repertorio de pensamientos, sentimientos, aspiraciones y deseos de la raza humana parece surgir de procesos cerebrales electroquímicos y no de un alma

11. Aquí, vea los libros de: Jonathan Sacks, *No en nombre de Dios (Not in God's Name)* New York: Schocken, 2015, y Avishai Margalit, Ética *del recuerdo (The Ethics of Memory)* Cambridge, MA: Harvard University Press, 2002.

inmaterial que opera en formas incapaces de ser descubiertas por instrumento alguno».[12] Nietzsche fue el primero en ver que mientras más encumbrados eran nuestros logros científicos, más baja resultaba nuestra autoevaluación como humanos. En un pasaje profético, escribió: «Por desgracia. desapareció la fe (del hombre) en su dignidad, singularidad e insustituibilidad en el orden jerárquico de los seres — se ha convertido literalmente, incondicionalmente y sin reservas en un animal».[13] Parece que la dignidad humana no puede sobrevivir a la pérdida del concepto de la imagen de Dios.

La idea de la libertad de la voluntad se ha visto erosionada en favor de una serie de determinismos científicos y científico-sociales: lo que hacemos es causado por las condiciones sociales, las fuerzas económicas, los impulsos inconscientes, nuestros genes o nuestros instintos codificados y establecidos. No es claro que se haya podido dar o que algún día pueda darse una explicación científica acerca de la libertad humana, ya que la ciencia se encarga de las relaciones causales y no del comportamiento intencionado. En virtud de esto, la libertad es una ilusión. Y si es así, resulta difícil entender cómo el ideal de una sociedad libre puede ser sustentable en el largo plazo, pues ¿para qué buscar la libertad colectiva si la libertad individual no es nada más que una ilusión?

Tuve una vez una conversación en televisión con un neurocientífico de Oxford que era un determinista, convencido de que nada de lo que hacemos, incluida su participación en el programa televisivo, era producto de una libre elección. Le pregunté por qué, si esto era cierto, deberíamos de continuar teniendo leyes, tribunales, juicios y un concepto de justicia. Si se descubre a alguien quebrantando la ley, entonces lo lógico sería tratarlo con psicofármacos o neurocirugía. Él contestó, «Bueno, puedo entender que en sociedades totalitarias la gente se pueda ver tentada a hacer eso». Él simplemente no podía ver que, si el libre albedrío no existe, no habría razón para *oponerse* al totalitarismo.

12. La Academia Internacional de Humanismo (The International Academy of Humanism), *Declaration in Defense of Cloning and Integrity of Scientific Research,* Free Inquiry 17, no. 3 (Summer 1997): 11–12.

13. Nietzsche, *La genealogía de la moral (On the Genealogy of Morality),* edición Keith Ansell-Pearson, traducción de Carol Diethe (Cambridge, NY: Cambridge University Press, 2007), 115.

Yo prefiero el ingenioso comentario del novelista yiddish Isaac Bashevis Singer, quien dijo, «*Debemos* ser libres. No tenemos otra opción».

Tercero, con la legalización del aborto por razones distintas a salvar la vida de la madre, y la campaña —ya exitosa en varios países— en favor de la eutanasia voluntaria y la muerte asistida Occidente ha perdido en gran medida el concepto de la santidad de la vida. En su lugar ha adoptado el principio de la autonomía. Desde esta perspectiva, mi vida me pertenece y yo puedo disponer de ella como me plazca. Este es un retroceso a la ética de la Grecia y la Roma precristianas, culturas que no tuvieron reparos sobre el aborto, –incluido el infanticidio– y la eutanasia.

Cuarto, con la propagación de las redes sociales ha regresado la ética de la vergüenza, vívidamente descrita en el libro de Jon Ronson *Humillación en las redes.*[14] El juicio a través de las redes es una regresión a los viejos rituales de estigmatización. En la moralidad de la vergüenza, lo que importa son las apariencias. El mandamiento supremo es «No deberás ser descubierto». En una sociedad de la vergüenza es difícil crear espacio para la confesión, el arrepentimiento, el perdón y la rehabilitación. Las culturas de la vergüenza tienden a ser profundamente conformistas, y pueden conducir al gobierno de la mafia o, tal como en la actualidad, al fenómeno del rebaño digital.

Quinto, la santidad del matrimonio ha desaparecido de grandes franjas de Occidente. En Gran Bretana y los Estados Unidos de América casi la mitad de todos los niños nacen fuera del marcodel matrimonio, menos gente se está casando, aquellos que lo hacen se casan tarde y la mitad de todos los matrimonios terminan en divorcio. El precio lo han pagado los ninos. En el transcurso de dos generaciones ha habido un incremento masivo en el abuso del alcohol y las drogas, desórdenes alimenticios, síndromes relacionados con el estrés, depresión e intentos de suicidio. Ha habido también un incremento en la pobreza infantil, causada por la prevalencia de familias monoparentales. Tal vez a largo plazo, la consecuencia más significativa sea la caída en las tasas de natalidad —que ya se encuentran por debajo de los niveles de reemplazo

14. Jon Ronson, *Humillación en las redes (So You've Been Publicly Shamed)*, London: Picador, 2015. Véase también Jennifer Jaquet, *Is Shame Necessary? New Uses for an Old Tool* (London: Allen Lane, 2015).

en todos los países europeos. Europa está envejeciendo, contrayéndose y muriendo lentamente, su población se sostiene solamente por niveles de inmigración sin precedentes.

Sexto, la base del pacto de la sociedad se ha debilitado en gran parte de Occidente. En *El hogar que construimos juntos,*[15] argumenté que la idea de la sociedad-como-hogar ha sido desplazada por la sociedad-como-hotel. Los ciudadanos pagan impuestos tal como los huéspedes pagan sus gastos de hotel, a cambio de lo cual obtenemos nuestra habitación en la que podemos hacer lo que nos plazca siempre y cuando no molestemos a los demás. La idea de que estamos ligados a nuestros conciudadanos por lazos de identidad, pertenencia, moralidad compartida y lealtad colectiva se vio debilitada por el individualismo de los 1960s y dañada aún más por el mal pensado multiculturalismo de los 1980s.

Por último, Occidente rara vez consideró la idea de un pacto dual, con la excepción de una ética de guerra: hay ciertas cosas que son moralmente inadmisibles incluso en un estado de conflicto militar, ya que nuestros oponentes son también seres humanos y por lo tanto poseen ciertos derechos inalienables. Ese concepto murió en el Holocausto, fue resucitado en 1948 en la Declaración Universal de los Derechos Humanos de las Naciones Unidas, y ha sido destruido una vez más en nuestros días por grupos como ISIS y Al Qaeda, quienes no hacen distinciones entre combatientes y no–combatientes ni siguen ninguna de las clásicas reglas de guerra.

En resumen, la tradición moral que formó a Occidente por muchos siglos —la cual, de acuerdo con la Academia China de Ciencias Sociales, le dio su capacidad única de liderar al mundo en ciencia, tecnología, economía de mercado y política democrática— corre el peligro real y presente de eclipsarse. Lo que la reemplazará no será una sociedad libre, abierta, tolerante y respetuosa de los derechos sino la barbarie. Se cumplirá el escenario de *La República* de Platón: la democracia dará paso a la anarquía, la cual a su turno cederá el espacio a la tiranía.

Una sociedad libre es un logro moral; esa es la perspectiva central de la Torá. Depende de la existencia de un código moral compartido,

15. Jonathan Sacks, *El hogar que construimos juntos (The Home We Build Together)*, London: Continuum, 2007.

un código que nos enseñan nuestros padres, un código que internalizamos conforme crecemos, un código por cuyo mantenimiento somos todos colectivamente responsables. Hoy, en gran parte de Occidente, la moralidad ha sido en gran medida tercerizada a gobiernos y organismos reguladores. El Estado se encarga de las consecuencias del fracaso del matrimonio y de la casi total ausencia de una ética sexual. Los organismos reguladores se vuelven responsables de implementar éticas profesionales. La gente se desliza imperceptiblemente desde «Tengo el derecho de hacer X» a «Tengo razón en hacer X», lo que significa que aquello que no está prohibido por la legislación está moralmente permitido y es, por lo tanto, moralmente razonable. El resultado final es que hay muy poco espacio para la moralidad-como-la-voz-de-la-conciencia. En el pasado, este tipo de sistema nunca ha sido capaz de resultar exitoso en el largo plazo, y no hay razón alguna para suponer que lo será en el futuro.

Lo que nació en la Torá fue una notable visión moral. Partes de esta nos pueden parecer opacas hoy en día, y otros elementos han sido reinterpretados por la Ley Oral; sin embargo, en sus principios básicos nos enseñó a valorar al individuo, a proteger como sagrados los lazos entre marido y mujer, padre e hijo, y a honrar el pacto que une a la sociedad en su conjunto. Si Occidente pierde esto, la gente no dejará de ser moral, pero pasará a un sistema moral similar al que prevalecía en la Grecia precristiana del siglo tercero, la era de los epicúreos y los estoicos; o en la Roma del siglo primero, sobre la cual dijera Livio: «No podemos soportar nuestros vicios ni su cura». Estas eran sociedades en decadencia.

Por eso es importante que reflexionemos y nos abramos a la visión ética de la Torá, que es lo que he tratado de hacer en estos estudios de la parashá semanal. Claramente no son una presentación sistemática del tema, sino más bien un conjunto de ideas e impresiones. Pero siguen siendo «un Árbol de Vida», enseñándonos, en el mejor de los casos, a amar, a dar y a perdonar, a buscar la justicia y a practicar la compasión, a procurar hacer el bien y lo que es correcto a los ojos de Dios y de nuestros compañeros humanos.

Al final de su libro *La historia de los judíos,* Paul Johnson escribió lo siguiente:

> A ellos (los judíos) les debemos la idea de la igualdad ante la ley, tanto divina como humana; de la santidad de la vida y la dignidad del ser humano; de la conciencia individual y por lo tanto de la redención personal; de la conciencia colectiva y por lo tanto de la responsabilidad social; de la paz como un ideal abstracto y del amor como el fundamento de la justicia, y muchos otros elementos que constituyen el mobiliario moral básico de la mente humana.[16]

El sistema moral iniciado por la Torá, perfeccionado y refinado por la Tradición Oral y más de tres mil años de reflexión y esclarecimiento, sigue siendo nuestra más grande herencia de sabiduría y comprensión de la condición humana bajo la soberanía de Dios —y Su reto perdura: convertirnos en Su socio en el trabajo de la creación y sanar las heridas de un mundo fracturado.

No siempre resulta fácil escribir libros en medio de las presiones de la vida pública, lo cual significa que para ello siempre he dependido de mi equipo. He sido especialmente bendecido por mi actual grupo de colaboradores compuesto por Joanna Benarroch, Dan Sacker y Debby Ifield, por quienes agradezco diariamente al Todopoderoso. Es un placer trabajar con ellos, y sin su tranquila eficiencia y devoción que va más allá del llamado del deber, dudo si hubiera sido capaz de escribir este libro o cualquiera de los otros estos últimos años.

En uno de los salmos más hermosos, el rey David escribe: «¿Quién es capaz de discernir sus propios errores? Perdona mis faltas ocultas». Siempre es fácil equivocarse, y tengo que agradecer a dos personas en particular por señalar errores tanto en esta como en otras obras: a David Frei, registrador del Beit Din de Londres y al Profesor Leslie Wagner. Estoy en deuda con ellos. David posee una gama de conocimientos que es simplemente impresionante y Leslie puede detectar una lógica defectuosa a grandes distancias. Nadie podría pedir amigos mejores o más gentiles.

16. Paul Johnson, *La historia de los judíos (A History of the Jews)*, New York: HarperCollins, 1987, 585.

Como siempre, mis agradecimientos a mi editor Matthew Miller, a mi correctora de estilo Gila Fine, así como a todo el equipo de Maggid Books —Deena Glickman, Nechama Unterman, Tali Simon y Tomi Mager— por su maravilloso entusiasmo y profesionalismo. Es un privilegio trabajar con ellos.

Tengo una inmensa deuda de agradecimiento con el senador Joe Lieberman, no solo por su hermoso prefacio al libro sino también por la forma en la que él y Hadassah han sido modelos a seguir tanto en su vida pública como dentro de la comunidad judía. Ellos han sido un *kidush Hashem*. Han mostrado la belleza moral de nuestra fe y su preocupación por la justicia y la compasión, la libertad y la dignidad, viviendo todo lo que yo he tratado de articular en este libro. Elaine y yo atesoramos su amistad.

Y guardo mi más profundo agradecimiento para mi esposa Elaine y para nuestros hijos Joshua, Dina y Gila y sus respectivas familias. Ellos me han enseñado más de lo que yo les he enseñado a ellos. He observado y admirado cómo han vivido vidas de principios morales. Me han inspirado con su integridad y valentía, su «firmeza en el derecho como Dios nos los da para ver lo correcto». El mundo al que ellos se enfrentan en este siglo turbulento exigirá los ideales morales más elevados. Que Hashem les dé a ellos y a nosotros la fuerza para vivir por aquello que importa, para hacer lo correcto aun si es lo más difícil, y para convertirnos a través de nuestras vidas y obras, en una bendición para el mundo.

Jonathan Sacks
Londres
Tamuz 5776

AS

Génesis

בראשית

Bereshit

La génesis de la justicia

Existen palabras que cambian el mundo, pero ningunas más que las de las dos frases que aparecen al comienzo de la Torá:

> Entonces dijo Dios: "Hagamos a la humanidad a nuestra imagen, a nuestra semejanza, para que pueda reinar sobre los peces en el mar y sobre las aves en el cielo, sobre el ganado y todos los animales salvajes, y sobre todas las creaturas que se desplazan sobre el suelo".
>
> *Entonces Dios creó la humanidad a Su propia imagen, en la imagen de Dios la creó; macho y hembra los creó* (Génesis 1:26–27).

La idea expuesta aquí es quizás la más transformadora de toda la historia del pensamiento moral y político. Es la base de la civilización occidental con su particular énfasis en el individuo y en la igualdad. Se encuentra en las palabras de Thomas Jefferson en la declaración de la independencia de Estados Unidos: "Consideramos evidentes por sí mismas las siguientes verdades: todos los hombres han sido creados iguales y han sido dotados por el Creador de ciertos derechos inalienables…" Estas verdades son cualquier cosa *menos* "evidentes". Serían consideradas absurdas por Platón, quien sostenía que la sociedad debía basarse en el mito de que los humanos se dividen en personas de oro, plata y bronce, y que eso es lo que determina su estatus en la sociedad. Aristóteles creía que algunos habían nacido para gobernar y otros para ser gobernados.

Las expresiones revolucionarias no despliegan su magia de un día para otro. Como explicó Maimónides en su *Guía de los perplejos*, se necesita mucho tiempo para que la gente cambie. La Torá existe en función del tiempo. No abolió la esclavitud, pero puso en marcha una serie de desarrollos –notablemente el Shabat, en el que todas las jerarquías de poder entraban en suspensión y los esclavos tenían un día de libertad– que estaban destinados a abolir la esclavitud en el tiempo apropiado.

La gente es lenta para comprender lo que implican las ideas. Thomas Jefferson, abanderado de la igualdad, era propietario de esclavos. La esclavitud recién se abolió en 1860 y tras una guerra civil. Y como lo señalara Abraham Lincoln, tanto los defensores como los detractores de la esclavitud citaron a la Biblia para defender su posición. Pero con el tiempo la gente cambia, y lo hace por efecto de ideas implantadas muy anteriormente en la mentalidad occidental.

Pero, ¿qué dice exactamente el primer capítulo de la Torá?

Lo primero que se observa es que no se trata de una expresión aislada, una manifestación sin un contexto. Se trata en realidad de una polémica, una protesta contra cierta forma de comprender al universo. En todos los mitos de la antigüedad el mundo era explicado como batallas entre dioses por su afán de dominación. La Torá descarta de plano esa manera de pensar. Dios habla y el universo es creado. Esto, según el gran sociólogo del siglo XIX Max Weber, fue el fin del mito y el comienzo del racionalismo occidental.

Más significativamente aún, creó una nueva forma de pensar el universo. Tanto en el mundo del mito de la antigüedad como en la ciencia del mundo moderno, la idea del poder, la energía y la fuerzaresulta central. Eso es lo que está significativamente ausente en Génesis 1. Dios dice, "Haya," y "hay". Acá no hay ningún poder, resistencia, conquista o juego de fuerzas. En su lugar, el vocablo clave de la narrativa que se repite siete veces es totalmente inesperado: es la palabra *tov*, bueno.

Tov es una palabra moral. La Torá en Génesis 1 nos está diciendo algo radical. La realidad por la cual se guía la Torá (la palabra "Torá" significa guía, instrucción, ley) es moral y ética. La pregunta que Génesis busca contestar no es "¿cómo se creó el universo?" sino "entonces, ¿cómo viviremos?" Este es el cambio de paradigma más significativo de la Torá. El universo que Dios creó y en el cual habitamos no trata sobre poder y dominación sino sobre *tov* y *ra*, lo bueno y lo malo.[1] Por primera vez, la religión se tornó una cuestión ética. A Dios le importa la justicia, la compasión, la lealtad, la bondad, la dignidad del individuo y la santidad de la vida.

Este mismo principio, de que Génesis 1 es polémico y parte de una discusión con un entorno es esencial para comprender la idea de que Dios creó a la humanidad "a Su imagen, a Su semejanza". Este lenguaje no resultaría extraño para los primeros lectores de la Torá. Era algo que conocían bien. Era habitual en las primeras civilizaciones de la Mesopotamia y del antiguo Egipto que había ciertas personas que decían haber sido creadas a imagen de Dios. Eran los reyes de las ciudades estado de la Mesopotamia y los faraones de Egipto. Nada podía ser más radical que decir que no solo los reyes y gobernantes tenían esa imagen. La tenemos todos. Aún ahora esta idea es arriesgada; cuánto más lo sería en la era de los gobernantes absolutos con poder absoluto.

Aclarado esto, Génesis 1:26–27 no es una expresión metafísica acerca de la naturaleza del ser humano sino *una protesta política en contra del fundamento de las jerarquías, las sociedades basadas en castas o clases sociales*, ya sea en la antigüedad o en tiempos modernos. Eso es lo que hace que esta sea la idea más incendiaria de la Torá. En cierto sentido fundamental, somos todos iguales en dignidad y valor final, pues fuimos creados a Su imagen, independientemente de color, cultura o credo.

Una idea similar aparece más adelante en la Torá en relación con el pueblo judío, cuando Dios lo invita a ser un reino de sacerdotes y una nación sagrada (Éxodo 19:6). Todas las naciones de la antigüedad tenían sacerdotes, pero ninguna era "un reino de sacerdotes". Todas las religiones tenían individuos santos – pero ninguna proponía que todos sus integrantes lo fueran. Esto también llevó tiempo en materializarse. Durante toda la era bíblica hubo jerarquías. Estaban los sacerdotes y

1. Mi visión acerca del significado de la historia de Adán y Eva y el árbol del conocimiento debe esperar a otra ocasión. Mientras tanto, ver Maimónides, Guía de los perplejos, I:2.

los sumo sacerdotes, una élite santa. Pero después de la destrucción del Segundo Templo, cada plegaria era un sacrificio, cada líder de rezo un sacerdote, cada sinagoga un fragmento del Templo. Se estaba desarrollando un profundo sentido de igualdad el amparo de la Torá, los rabinos lo sabían muy bien y lo vivieron.

Una segunda idea está contenida en la frase "para que puedan reinar sobre los peces en el mar y sobre las aves en el cielo". Obsérvese que no hay sugerencia alguna de que alguien tenga derecho al dominio sobre otro ser humano. En *Paradise Lost* (Paraíso Perdido), Milton, al igual que el Midrash, señala que este fue el pecado de Nimrod, el primer gran rey de Asiria e implícitamente el creador de la Torre de Babel (ver Génesis 10:8–11). Milton plantea que cuando a Adán le dijeron que Nimrod se "atribuiría un dominio no merecido" se horrorizó:

> ¡Oh, hijo execrable! que aspira
> a elevarse a sí mismo por sobre sus hermanos atribuyéndose
> una autoridad usurpada, pero no por Dios dada:
> El Eterno nos otorgó domino absoluto tan solo sobre la bestia,
> el pez, el ave;
> ese derecho tenemos
> por Su don; pero nada ha hecho al hombre
> señor sobre los hombres, sino que
> tal título lo guardó Dios para Sí mismo
> dejando al humano libre de lo que es humano
> (*Paradise Lost,* 12:64–71).

En esa época, cuestionar el derecho del hombre a reinar sobre sus semejantes sin su consentimiento era algo totalmente impensado. Todas las sociedades avanzadas eran así. ¿Cómo podía ser de otra forma? ¿Acaso no era esa la verdadera estructura del universo? ¿Acaso el sol no reinaba de día? ¿Acaso la luna no lo hacía por noche? ¿Acaso no había una jerarquía de dioses en el firmamento? Ya estaba implícita aquí la profunda ambivalencia que la Torá mostraría con relación a la institución de la monarquía, el reinado del "hombre sobre el hombre". La tercera implicancia se encuentra en la paradoja de Dios al decir "Hagamos al humano a nuestra imagen, a nuestra semejanza". A veces, al leer estas palabras olvidamos que en el judaísmo *Dios no tiene imagen ni semejanza.* Hacer una imagen de Dios sería transgredir el segundo de los Diez Mandamientos y ser culpable de idolatría. Eso lo enfatizó Moisés en la revelación del Sinaí: "Ustedes no vieron imagen, sólo oyeron el sonido de las palabras" (Deuteronomio 4:12).

Dios no tiene imagen porque no es un ente físico. Trasciende el universo físico porque Él lo creó. Por lo tanto, es libre, sin las limitaciones de las leyes que gobiernan la materia. Eso es lo que quiere decir Dios cuando le dice a Moisés que Su nombre es "Yo seré el que seré" (Éxodo 3:14), y luego, después del pecado del becerro de oro, le dice: "Yo tendré misericordia con quién tenga misericordia". Dios es libre, y al crearnos a Su imagen nos dio el poder de serlo.

Este, como lo señala claramente la Torá, fue el legado más trascendental de Dios. Una vez entregada la libertad, los humanos la malversaron. Adán y Eva no obedecieron la orden de Dios. Caín asesinó a Abel. Al final de la parashá nos encontramos con un mundo destruido por el diluvio por estar plagado de violencia, al punto de que Dios se arrepiente de haber creado la humanidad. Este es el drama del Tanaj y del judaísmo como tal. ¿Usaremos nuestra libertad respetando el orden o la despreciaremos para generar el caos? ¿Honraremos o ignoraremos la imagen de Dios que habita en el corazón y la mente humana?

Estas no son preguntas solamente antiguas. Están tan vigentes ahora como en el pasado. La cuestión planteada por pensadores importantes –desde que Nietzsche propuso abandonar tanto a Dios como a la ética judeocristiana– es si la justicia, los derechos humanos y la dignidad incondicional de la persona humana son capaces de sobrevivir solo en términos seculares. El propio Nietzsche opinó que no.

En 2008 el filósofo de Yale Nicholas Woltersdorff publicó un trabajo en el que argumenta que nuestro concepto occidental de justicia se basa en la idea de que "todos nosotros tenemos igual valor: el valor de haber sido creados a la imagen de Dios y haber sido amados en redención por Dios".[2] Insiste en que no hay nada en el plano secular sobre el cual pueda estructurarse la justicia. Eso mismo es lo que quiso expresar

2. Nicholas Woltersdorff, *Justice: Rights and Wrongs* (Princeton, NJ: Princeton University Press, 2008), 393.

John F. Kennedy en su discurso inaugural cuando habló de "la creencia revolucionaria por la que lucharon nuestros antepasados" de que "los derechos del hombre provienen, no de la generosidad del Estado, sino de la mano de Dios".[3]

Ciertas ideas trascendentales han hecho de Occidente lo que es, ideas como la de los derechos humanos, la abolición de la esclavitud, la igualdad y la justicia basada en el derecho y no en el poder.[4] Todas estas derivan ulteriormente del primer capítulo de la Torá, de que hemos sido creados a la imagen y semejanza de Dios. Ningún otro texto ha tenido una influencia semejante sobre el pensamiento moral y ninguna otra civilización ha tenido una visión más elevada de lo que hemos sido llamados a ser.

CB

3. Discurso inaugural de John F. Kennedy, Washington, DC, 20 de enero de 1961.
4. Recomendamos leer la introducción del Rabino Sacks a la presente obra para comprender mejor su posición acerca de esta idea.

Noaj

Más allá de la naturaleza

¿Somos naturalmente buenos o malos? Sobre este tema, por cierto, mentes brillantes han estado debatiendo desde hace mucho tiempo. Hobbes creía que tenemos, en forma natural "un deseo perpetuo e irrefrenable de poder que solo cesa con la muerte".[1] Somos malos, pero el gobierno y la policía pueden limitar el daño que hacemos. Rousseau, por el contrario, creía que somos naturalmente buenos. Son la sociedad y las instituciones las que nos hacen malos.[2]

Hoy en día, la discusión continúa entre los neodarwinianos. Algunos creen que la selección y la lucha por la subsistencia nos hacen, genéticamente más halcones que palomas. Tal como lo plantea Michael T. Ghiselin: "Raspa a un altruista y mira cómo sangra un hipócrita".[3] En cambio, el naturalista Frans de Waal en su hermosa serie de textos sobre los primates que incluye a sus favoritos, los bonobos, demuestra

1. Leviathan (Cambridge: Cambridge University Press, 1966), 48.
2. Ver el Discurso sobre el origen y los fundamentos de la desigualdad entre los hombres, 1754.
3. The Economy of Nature and the Evolution of Sex (Berkeley: University of California Press, 1974), 247.

que estos son capaces de mostrar empatía, cuidado, y hasta actitudes altruistas[4]. Entonces, por naturaleza, también nosotros lo somos.

T.E. Hume asoció esto a la división fundamental a través de la historia entre clasicistas y románticos. Los románticos creían que "el hombre era bueno por naturaleza, que solo había leyes y costumbres malas que lo oprimían. Retirándolas, el hombre tendría la posibilidad de desarrollar infinitas realizaciones". [5] Los clasicistas opinaban lo contrario, que "el hombre es un animal extraordinario, fijo y limitado, cuya naturaleza es absolutamente constante. Solo mediante la tradición y la organización puede extraerse algo bueno de él".[6]

En el judaísmo, según los sabios, esta era la discusión entre los ángeles cuando Dios les consultó si debía crear o no a los humanos. Los ángeles eran el plural en "*Creemos* a los humanos" (Génesis 1:26). Un midrash nos cuenta que los ángeles del *jesed* y el *tzedek* dijeron: "Que sean creados, porque los humanos tienen actos de bondad y rectitud". Los ángeles del *shalom* y el *emet* dijeron: "Que no sean creados, porque mentirán y provocarán guerras". ¿Qué hizo Dios? Los creó de igual manera teniendo fe de que gradualmente se tornarían mejores y menos destructivos.[7] Eso, en términos seculares, es con lo que el experto en neurociencias de Harvard Steven Pinker coincidió.[8] En general y con obvias excepciones, es cierto que con el tiempo nos hemos vuelto menos violentos.

La Torá sugiere que somos tanto destructivos como constructivos, y la psicología evolutiva nos dice por qué. Hemos nacido para competir y cooperar. Por un lado, la vida es una lucha competitiva por recursos escasos; por lo tanto luchamos y matamos. Por el otro lado, solo sobrevivimos formando grupos. Sin los hábitos de cooperación, altruismo y confianza

4. Ver Frans de Waal's discoveries en, por ejemplo, Good-Natured: *The Origins of Right and Wrong in Humans and Other Animals* (Harvard University Press, 1996); *Primates and Philosophers: How Morality Evolved* (Princeton University Press, 2006); *Chimpanzee Politics* (Johns Hopkins University Press, 2007); *The Age of Empathy: Nature's Lessons for a Kinder Society* (Broadway Books, 2009); *The Bonobo and the Atheist* (W. W. Norton, 2013); *Are We Smart Enough to Know How Smart Animals Are?* (W. W. Norton, 2016).
5. T. E. Hulme, "Romanticism and Classicism" in *T. E. Hulme: Selected Writings*, ed. Patrick McGuiness (New York: Routledge, 2003), 69.
6. Ibid., 70.
7. Ver Bereshit Rabá 8:5.
8. New York: Viking, 2011.

no podríamos formar grupos y por lo tanto no podríamos sobrevivir. Eso es lo que señala la Torá cuando dice: "No es bueno que el hombre esté solo" (Génesis 2:18). Por eso somos tanto agresivos como altruistas: agresivos con los extranjeros y altruistas con los integrantes de nuestro grupo.

Pero la Torá es mucho más profunda como para dejar el tema en el nivel de la vieja broma del rabino que al escuchar a las dos partes de una discusión doméstica le dice al marido: "Tú tienes razón" y a la esposa: "Tú tienes razón", y cuando su discípulo le dice que no pueden tener razón ambos le contesta: "Tú también tienes razón". La Torá señala el problema, pero también la respuesta que no es para nada obvia. Esa es la clave que nos ayuda a decodificar un argumento muy sutil que viene de la parashá anterior y está también en esta.

La estructura básica de la narración que comienza con la creación y concluye con Noaj es la siguiente: primero, Dios creó un universo de orden. Después creó a los seres humanos que crearon un universo de caos: "la tierra estaba plagada de violencia". Entonces Dios, en cierta forma, eliminó la creación al traer el Diluvio, para volver a la tierra como era al comienzo, "una masa sin forma, vacía, con oscuridad sobre la superficie de las profundidades y el espíritu de Dios surcando sobre las aguas" (Génesis 1:2). Después, comenzó nuevamente con Noaj y su familia, como el nuevo Adán y Eva y sus hijos.

Génesis 8–9 es, por lo tanto, como una nueva versión de Génesis 1–3, con dos diferencias importantes: la primera es que en los dos relatos una palabra clave aparece siete veces, pero de manera distinta. En Génesis 1 la palabra es "bueno". En Génesis 9 es "pacto". La segunda es que en los dos casos se hace referencia al hecho de que los humanos fueron creados a imagen de Dios, pero las dos frases tienen implicancias distintas. Génesis 1 nos dice que "Dios creó a la humanidad a Su imagen, a la imagen de Dios los creó, macho y hembra los creó" (Génesis 1:27). En Génesis 9 leemos que "Cualquiera que derrame sangre de un hombre, por el hombre su sangre será derramada, pues a la imagen de Dios Él creó la humanidad" (Génesis 9:6).

La diferencia es impactante. Génesis 1 me dice que "yo" soy a la imagen de Dios. Génesis 9 me dice que "tú," mi víctima potencial, eres a la imagen de Dios. Génesis 1 nos habla de *poder* humano. Somos capaces, dice la Torá, de "dominar a los peces en el mar y a las aves en el cielo".

Génesis 9 nos habla del *límite moral del poder. Podemos* matar, pero *no debemos* hacerlo. Tenemos el poder, pero no el permiso.

Al leer atentamente la narración, parecería que Dios creó a los humanos con la convicción de que elegirían lo bueno y lo correcto *naturalmente.*

No comerían el fruto del "árbol del conocimiento del bien y el mal" porque el instinto les indicaría que debían comportarse como corresponde. El cálculo, la reflexión y la decisión (todo lo asociado con el conocimiento) serían innecesarios. Actuarían como Dios hubiera querido que lo hicieran porque habían sido creados a Su imagen.

No resultó así. Adán y Eva pecaron, Caín cometió un asesinato y en pocas generaciones el mundo fue llevado al caos. Es ahí cuando leemos que Dios vio cuán grande era la maldad que la especie humana había causado sobre la tierra, y que *cada inclinación del pensamiento del corazón humano era malvada en todo momento.* "El Señor lamentó haber creado al hombre en la tierra, y se apenó en Su corazón" (Génesis 6:6). Todo lo demás en el universo era bueno, *tov*. Pero los humanos no son naturalmente buenos. Ese es el problema. La respuesta, según la Torá, es *el pacto*.

El pacto introduce la idea de la ley moral. Esta no es lo mismo que la ley científica. Las leyes científicas corresponden a hechos comunes observados en la naturaleza: suelta un objeto y caerá. La ley moral refiere a la conducta: no robarás, no hurtarás, no engañarás. Las leyes científicas *describen*. Las morales *prescriben*.

Cuando un evento determinado no ocurre de acuerdo con el estado corriente de la ciencia, cuando "infringe" la ley, es una señal de que algo está mal en la ley. Es por eso por lo que las leyes de Newton fueron reemplazadas por las de Einstein. Pero cuando un ser humano transgrede la ley, cuando la gente hurta, roba o engaña, la falla no está en la ley sino en el hecho en sí. Por lo tanto, debemos cumplir con la ley, condenar y a veces castigar al causante del hecho. Las leyes científicas nos permiten predecir. Las morales nos ayudan a decidir. Las científicas son aplicables a entidades desprovistas de libre albedrío. Las morales presuponen el libre albedrío. Es lo que nos diferencia cualitativamente de otras formas de vida.

Por lo tanto, según la Torá, comienza una nueva era centrada no en la idea de la bondad natural sino en el concepto del pacto, o sea, la ley moral. La civilización comienza en la transición de lo que los griegos llamaron *physis*, la naturaleza, a *nomos*, la ley. Eso es lo que hace que el concepto de ser "a la imagen de Dios" sea distinto en Génesis 1 que en Génesis 9. Génesis 1 trata sobre naturaleza y biología. Fuimos creados a la imagen de Dios en el sentido de que podemos pensar, hablar, planificar, elegir y dominar. Génesis 9 es sobre la ley. Otras personas también fueron creadas a la imagen de Dios. Por lo tanto, debemos respetarlas al prohibir el asesinato e instituir la justicia. Con este simple esquema, nace la moralidad.

¿Qué es lo que nos dice la Torá sobre la moralidad?

Primero, que es universal. La Torá establece el pacto de Dios con Noaj y a través de él con toda la humanidad *antes* de su pacto particular con Abraham y luego, el pacto con sus descendientes en el Monte Sinaí. *Nuestra humanidad universal precede a nuestras diferencias religiosas.* Esta es una verdad que necesitamos recalcar profundamente en este siglo en el que a la violencia se le ha dado tanta justificación religiosa. El Génesis nos dice que nuestros enemigos también son humanos.

Esta puede ser la contribución especial del monoteísmo a la civilización. Todas las sociedades, antiguas o modernas, tienen alguna forma de moralidad, pero generalmente se refiere a las relaciones intragrupales. La agresividad hacia el extranjero es casi universal, tanto en el reino animal como en el humano. Entre extranjeros, domina el poder. Como decían los atenienses a los melios: "Los poderosos hacen lo que quieren; los débiles, sufren lo que deben".[9]

La idea de que *aun las personas que no son como nosotros tienen derechos,* que debemos "amar al extranjero" (Deuteronomio 10:19), podría considerarse totalmente extraña para la mayoría de las personas en ese tiempo. Se necesitó reconocer que hay un solo Dios en toda la humanidad ("¿Acaso no tenemos todos un mismo padre? ¿Acaso no nos creó a todos nosotros un mismo Dios?"; Malaquías 2:10) para crear el avance fundamental de la idea de que hay morales universales, como la santidad de la vida, la demanda de justicia y el imperio de la ley.

Segundo, que Dios mismo reconoce que no somos naturalmente buenos. Después del diluvio, dice: "Ya nunca más volveré a maldecir la tierra debido a la humanidad, aun cuando su mente se incline hacia el mal desde la niñez" (Génesis 8:21). El antídoto contra el *ietzer*, la inclinación hacia al mal, es el pacto.

9. Tucídides, *La guerra del Peloponeso* 5:89.

Ahora conocemos la explicación por medio de la neurociencia. Nuestro cerebro tiene la corteza prefrontal que evolucionó para permitir que los humanos puedan pensar y actuar reflexivamente y tener en cuenta las consecuencias de sus actos. Pero es más lenta y débil que las amígdalas (lo que los místicos judíos llamaban *nefesh habehamit,* el alma animal), que produce, aún sin que tengamos tiempo de pensar, las reacciones de pelear o huir, sin las cuales los humanos antes de la civilización no habrían podido sobrevivir.

El problema es que estas reacciones instintivas pueden ser profundamente destructivas. Frecuentemente, llevan a la violencia no solo entre las especies (depredador y presa) que es parte de la naturaleza, sino también a la violencia más gratuita que también caracteriza la vida de la mayoría de los animales sociales. No se trata de que hacemos solamente el mal. La empatía y la compasión son tan naturales en nosotros como el temor y la agresión. El problema es que el temor yace bajo la superficie de la interacción humana, y puede superar todos nuestros otros instintos.

Daniel Goleman llama a esto un *secuestro de amígdala.* "Las emociones nos hacen prestar atención en ese momento –esto es urgente– y nos organizan un plan de acción sin que tengamos tiempo de pensar dos veces. El componente emocional evolucionó muy tempranamente: "¿lo como yo a él o me comerá él a mí?[10] La acción impulsiva es muchas veces destructiva porque se lleva a cabo sin medir las consecuencias. Es por eso por lo que Maimónides planteó que las leyes de la Torá nos entrenan para hacernos pensar antes de actuar.[11]

Por eso la Torá nos dice que, naturalmente, no somos ni buenos ni malos, pero que tenemos la capacidad de ser ambas cosas.. Tenemos una inclinación natural hacia la empatía y la simpatía, pero también tenemos una inclinación aún más fuerte hacia el temor, que puede conducir a la violencia. Es por eso por lo que en la transición de Adán a Noaj, la Torá pasa de la naturaleza al pacto, del *tov* al *brit,* del poder a los límites morales del poder. Los genes no son suficientes. También necesitamos la ley moral.

CB

10. Daniel Goleman, *Emotional Intelligence* (London: Bloomsbury, 1966),13ff.
11. *Mishné Torá, Hiljot Temurá 4:13.*

Lej Lejá

¿Cuán perfectos fueron los patriarcas y las matriarcas?

Rambán, (Najmánides 1194–1270), en una serie extraordinaria de observaciones sobre la parashá de esta semana propone algunas críticas a Abraham y a Sara. La primera tiene que ver con la decisión de Abraham de partir de Canaán hacia Egipto porque "había hambruna en la tierra" (Génesis 12:1). Sobre este tema, dice Rambán:

> Sepan que nuestro padre Abraham cometió –sin quererlo– un gran error al exponer a su virtuosa esposa a una situación de pecado en virtud de temer por su propia vida. Tendría que haber confiado en que Dios lo salvaría a él, a su esposa y a todos sus bienes, pues Dios ciertamente tiene el poder de ayudar y salvar. El haber dejado la tierra que le había sido destinada desde un inicio debido a la hambruna fue también un pecado, porque en esa situación Dios lo hubiera redimido de la muerte. Fue este

> hecho el que motivó que fuera decretado el exilio para sus hijos en la tierra de Faraón.[1]

Según Rambán, Abraham debería haber permanecido en Canaán y tener fe en que Dios lo protegería pese a la hambruna. No solo estuvo mal Abraham al partir, sino que puso a Sara en una situación de pecado moral al obligarla a mentir diciendo que era su hermana y no su esposa, y por lo tanto podría haber sido forzada a entrar en el harén de Faraón y cometer adulterio.

Este es un juicio muy duro, y más aún por la afirmación de que por culpa de su falta de fe, los hijos de Abraham fueron sentenciados al exilio en Egipto siglos más tarde.

Más adelante, Rambán también critica las acciones de Sara. En su desesperación de que no podría tener un hijo propio, le pide a Abraham que se acueste con su sirvienta Hagar con la esperanza de que pudiera darle un hijo. Así lo hace Abraham, y embaraza a Hagar. Después, el texto dice que Hagar "comenzó a odiar a su señora" (Génesis 16:4). Sara se queja ante Abraham, y luego "aflige" a Hagar (Génesis 16:6) que huye hacia el desierto. Sobre esto, Rambán dice:

> Nuestra madre (Sara) cometió una transgresión debido a esta aflicción al igual que Abraham que permitió que lo hiciera. Por eso Dios escuchó la aflicción de Hagar y le dio un hijo que sería un *hombre* semejante a un *asno salvaje*, y afligiría a la simiente de Abraham y a Sara con todo tipo de acciones (Rambán, comentario a Génesis 16:6).

Aquí el juicio moral es más fácil de comprender. Efectivamente, la conducta de Sara parece volátil y dura. La Torá misma dice que Sara "afligió" a Hagar. Pero parece que Rambán estaría diciendo que fue este episodio en el pasado lejano el que explicaría el sufrimiento de los judíos a manos de los musulmanes (descendientes de Ismael) mucho tiempo después.

No es difícil defender a Abraham y a Sara por estos incidentes, y otros comentaristas lo han hecho. Abraham no tenía cómo saber que

1. Rambán, comentario a Génesis 12:10, basado en el Zohar, Tazria, 52a.

Dios podía obrar milagros y salvarlo tanto a él como a Sara de la hambruna si hubieran permanecido en Canaán. Tampoco que los egipcios harían peligrar su vida y colocarían a Sara en un dilema moral. Ninguno de ellos había estado antes en Egipto. No tenían cómo saber qué podía ocurrir.

En cuanto a Sara y a Hagar, aunque un ángel devolvió a Hagar a su casa, más adelante, cuando nacieron Ismael e Isaac, una vez más Sara echó a Hagar. Esta vez, aunque Abraham protestó, Dios le dijo que hiciera lo que Sara ordenó. Por lo tanto, las críticas de Rambán fueron fácilmente rebatidas. ¿Entonces, por qué las formuló?

Ciertamente Rambán no hizo estos comentarios a la ligera. Yo creo que lo impulsó una consideración totalmente distinta, la justicia de la historia. ¿Por qué sufrieron los israelitas el exilio y la esclavitud en Egipto? ¿Por qué en el tiempo de Rambán los judíos eran atacados por islamistas radicales, los almohades, que dieron por terminada la Época de Oro de España en la que habían florecido durante el gobierno de los omeyas?

Rambán creía, como decimos en nuestros rezos, que "por causa de nuestros pecados fuimos exiliados de nuestra tierra". Pero, ¿cuáles fueron los pecados cometidos por los israelitas en los tiempos de Jacob que justificaron el exilio? Él también creía que "los actos de los padres son una señal para los hijos" (comentario a Génesis 12:6), y que lo ocurrido en la vida de los patriarcas predecía lo que les pasaría a sus descendientes. ¿Qué fue lo que le hicieron a Ismael para ganarse el desprecio de los musulmanes? Una lectura cuidadosa del texto bíblico orientó a Rambán en la dirección de cómo trató Sara a Hagar.

Los comentarios de Rambán tienen sentido en relación con su lectura de la historia judía. Pero esto tampoco está libre de dificultades. La Torá señala explícitamente que Dios puede castigar "a los hijos y a los hijos de sus hijos por el pecado de sus padres, hasta la cuarta generación" (Éxodo 34:7) pero no más allá. Luego, los rabinos lo limitaron a los casos en que "los hijos continuaran con los pecados de sus padres" (Rashi a Éxodo 34:7, Jeremías 31:28, y Ezequiel 18:2). Tanto Jeremías como Ezequiel dijeron que nadie más diría que "los padres han comido uvas amargas y han dañado los dientes de sus hijos". La transferencia de los pecados a través de las generaciones es problemática, tanto ética como judaicamente.

Lo que resulta profundamente interesante del enfoque de Rambán sobre Abraham y Sara es su voluntad de señalar las fallas de su comportamiento. Esto responde a una cuestión fundamental para nuestra comprensión de la narrativa del Génesis. ¿Cómo juzgar a nuestros antepasados bíblicos cuando su comportamiento resulta problemático? ¿Cómo calificar la acción de Jacob de tomar en secreto la bendición destinada a Esaú o la acción brutal de Simón y Leví en el rescate de su hermana Dina?

Las historias del Génesis con frecuencia resultan moralmente complejas y desconcertantes. Raras veces la Torá emite un veredicto acerca de la conducta de las personas que no deja lugar a duda alguna. Esto significa que a veces resulta difícil utilizar las narrativas como guía para el comportamiento, lo cual llevó a los rabinos a una reinterpretación sistemática en el Midrash para lograr que aparezca todo en blanco y negro en lugar de gradaciones sutiles de gris.

Por ejemplo, las palabras "Sara vio al hijo de Hagar la egipcia... mofándose" (Génesis 21:9) fue interpretado por los rabinos como que Ismael, a los trece años, era culpable de idolatría, sexo ilícito o asesinato. Claramente, este no es el sentido literal del versículo. Se trata de una interpretación para justificar la insistencia de Sara en echar a Ismael.

Rabí Zvi Hirsch Chajes explicó que toda la intención del Midrash en hacer que los héroes fueran perfectos y los villanos malvados obedeció a razones pedagógicas. La palabra Torá significa "enseñanza" o "instrucción" y es complicado enseñar la ética con historias llenas de complejidad y ambigüedades.

Sin embargo, la Torá *efectivamente* pinta a sus personajes con grados variables de gris. ¿Por qué? Él señala tres motivos.

El primero es que la vida moral no es algo que podamos comprender en profundidad de forma inmediata. En nuestra infancia nos cuentan historias de héroes y villanos. Aprendemos las diferencias básicas: lo bueno y lo malo, lo correcto y lo incorrecto, lo permitido y lo prohibido. Sin embargo, cuando crecemos empezamos a entender cuán difíciles son algunas decisiones. ¿Voy a Egipto? ¿Permanezco en Canaán? ¿Muestro compasión por el hijo de mi sirvienta con el riesgo de que sea una mala influencia sobre mi hijo que ha sido elegido por Dios para una misión sagrada? El que piense que estas decisiones son simples no ha llegado a la madurez moral. Por lo tanto, la mejor manera de enseñar la ética es mediante historias que puedan ser leídas en diferentes momentos de nuestra vida.

El segundo motivo es que no solo las decisiones son difíciles. También las personas son complejas. Ningún personaje en la Torá es descrito como perfecto. Noaj, la única persona en el Tanaj que es llamada virtuosa termina alcoholizado y desaliñado. Moisés, Aarón y Miriam fueron castigados por sus pecados. También el rey David. Salomón, el más sabio de los hombres, termina su vida como líder profundamente comprometido. Muchos profetas sufrieron oscuras noches de desesperación. "No existe ser virtuoso sobre la tierra" dice Kohelet, "que haga solo el bien y nunca el mal". Ninguna literatura religiosa ha estado más alejada de la hagiografía, la idealización o el culto de los héroes.

En el sentido opuesto, hasta los no-héroes han tenido sus momentos de gracia. Esaú era un buen hijo, y cuando se encuentra con su hermano Jacob después de un profundo distanciamiento, se besan, se abrazan, y cada cual se va por su camino. Leví, condenado por Jacob por ser violento fue el abuelo de Moisés, Aarón y Miriam. Hasta Faraón, el hombre que esclavizó a los israelitas tuvo una hija que fue una heroína moral. Los descendientes de Koraj cantaron salmos en el Templo de Salomón. Esto también es madurez moral, a años luz de distancia del dualismo adoptado por muchas religiones, e incluso algunas sectas judías (como las de Qumrán tal como están reflejadas en los rollos del Mar Muerto) que dividen a la humanidad en hijos de la luz e hijos de la oscuridad.

Por último y más importante, más que cualquier otra literatura religiosa, la Torá hace una distinción absoluta entre el cielo y la tierra, entre Dios y los seres humanos. Porque, así como Dios es Dios, existe un espacio para que los humanos sean humanos. En el judaísmo, la línea divisoria nunca es difusa. Walter Kaufmann señaló lo extraño que esto resulta:

> En la India, el Jina y el Buda, los fundadores de las dos religiones del siglo VI a.e.c. fueron adorados posteriormente por sus seguidores. En la China, Confucio y Lao Tsé fueron deificados.

> Para los no cristianos, Jesús parece representar un caso paralelo. En Grecia, los héroes del pasado se representaban como hijos de los dioses o concebidos por las diosas, y la línea divisoria entre dioses y hombres se tornó difusa. En Egipto, el faraón era considerado una divinidad.[2]

En Israel, afirma Kaufmann, "ningún hombre fue jamás adorado ni le fue asignado un estatus semidivino. Este es uno de los hechos más extraordinarios de la religión del Antiguo Testamento".[3] Nunca hubo un culto a Moisés ni a ningún otro personaje bíblico. Es por eso por lo que "no hay hombre que conozca el sitio de la sepultura de Moisés hasta el día de hoy" (Deuteronomio 34:6) para que nunca pueda ser objeto de peregrinaje.

Ninguna religión ha tenido una visión más elevada que la del libro que nos dice que cada uno de nosotros ha sido creado a la imagen y semejanza de Dios. Sin embargo, ninguna otra ha sido más honesta en remarcar las falencias de los personajes más grandes. Dios no nos pide que seamos perfectos. En vez de ello, nos pide que nos arriesguemos a buscar lo correcto y lo bueno, y a reconocer los errores que inevitablemente cometeremos.

En el judaísmo la vida moral radica en aprender y crecer, sabiendo que incluso los más grandes tienen falencias, y los que no lo son tienen gestos de gracia que los salvan. Nos pide humildad para con nosotros y generosidad hacia los demás. Esta combinación particular de idealismo y realismo es la moralidad más madura y exigente.

CB

2. Walter Kaufmann, *The Faith of a Heretic* (Princeton, NJ: Princeton University Press, 2015), 187–88.
3. Ídem, 188.

Vaierá

Las ligaduras de Isaac

"Toma a tu hijo, tu único hijo, el que amas –Isaac– y ve a la tierra de Moriá. Ofrécelo allí como sacrificio ígneo en la montaña que Yo te indicaré" (Génesis 22:2).

Así comienza el más famoso de los episodios de la Torá, pero además, uno de los más problemáticos moralmente. La lectura convencional de este pasaje es que a Abraham se le estaba pidiendo una demostración de que su amor por Dios era supremo. Podría demostrarlo mediante la voluntad de sacrificar a su hijo, el que había estado esperando toda una vida.

¿Por qué tenía que "probar" Dios a Abraham siendo que Él conoce al corazón humano más que nosotros mismos? Maimónides responde que Dios no necesita que Abraham compruebe su amor por Él. Más bien la prueba era una manera de demostrar, para todos los tiempos, cuál es el alcance del temor y el amor hacia Dios.[1]

1. Guía de los Perplejos III:24.

Sobre este principio hay poca discusión. La historia trata del temor y el amor a Dios. Kierkegaard escribió sobre este tema[2] señalando que la ética es universal. Posee reglas generales. Pero el amor a Dios es particular. Es una relación personal de Tú-Yo. Lo que vivió Abraham durante esta prueba, dice Kierkegaard, fue una "suspensión teológica de lo ético", o sea, la aceptación de que la relación Tú - Yo con Dios supera los principios universales que unen a los humanos entre sí.

El Rabino Soloveitchik explica el episodio de la ligadura de Isaac en los términos de su conocida caracterización de la vida religiosa como una dialéctica entre la victoria y la derrota, entre la majestad y la humildad, entre el hombre como señor creador y el hombre como servidor obediente.[3] Hay momentos en los que "Dios le dice al hombre que renuncie a lo que más desea".[4] Debemos experimentar tanto la derrota como la victoria. En ese sentido las Ligaduras de Isaac no resultaban ser un episodio ocurrido una única vez sino el paradigma de la vida religiosa en su totalidad. En cualquier situación en la que tengamos un deseo apasionado –comer, beber, tener una relación física– la Torá nos pone límites a su satisfacción. Precisamente por el hecho de que nos jactamos de nuestro poder racional, la Torá incluye los *jukim*, los estatutos que son impenetrables a la razón.

Estas son las lecturas convencionales y representan lo clásico de la tradición. Sin embargo, debido a lo que se conoce como "los setenta rostros de la Torá", yo quiero proponer una interpretación diferente. El motivo de ello es que una comprobación de la validez de la interpretación consiste en determinar si resulta coherente con el resto de la Torá, el Tanaj y el judaísmo en su totalidad. La lectura convencional tiene cuatro problemas:

1. Sabemos por el Tanaj y por evidencia independiente que ofrecer a un niño como sacrificio no era extraño en el mundo antiguo. Era común. El Tanaj menciona que así lo hizo

2. Søren Kierkegaard. *Fear and Trembling,* and *The Sickness unto Death,* Garden City, NY: Doubleday, 1954.
3. Joseph B. Soloveitchik, "Majesty and Humility," *Tradition* 17:2, Spring. 1978, pp. 25–37.
4. Ibid., p. 36.

Mesha, el rey de Moab. También Jefté, el líder menos admirado del libro de Jueces. Dos de los reyes más malvados del Tanaj, Ahaz y Manasés, introdujeron esta práctica en Judea, por lo cual fueron condenados. Existe evidencia arqueológica –los restos óseos de miles de niños– de que el sacrificio infantil era común en Cartago y otros sitios de Fenicia. Era una práctica pagana.

2. El sacrificio infantil es visto con horror en todo el Tanaj. Miqueas pregunta retóricamente: "¿Acaso entregaré a mi primogénito por mi pecado, el fruto de mi cuerpo por el pecado de mi alma?" (Miqueas 6:7) Y responde: "Él nos ha mostrado, oh hombre, lo que es bueno. ¿Y qué requiere Dios de ti? Que actúes con justicia, que ames la misericordia y camines humildemente con tu Dios" (Miqueas 6:8). ¿Cómo podría Abraham ser un modelo de persona haciendo lo que a sus descendientes les estaba prohibido hacer?

3. Abraham fue elegido específicamente para ser el modelo de padre. Dios dice de él: "Pues lo he elegido *para que enseñe a sus hijos* y a su hogar a seguir los caminos del Eterno haciendo lo correcto y lo justo". ¿Cómo podía ser un modelo de padre si estaba dispuesto a sacrificar a su hijo? Por el contrario, debería haberle dicho a Dios: "Si quieres probar cuánto te amo, tómame a mí y no a mi hijo".

4. Como judíos –en realidad como seres humanos– debemos rechazar el principio de Kierkegaard de la "suspensión teológica de lo ético". Esta es una idea que da carta blanca a los fanáticos religiosos para que cometan crímenes en nombre de Dios. Es la lógica de la Inquisición y de los atentados suicidas. No constituye la lógica del judaísmo bien entendido.[5] Dios no nos pide que no seamos éticos. Puede ser que a veces no comprendamos la ética desde Su perspectiva, pero nosotros creemos

5. Para leer más sobre este tema, ver Jonathan Sacks, *Not in God's Name*, NY: Schocken, 2015.

> que "Él es la Roca, Su obra es perfecta, y todos Sus caminos son justos" (Deuteronomio 32:4).

Para comprender Las Ligaduras de Isaac debemos reconocer que gran parte de la Torá, especialmente el Génesis, polemiza contra lo que la Torá considera una práctica pagana, inhumana y equivocada. Una institución a la que el Génesis se opone es la familia antigua tal como fuera descrita por Fustel de Coulanges[6] y recientemente reproducida por Larry Siedentop en *Inventing the Individual.*[7]

Antes de la aparición de las primeras ciudades y civilizaciones, la unidad básica fundamental social y religiosa era la familia. Tal como lo plantea Coulanges, en la antigüedad había una conexión intrínseca entre tres factores: la religión doméstica, la familia y el derecho a la propiedad. Cada familia tenía sus propios dioses, y entre otros, los espíritus de los antepasados muertos a los cuales pedía protección, y a los que ofrecían sacrificios. La autoridad del padre de la familia, el *paterfamilias,* era absoluta. Tenía el poder sobre la vida o la muerte de su esposa y de sus hijos. La autoridad invariablemente pasaba, luego de su muerte, al primogénito. Mientras tanto, estando en vida, los hijos tenían el estatus de propiedad más que el de personas por derecho propio. Esta idea persistió aún más allá de la era bíblica, hasta en el principio de la ley romana de *patria potestas.*

La Torá se opone a cada elemento de esta cosmovisión. Como observó la antropóloga Mary Douglas, una de las características más impactantes de la Torá es que no incluye sacrificios a antepasados fallecidos.[8] Convocar a los espíritus de los muertos está explícitamente prohibido.

Igualmente es llamativo el hecho de que, en las narrativas tempranas, la sucesión no pasa al primogénito: no a Ismael sino a Isaac; no a Esaú sino a Jacob; no a la tribu de Rubén sino a la de Leví (sacerdocio) y a la de Judá (reinado), no a Aarón sino a Moisés.

6. Fustel De Coulanges, *The Ancient City: A Study on the Religion, Laws, and Institutions of Greece and Rome,* (1864), Garden City, NY: Doubleday, 1956.
7. Larry Siedentop, *Inventing the Individual.* London: Penguin, 2014.
8. Mary Douglas, *Leviticus as Literature.* Oxford: Oxford UP, 1999.

El principio al que se opone toda la historia de Isaac, desde el principio al fin, es el concepto *de que el niño es propiedad de su padre.* Primero, el nacimiento de Isaac es paralelo al de Samuel, ya que tanto Jana como Sara fueron incapaces de concebir en forma natural. Es por eso por lo que cuando nace Samuel, Jana dice: "Yo rogué por este niño, y el Eterno me ha otorgado lo que le pedí. Por lo tanto, ahora *se lo doy al Eterno.* Por toda su vida *será dado al Eterno*" (I Samuel 1:27). Este pasaje es clave para comprender el mensaje del cielo dado a Abraham para que se detuviera: "Ahora sé que temes a Dios, *porque no me has privado de tu hijo,* tu único hijo" (la frase aparece en dos instancias, en Génesis 22:12 y 16). La prueba no se trataba de si Abraham sacrificaría a su hijo, sino si *lo entregaría a Dios.*

El mismo principio se repite en el libro de Éxodo. Primero, la supervivencia de Moisés es semi milagrosa ya que había nacido en el tiempo en el que Faraón había decretado la muerte de todo niño israelita. Segundo, en la décima plaga de la muerte de los primogénitos egipcios, los recién nacidos israelitas fueron salvados milagrosamente. "Consagradme todo varón recién nacido. El primer varón nacido de vientre israelita Me pertenece a Mí, sea humano o animal". Los primogénitos fueron originalmente designados para servir a Dios como sacerdotes, pero ese rol fue perdido después del pecado del becerro de oro. Sin embargo, la memoria del rol original persiste en la ceremonia de *Pidión Haben,* la redención del varón recién nacido.

Lo que hizo Dios cuando le pidió a Abraham que entregara a su hijo no fue un pedido de sacrificio, sino algo bien diferente. Quería que Abraham *renunciara a la propiedad de su hijo.* Quería establecer el principio innegociable de la ley judía de que *los hijos no son propiedad de sus padres.*

Es por eso por lo que tres de las cuatro matriarcas no pudieron concebir, salvo por milagro. La Torá quiere que sepamos que los hijos que nacieron fueron hijos de Dios, más que la resultante natural de un proceso biológico. Posteriormente, todos los integrantes de la nación de Israel serían llamados hijos de Dios. Una idea relacionada con esto reside en el hecho de que Dios eligió a Moisés como vocero, que no era "hombre de palabras" (Éxodo 4:10), era tartamudo. Moisés se convirtió en Su vocero porque el pueblo sabía que las palabras de su boca no eran suyas sino de Dios.

La evidencia más clara de esta interpretación reside en el nacimiento del primer ser humano. Cuando Eva dio a luz, dijo: "Con la ayuda de Dios he adquirido *(kaniti)* un hombre". Ese niño, cuyo nombre proviene de ese verbo, "adquirir", fue Caín, que resultó ser el primer asesino. Si te propones tomar posesión de tus hijos, pueden rebelarse con violencia.

Si el análisis de Fustel de Coulanges y Larry Siedentop es correcto, resulta que algo fundamental estaba en juego. *Mientras existiera la creencia de que los hijos son propiedad de sus padres, el concepto de individuo no podría nacer.* La familia era la unidad fundamental. La Torá representa el nacimiento del individuo como figura central de la vida moral. Debido a que los niños –todos los niños– pertenecen a Dios, la paternidad no constituye una posesión sino guardia y cuidado. Cuando llegan a la edad de la madurez (tradicionalmente doce años para las niñas, trece para los varones) los hijos se convierten en agentes morales independientes, con su propia dignidad y libertad.[9]

Sigmund Freud también, notablemente, tuvo algo que acotar al respecto. Sostuvo que el factor fundamental de la identidad humana es el complejo de Edipo, el conflicto entre padres e hijos ejemplificado por la tragedia de Esquilo.[10] Al crear un espacio moral entre padres e hijos, el judaísmo ofrece una resolución no trágica a esa tensión. Si Freud hubiera tomado su psicología de la Torá en lugar de la mitología griega, podría haber arribado a una visión más esperanzadora de la condición humana.

¿Por qué entonces le dijo Dios a Abraham sobre Isaac: "Ofrécelo como sacrificio ígneo"? Para que quede bien claro para todas las generaciones futuras que el motivo por el cual los judíos condenan el sacrificio infantil no es por la falta de coraje. El motivo es porque Dios es el Dios

9. Posiblemente no sea accidental que la figura que enseñó la idea del "derecho de los niños a ser respetados" fue Janusz Korczack, creador del famoso orfanato en Varsovia que falleció junto a los huérfanos en Treblinka. Ver Tomek Bogacki, *The Champion of Children: The Story of Janusz Korczak* (2009).

10. Freud argumentó en *Tótem y Tabú* que el complejo de Edipo fue también central para la religión.

de la vida, no de la muerte. En el judaísmo las leyes de la pureza y el ritual de la vaca roja señalan que la muerte no es sagrada, sino que impurifica.

La Torá es revolucionaria, no solo en relación con la sociedad sino también a la familia. Ciertamente, la revolución de la Torá no fue completada durante la era bíblica. La esclavitud aún no había sido abolida. Los derechos de la mujer no habían sido totalmente efectivizados. Pero el nacimiento del individuo –la integridad de cada uno de nosotros como agente moral de pleno derecho– fue una de las grandes revoluciones morales de la historia.

CB

Jaiei Sara

La bondad de los extranjeros

En 1966, un niño de tez negra se instaló con sus padres en un barrio de Washington DC.[1] cuyos habitantes eran de tez blanca. Sentado junto a sus dos hermanos y sus dos hermanas en el escalón del frente de la casa, esperaban ver cómo serían recibidos. Nada ocurrió. Los transeúntes que pasaban los miraban, pero ninguno los saludó ni esbozó una sonrisa. Todas las historias tenebrosas que habían escuchado acerca de cómo los blancos trataban a los negros parecían ser una realidad. Años más tarde, al escribir sobre esos primeros días en su nueva casa, él dijo: "Yo sabía que aquí no seríamos bienvenidos. Sabía que no nos querrían. Sabía que no tendría amigos aquí. Sabía que no deberíamos habernos mudado a este lugar..."[2]

Mientras meditaba sobre el tema, una mujer blanca que volvía del trabajo pasó por la vereda de enfrente. Giró la cabeza hacia los niños y les dijo: "¡Bienvenidos!" Entró en su casa y con una gran sonrisa les trajo una bandeja con sándwiches y bebidas, haciéndoles sentir como en

1. Stephen Carter, *Civility* (New York: Basic Books, 1999), 61–75.
2. Ibid., 62.

casa. Ese acto –escribió más adelante el joven– cambió su vida. Le dio un sentido de pertenencia que antes no había tenido. Le permitió darse cuenta de que, en un tiempo en que las relaciones raciales en los Estados Unidos eran tensas, una familia negra podía sentirse como en casa en un barrio blanco y que podían crearse relaciones independientemente del color de la piel. A través de los años, no dejó de admirar a esa mujer de la vereda de enfrente, pero lo que prevaleció definitivamente en su memoria fue ese saludo espontáneo. Derribó un muro de separación y convirtió a extraños en amigos.

El joven del relato, Stephen Carter, fue profesor de derecho de la Universidad de Yale y escribió un libro sobre lo que aprendió ese día. Lo tituló *Civility* (Civilidad). Ahí nos cuenta que el nombre de la mujer era Sara Kestenbaum, quien falleciera cuando era muy joven. Agregó que no fue casual que se tratara de una mujer judía religiosa. "En la tradición judía", comenta, ese acto de civilidad se llama *jesed*, "hacer un acto de bondad que se deriva de la creencia de que todos los seres humanos fueron creados a la imagen de Dios". La civilidad, agrega, "puede en sí considerarse como una forma de *jesed*: requiere de un sentimiento de bondad hacia nuestros semejantes, incluso siendo estos desconocidos, cosa que no suele ser para nada fácil". Hoy en día, comenta "cierro los ojos y no puedo dejar de sentir en la boca el placer de esos sándwiches de queso crema que devoré ese domingo por la tarde en el que descubrí cómo un simple acto de civilidad, genuino y modesto, puede cambiar una vida para siempre".[3]

Yo no conocí a Sara Kestenbaum, pero años más tarde, después de haber leído el libro de Carter, di una conferencia para la comunidad judía en la zona de Washington en la que ella había vivido. Les conté la historia de Carter, que no habían oído antes. Pero asintieron al recordarla. Uno de ellos dijo: "Sí, es la clase de cosa que ella hubiera hecho".

Algo de esto seguramente estaba en la mente del servidor de Abraham, innominado en el texto pero que la tradición identificó como Eliezer, cuando arribó a Nahor, en Aram Naharaim, al noroeste de la Mesopotamia, con la misión de hallar una esposa para el hijo de su señor. Abraham, que no le había dado indicaciones precisas, simplemente le

3. Ibid., 71–72.

indicó que la elegida fuera de su propia familia extendida. Sin embargo, Eliezer propuso una prueba:

> Eterno, Dios de mi señor Abraham, haz que tenga éxito hoy y muestra bondad hacia mi señor Abraham. Aquí estoy de pie frente a esta fuente y las hijas de los lugareños se acercan para extraer agua. Os pido que cuando yo le diga a una de esas doncellas: 'Por favor permíteme tu jarra para que yo pueda beber' y ella me conteste: 'Beba usted, y también daré agua a los camellos' – que sea ella la elegida para Tu servidor Isaac. De esta forma sabré que has obrado bondad (*jesed*) con mi señor" (Génesis 24:12–14).

El uso de la palabra *jesed* aquí no es casual, ya que es exactamente el mérito que estaba buscando en la futura esposa del primer niño judío, Isaac, y lo halló en la persona de Rebeca.

También es el tema del libro de Rut. Es la bondad de Rut hacia Noemí, y la de Boaz hacia Rut que el Tanaj busca enfatizar como antecedentes de David, el gran bisnieto, que resultaría ser el rey más grande de Israel. Los sabios remarcaron que las tres virtudes más importantes del carácter judío son la modestia, la compasión y la bondad.[4] *Jesed,* que yo definí como "la bondad en acción",[5] es fundamental para el sistema de valores judíos.

Los sabios se basaron en los actos de Dios mismo. Rabí Simlai enseñó:

> La Torá comienza con un acto de grandeza y concluye con un acto de grandeza. Comienza con Dios vistiendo al desnudo: 'El Señor Dios hizo para Adán y su mujer vestimentas de piel y los vistió' (Génesis 3:21) – y concluye cuando Él se ocupa de los muertos: 'Y Él, (Dios) enterró (a Moshé) en el Valle' (Deuteronomio 34:6; Talmud Bablí, Sotá 14a).

4. Bemidbar Rabá 8:4.
5. Jonathan Sacks, *To Heal a Fractured World* (New York: Schocken, 2005), 44–56.

Jesed, dicen los sabios, es dar refugio a los necesitados, alimento a los hambrientos, asistencia a los pobres, cuidado a los enfermos, contención a los deudos y proveer a todos de un entierro digno y se transformó en el elemento constitutivo de la vida judía. A través de muchos siglos de exilio y dispersión las comunidades judías fueron construidas en base a esas necesidades. Cada una de ellas se constituyó en una *jevrá,* una "sociedad de amigos".

Por ejemplo, en la Roma del siglo XVII , había siete sociedades dedicadas a la provisión de ropa, zapatos, camas, sábanas y frazadas para cobijar en invierno a los niños, a los pobres, a las viudas y a los prisioneros. Dos de esas sociedades reunían dotes, vestidos y (close gap) préstamo de alhajas para la boda de las novias necesitadas. Una sociedad se dedicaba a visitar enfermos, otra a ayudar a las familias que estaban de duelo y otra más a los rituales de los fallecidos (lavado de los cuerpos antes del entierro y el servicio funerario en sí). Había once becas para fines religiosos de estudio y plegaria, y otra destinada a juntar fondos para los judíos que vivían en la tierra de Israel. Un grupo se ocupaba de las actividades vinculadas a la circuncisión de los recién nacidos y, por último, otro donaba a los necesitados mezuzot para sus puertas, aceite para sus luminarias de Janucá y para sus velas de Shabat.[6]

Jesed, dijeron los sabios, era en algunos aspectos aún más elevado que la *tzedaká:*

> Nuestros maestros nos enseñaron: El amor y la bondad *(jesed)* son más grandes aún que la caridad *(tzedaká)* de tres maneras diferentes: la caridad se implementa mediante dinero, mientras que el amor y la bondad pueden realizarse con dinero o sin él directamente con la persona. La caridad está destinada sólo a los pobres, mientras que el amor y la bondad pueden darse a pobres y ricos. La caridad es para los seres vivientes mientras que el amor y la bondad pueden obrarse tanto con los vivos como con los difuntos (Talmud Bablí, Sucá 49b).

6. Israel Abrahams, *Jewish Life in the Middle Ages* (London: Edward Goldston, 1932), 348–363.

Jesed, en sus múltiples formas, se transformó en sinónimo de la vida judía y en uno de los pilares que la sostuvieron. Los judíos brindaron bondad unos a otros porque era "la senda de Dios" y también porque tanto ellos como sus familias tenían un conocimiento íntimo del sufrimiento y sabían que no había a quién acudir. Fue un camino hacia la gracia en épocas oscuras. Suavizó el golpe por la pérdida del Templo y de los rituales:

> En una oportunidad, cuando Rabán Yojanán ben Zakai salía caminando de Jerusalén, Rabí Yeoshua lo siguió. Al ver el Templo en ruinas, R. Yeoshua exclamó: ¡Qué calamidad que este lugar esté destruido, pues es el lugar destinado a la expiación de las iniquidades de Israel!" Rabán Yojanán dijo: "Hijo mío, no te apenes, pues tenemos otra vía de expiación que no es menos efectiva. ¿Cuál es? Por medio de los actos de amor y bondad, sobre los cuales dicen las Escrituras: 'Yo deseo amor y bondad, no sacrificios'"(Oseas 6:6).[7]

Mediante el *jesed,* los judíos humanizaron el destino pues ellos creían que el *jesed* de Dios humaniza el mundo. Así como Dios actúa con nosotros con amor, también nosotros estamos llamados a actuar amorosamente unos con otros. El mundo no opera solamente sobre la base de principios impersonales tales como el poder y la justicia, sino también en base a factores profundamente personales como la vulnerabilidad, la cercanía, el cuidado, el reconocernos como individuos con nuestras necesidades y potencialidades particulares.

También, agregó una palabra al idioma inglés. En 1535, Myles Coverdale publicó la primera traducción de la Biblia hebrea al inglés (tarea que había comenzado William Tyndale, quien pagó por ello con su vida al ser quemado en la hoguera en 1536). Fue ahí que se encontró con que la palabra *jesed* no tenía ningún equivalente en el idioma inglés que captara su significado. Fue entonces que acuñó el término "amor y bondad".

7. Avot DeRabí Natán 4.

El difunto Rabino Abraham Joshua Heschel solía decir: "Cuando yo era joven admiraba el ingenio. Ahora que soy mayor, admiro más la bondad". Hay una gran sabiduría en estas palabras. Fue lo que hizo que Eliezer eligiera a Rebeca como esposa para Isaac y, por lo tanto, para ser la primera novia judía. La bondad trae redención al mundo y como en el caso de Stephen Carter, puede cambiar una vida. Wordsworth estaba en lo cierto cuando escribió que "lo mejor de la vida de un hombre (o de una mujer) son esos pequeños, innombrados y no recordados actos / de bondad y de amor".[8]

CB

8. De su poema: "Tintern Abbey".

Toldot

¿Tenía Jacob derecho a recibir las bendiciones?

¿Hizo bien Jacob en obtener las bendiciones de Esav mediante engaños? ¿Hizo bien en burlar a su padre y tomar para sí las bendiciones que le correspondían a su hermano? ¿Hizo bien Rebeca en concebir el plan desde el comienzo y en alentar a Jacob a ejecutarlo? Estas son preguntas fundamentales. Lo que está en en juego no son solo las interpretaciones bíblicas sino la moralidad en sí. La forma en la que leamos el texto define la persona en la que nos habremos de convertir.

Esta es una forma de interpretar la narrativa: Rebeca tenía razón en la propuesta y Jacob en cumplirla. Rebeca sabía que sería Jacob, y no Esaú el que haría cumplir el pacto y llevaría a cabo la misión de Abraham en el futuro. Ella lo supo por dos vías distintas. Primero, lo oyó del mismo Dios en el oráculo que recibió antes del nacimiento de los mellizos:

> Dos naciones alojas en tu matriz,
> y dos pueblos dentro de ti se separarán.
> Un pueblo será más fuerte que el otro
> y el mayor servirá al menor (Génesis 25:23).

Esaú era el mayor, Jacob el menor. Por lo tanto, sería Jacob quien saldría fortalecido como el elegido de Dios.

Segundo, ella había visto a los mellizos crecer. Sabía que Esaú era cazador, un hombre de violencia. Había visto que era impetuoso, errático, impulsivo, nada calmo ni reflexivo. Lo había visto vender su primogenitura por un plato de sopa. Lo vio mientras "comió, bebió, se levantó y partió. Esaú despreció su primogenitura" (Génesis 25:34). Ninguna persona que desprecie la primogenitura puede ser confiable como el guardián de un pacto destinado a la eternidad.

Tercero, justo antes del episodio de la bendición, leemos: "Cuando Esaú cumplió cuarenta años, se casó con Judit, hija de Beeri el hitita, y también con Basemat, hija de Elon el hitita. Ello fue causa de dolor para Isaac y Rebeca" (Génesis 26:32). Está fue otra evidencia de que Esaú no alcanzó a comprender los requerimientos del pacto. Al casarse con mujeres hititas mostró su indiferencia tanto al sentimiento de sus padres como al auto control necesario en la elección de la pareja, esencial para la continuidad de la descendencia de Abraham.

La bendición debía ser para Jacob. Si tienes dos hijos, uno que es indiferente al arte y el otro amante del arte y la estética, ¿a cuál de ellos le regalarías un Rembrandt que ha sido patrimonio de la familia por generaciones? Y si Isaac no comprendía la naturaleza de sus hijos, si era "ciego", no sólo física sino también psicológicamente, ¿no sería necesario engañarlo? Para ese entonces era anciano, y si Rebeca había fallado en años anteriores en revelarle la verdadera naturaleza de sus hijos, ¿podría hacerlo ahora?

Después de todo, ya no se trataba de las relaciones intrafamiliares. Era sobre Dios, el destino y la vocación espiritual. Era sobre el futuro de todo un pueblo, ya que Dios había expresado repetidas veces que sería el padre de una gran nación, que a su vez sería una bendición para toda la humanidad. Y si Rebeca tenía razón, entonces Jacob estaba en lo correcto al seguir sus instrucciones.

Esta era la mujer que el servidor de Abraham eligió para ser la esposa del hijo de su amo, porque era bondadosa, porque en la fuente le había dado agua a un desconocido y también a sus camellos. Rebeca no era Lady Macbeth, actuando por favoritismo o ambición. Era la personificación de la bondad y la amabilidad. Y si no había otra forma de asegurar que la bendición fuera al que la atesorara y viviera con ella, entonces en este caso el fin justificaba los medios. Esta es una manera de leer esta historia, y ha sido elegida por muchos comentaristas.

Sin embargo, no es la única.[1] Veamos, por ejemplo, la escena que ocurrió inmediatamente después de que Jacob dejó a su padre. Esaú vuelve de cazar y le lleva a Isaac el plato de comida que le había pedido. Entonces leemos lo siguiente:

> Isaac tembló violentamente y dijo: "Entonces ¿quién fue el que cazó al animal y me trajo la comida? La comí justo antes de que llegaras y lo bendije, ¡y sin duda él será el bendecido!"
>
> Cuando Esaú oyó estas palabras lanzó un fuerte y amargo llanto y le dijo a su padre: "¡bendíceme a mí también, padre mío!"
>
> Pero él dijo: "Tu hermano vino con engaño (*be-mirma*) y tomó tu bendición".
>
> Esaú dijo, "¿Acaso no ha sido llamado justamente Jacob? Esta es la segunda vez que se aprovecha de mí: ¡tomó mi primogenitura y ahora toma mi bendición!" Y después le preguntó: "¿No tienes una bendición para mí?" (Génesis 27:33–36).

Es imposible leer Génesis 27 (el texto tal como está, sin comentarios) y no sentir más simpatía por Isaac y Esaú que por Rebeca y Jacob. La Torá no abunda en expresiones emocionales. Es completamente muda, por ejemplo, con respecto a los sentimientos de Abraham e Isaac al avanzar juntos hacia la prueba de las ligaduras. Frases como "tembló violentamente" y "lanzó un fuerte y amargo llanto" no pueden dejar de afectarnos profundamente. Se trata de un anciano que ha sido engañado por su hijo menor, y un joven, Esaú, que se siente estafado por lo que le corresponde legalmente. Las emociones generadas por esta escena permanecerán con nosotros por mucho tiempo.

1. Lecturas críticas sobre las conductas de Rebeca y Jacob aparecen en numerosas compilaciones midráshicas: Bereshit Rabá, Tanjuma (Buber), Yalkut Reubení, Midrash HaNe'elam y Midrash Shojer Tov (a Salmos 80:6). Entre los comentaristas críticos se encuentra Rabí Eliezer Ashkenazi, Tzedá LaDerej y Rabí Yaakov Tzví Mecklenberg en su libro HaKtav VeHakabalá. Todas estas interpretaciones están basadas en insinuaciones textuales citadas a continuación.

Por lo tanto, consideremos las consecuencias. Jacob debió quedar alejado de su hogar por más de veinte años, temiendo por su vida. Después sufrió un engaño casi idéntico por parte de Labán cuando éste sustituyó a Raquel por Lea. Cuando Jacob clamó: "¿Por qué me has engañado (*rimitani*)?" Labán le replicó: "*No es costumbre en este lugar* colocar a la menor antes de la mayor" (Génesis 29:25–26). No solo en el acto, sino también en las palabras aparece el castigo. "Engaño", la acusación de Jacob a Labán es exactamente la misma palabra utilizada por Isaac respecto de Jacob. La respuesta de Labán parecería ser una referencia virtualmente explícita a lo hecho por Jacob, como diciendo: "Aquí no hacemos lo que tú has hecho allá".

El resultado de la acción de Labán le causó dolor a Jacob por todo el resto de su vida. Hubo tensión entre él y Lea. Hubo rencor entre sus hijos. Jacob fue engañado repetidas veces, en esta ocasión por sus hijos, cuando le llevaron la túnica ensangrentada de José – otro engaño de los hijos a un padre por medio de una vestimenta. El resultado fue que Jacob fue privado de la compañía de su hijo más amado por veintidós años, igual que Issac lo fue de la presencia de Jacob.

Cuando Faraón le preguntó qué edad tenía, Jacob respondió: "Pocos y crueles han sido los años de mi vida" (Génesis 47:9). Es el único personaje de la Torá en afirmar algo semejante. Es difícil no leer esta frase sin tener en cuenta el principio de equivalencia: lo que tú has hecho a otros, te será hecho a ti. El engaño produjo a todos los involucrados un gran dolor que persistió hasta la generación siguiente.

Mi lectura, por lo tanto, es la siguiente.[2] La frase del oráculo de Rebeca *Ve-rav yaavod tsair* (Génesis 25:23) es en realidad ambigua. Puede significar "el mayor servirá al menor" o también "el menor servirá al mayor". Es lo que la Torá llama una *jidá* (Números 12:8), una comunicación deliberadamente opaca, ambigua. Sugiere un conflicto continuo entre los dos hijos y sus descendientes, pero no quién resultará vencedor.

Isaac comprendió la naturaleza de sus dos hijos. Él amaba a Esaú pero no le impidió saber que Jacob sería el heredero del pacto. Por lo

2. Para una explicación más detallada ver *Covenant and Conversation – The Book of Beginnings* (Jerusalem: Maggid, 2009), 153–158, 219–228.

tanto, Isaac preparó dos bendiciones, una para Esaú y otra para Jacob. Bendijo a Esaú (Génesis 27:28–29) con los dones que sabía que él apreciaría: "Que Dios te otorgue el rocío del cielo y la riqueza de la tierra, una abundancia de grano y vino nuevo, o sea, riqueza. Que las naciones te sirvan y las personas se inclinen ante ti. Sé dominador sobre tus hermanos y que los hijos de tu madre se inclinen ante ti", o sea, poder. Estas *no son* las bendiciones del pacto.

Las bendiciones del pacto que Dios le dio a Abraham e Isaac eran completamente distintas. Eran sobre *los hijos* y *una tierra*. Esta es la bendición que más tarde le dio Isaac a Jacob antes de partir de su casa (Génesis 28:3–4): "Que Dios Todopoderoso te bendiga, te haga fructificar, y que incremente tu número hasta ser una comunidad de naciones" o sea, hijos. "Que Él te dé a ti y a tus descendientes la bendición que le dio a Abraham, para que puedas tomar posesión de la tierra en la cual ahora resides como extranjero, la tierra que Dios le dio a Abraham", o sea, la tierra. *Esta es la bendición que Isaac tenía destinada a Jacob en todo momento.* No había necesidad alguna de engaño ni ocultamiento.

Finalmente Jacob llegó a comprender todo esto, quizás durante la lucha con el ángel en la noche anterior a su encuentro con Esaú después de su largo distanciamiento. Lo que ocurrió en ese encuentro es inexplicable, salvo que comprendamos que Jacob estaba devolviéndole a Esaú las bendiciones que le había quitado dolosamente. El obsequio masivo de ovejas, ganado y demás elementos representa "el rocío del cielo y la riqueza de la tierra", o sea, riqueza. El hecho de que Jacob se inclinó siete veces ante Esaú era su forma de cumplir con las palabras: "Que los hijos de tu madre se inclinen ante ti", o sea, poder.

Jacob devolvió las bendiciones. Incluso, muy explícitamente. Le dijo a Esaú: "Por favor acepta la bendición (*birkati*) que te ha sido entregada pues Dios ha tenido gracia conmigo y yo tengo todo lo que necesito" (Génesis 33:11). Al leer está historia, Rebeca y Jacob cometieron un error, un error perdonable y comprensible, pero error al fin. *La bendición que Isaac estaba por darle a Esaú no era la bendición de Abraham.* Él quiso darle a Esaú una bendición apropiada para él. Al hacerlo, estaba actuando sobre la base del precedente. Dios había bendecido a Ismael con las palabras: "Yo haré de él una gran nación" (Génesis 21:18). Esta

Vaietzé

Tiempos de amor, tiempos de justicia

El judaísmo es fundamentalmente una religión de amor: tres amores. "Amarás al Eterno tu Dios con todo tu corazón, con toda tu alma y con toda tu fuerza" (Deuteronomio 6:5); "Amarás a tu prójimo como a ti mismo" (Levítico 19:18); y "Amarás al extranjero, pues tú has sido extranjero en tierra extraña" (Deuteronomio 10:19).[1]

El judaísmo no solo es una religión de amor. También fue la primera civilización en colocar al amor en el centro de la vida moral. C.S. Lewis y otros señalan que todas las civilizaciones tienen algo semejante a una regla de oro – actuar con otros como tú quisieras que actúen contigo,[2] o, en la formulación de Hilel por la negativa: No hagas a otros lo que odiarías que te hicieran a ti (Shabat 31a). Esto es lo que los teóricos del juego llaman altruismo recíproco o de "toma y daca". Alguna forma de este altruismo, especialmente la variante formulada por Martin Nowak de Harvard llamada "generosa", ha sido comprobada por

1. Ver también Levítico 19:33–34.
2. C.S. Lewis, *The abolition of man*, Nueva York, 1947.

simulación informática como la mejor estrategia para la supervivencia de cualquier grupo.[3]

El judaísmo también se ocupa de la justicia. Albert Einstein habló sobre el "casi fanático amor por la justicia" que hizo que agradeciera a los cielos el haber nacido judío.[4] El único lugar en la Torá que explica por qué fue elegido Abraham como fundador de la nueva fe, dice: "Pues Yo lo he elegido para que enseñe a sus hijos y a su familia a guardar el camino del Eterno a hacer lo bueno y lo justo" (Génesis 18:19). ¿Por qué esta combinación de justicia y amor? ¿No era suficiente solo con el amor?

Nuestra parashá contiene un pasaje atrapante de solo unas palabras que nos da la respuesta. Recuerden el antecedente: Jacob, huyendo de su casa, se refugia en lo de su tío Labán. Se enamora de Raquel, su hija menor y trabaja durante siete años para poder desposarla. Pasada la noche de bodas descubrió que había sido engañado y se había casado con Lea, la hermana mayor de Raquel. Furioso, confronta a Labán quien le replica: "Casar a la menor antes que la mayor no se hace en nuestro ámbito" (Génesis 26:29). Le dice que puede casarse también con Raquel si trabaja siete años más.

Leemos después, o más bien escuchamos, palabras muy conmovedoras. Para comprender el impacto de las mismas, es necesario recordar que en tiempos antiguos –hasta la invención de la imprenta– había muy pocos libros. Hasta entonces la mayoría de las personas (salvo los que estaban de pie en la *bimá*) escuchaban la Torá en la sinagoga. La expresión *kriat haTorá* no significa realmente *leer* la Torá sino *proclamarla*, declararla públicamente.[5]

En cuanto a cómo se procesa la información, hay una diferencia fundamental entre leer y escuchar. Leyendo, podemos ver todo el texto –la frase, el párrafo– de una sola vez. Escuchando, ello no es posible. Oímos solo una palabra a la vez y no sabemos de antemano cómo va a

3. Ver por ejemplo Martin Nowak y Roger Highfield, *Super Cooperators: Altruism, Evolution and Mathematics (or Why We Need Each Other To Succeed)*. Melbourne, Text, 2011.
4. Albert Einstein, *The World as I See It*, New York: Philosophical Library, 1949.
5. Esto tiene implicancias halájicas. *Kriat HaTorá* es, según muchos de los Rishonim, un *jobat ha-tzibur*, una obligación comunitaria en vez de una individual (al contrario de la lectura de la Meguilá en Purim).

terminar la frase o el párrafo. Algunos de los más impactantes efectos literarios de la cultura oral ocurren cuando las palabras iniciales nos hacen suponer un final, y en su lugar transcurre otro.

Estas son las palabras emotivas que escuchamos: "Y él (Jacob) amó también a Raquel" (Génesis 29:30). Esto era lo esperado y lo deseado. Jacob tenía ahora dos esposas, hermanas, algo que después estaría prohibido por la ley judía. Es una situación de gran tensión. Pero nuestra impresión es que todo va bien. Él las ama a ambas.

Esa expectativa queda fulminada por la palabra siguiente, *mi-Leah,* "más que a Lea". Esto no es sólo inesperado. Es gramaticalmente imposible. No se puede tener una frase que diga "X *también* amó a Y *más que a* Z". El "también" y el "más que" se contradicen. Esta es una de las raras e impactantes instancias en las que la Torá deliberadamente utiliza una sintaxis fracturada para describir una relación que también lo está.[6]

Más adelante viene la frase siguiente que es impactante. "El Señor vio que Lea era odiada" (Génesis 29:31). ¿Lea era odiada? No. La frase anterior indicaba que era querida. ¿Qué quiere decir la Torá al iniciar que era "odiada"? Quiere significar que es como lo sentía Lea. Sí, ella era querida, pero menos que su hermana. Lea lo sabía y supo durante siete años que Jacob estaba apasionadamente enamorado de su hermana menor, Raquel, por quien la Torá dice que trabajó durante siete años pero que "le parecieron sólo unos días por el amor que sentía por ella" (Génesis 29:20).

Lea no era odiada. Era menos querida. Pero alguien en esa situación no puede evitar sentirse rechazada. La Torá nos obliga a escuchar su dolor a través de los nombres que puso a sus hijos. Al primogénito lo llamó Rubén, puesto que *"El Eterno ha visto mi dolor, seguramente mi esposo me amará más ahora"*. Al segundo lo llamó Simón, "Porque *el Señor oyó que no soy amada"*. Al tercero lo llamó Leví puesto que "*Por fin ahora mi esposo me amará*" (Génesis 29:32–35). Hay una angustia recurrente en estas palabras.

6. El ejemplo clásico es el versículo imposible de traducir en Génesis 4:8, en el que Caín mata a Abel. La ruptura de las palabras expresa la ruptura de la relación, que derivó en la ruptura de la moral y el primer asesinato.

Este tono lo oímos más adelante cuando Rubén, el primogénito de Lea, encuentra mandrágoras en el campo. Esta planta de propiedades supuestamente afrodisíacas, la entrega a su madre esperando que le pueda servir como atractivo para su padre. Raquel, que estaba experimentando otro tipo de pena, la esterilidad, ve las mandrágoras y se las pide a Lea. Entonces, Lea exclama: "¿No es suficiente que hayas tomado a mi marido, también quieres hacer lo mismo con las mandrágoras de mi hijo?" (Génesis 30:15). La tristeza es palpable.

Observen lo que ha ocurrido. Comenzó con amor. Se trata de amor en todo momento. Jacob amaba a Raquel. Fue amor a primera vista. No hay una historia parecida en toda la Torá. Abraham y Sara ya estaban casados cuando los conocimos. La esposa de Isaac fue elegida por el servidor del padre. Pero Jacob ama. Es más sentimental que los otros patriarcas. Ese ese el problema. El amor une, pero también divide. Deja a los no amados e incluso a los menos amados con la sensación de ser rechazados, abandonados, de estar desamparados y solos. Es por eso por lo que no es posible construir una sociedad, una comunidad o incluso una familia sólo con amor. Debe haber también justicia y equidad.

Si registramos las once veces que la palabra "amor", *ahavá*, aparece en el libro de Génesis haremos un descubrimiento extraordinario. Cada vez que se menciona este vocablo se produce un conflicto. Isaac amaba a Esaú, pero Rebeca amaba a Jacob. Jacob amaba a José, el primogénito de Raquel, más que a sus demás hijos. De estos dos episodios se derivaron las rivalidades fraternales más fatídicas de la historia del judaísmo.

Pero estos ejemplos son casi insignificantes comparados con la primera vez que aparece el término "amor" en la Torá: en las palabras iniciales del relato de la ligadura de Isaac: "Toma a tu hijo, tu único hijo, al que amas... (Génesis 22:2). Rashi, siguiendo el midrash (el cual en sí está inspirado en la obvia comparación entre las ligaduras de Isaac y el libro de Job) dice que cuando Abraham realizó una ceremonia festiva para celebrar el destete de su hijo, Satán, el ángel acusador, le dijo a Dios: "Como ves, él ama a su hijo más qué a Ti" (Rashi a Génesis 22:1). Ese fue, según el midrash, el motivo de la prueba: demostrar que la acusación de Satán era falsa.

El judaísmo es una religión de amor. Es así por profundas razones teológicas. En el mundo del mito los dioses eran, en su peor versión, hostiles a la humanidad, y en la mejor, indiferentes a ella. En el ateísmo contemporáneo la existencia del universo no se debe a razón alguna. Somos accidentes de la materia, el resultado del azar ciego y de la selección natural. El enfoque del judaísmo es el más hermoso que conozco. Estamos aquí porque Dios nos creó con amor y perdón, pidiéndonos que amemos y perdonemos a los demás. El amor, el amor de Dios, está implícito en nuestro propio ser.

Son numerosos los textos que expresan ese amor: el párrafo anterior al recitado del Shemá en el rezo que habla de "gran amor" y de "amor eterno"; el Shemá mismo con la orden de amar; las bendiciones sacerdotales son expresadas con amor; *Shir haShirim*, el Cantar de los Cantares, es un gran poema de amor; el poema litúrgico *Lejá Dodí* – "Ven, amada mía" de Shlomo Alkabetz,*Yedid Nefesh* – "Amada del alma" de Eliezer Azikri, Si quieres vivir bien, ama. Si buscas estar cerca de Dios, ama. Si quieres que tu hogar esté iluminado por la Divina Presencia, ama. El amor es donde reside Dios.

Pero el amor no es suficiente. No se puede construir una familia –y menos una sociedad– solo con amor. Para esto también se necesita la justicia. El amor es parcial, la justicia es imparcial. El amor es particular, la justicia es universal. El amor está destinado a esta persona, no a esta otra, pero la justicia es para todos. Gran parte de la vida moral está generada por esta tensión existente entre el amor y la justicia. No es casual que sea el tema de muchas de las narraciones de Génesis. Génesis trata sobre las personas y sus relaciones, mientras que el resto de la Torá se refiere predominantemente a la sociedad.

La justicia sin amor es dura. El amor sin justicia no es ecuánime, o así será percibido por el menos amado. Pero experimentar ambas cosas al mismo tiempo es virtualmente imposible. El físico y premio Nobel Niels Bohr descubrió una vez que su hijo había sustraído un objeto de un comercio local. Vio que podía tener dos reacciones distintas ante la situación: ver a su hijo desde la perspectiva de un juez (justicia) o de la de un padre (amor), pero que no era posible tener ambas simultáneamente.[7]

7. Jerome Bruner, Actual Minds, Possible Worlds (Cambridge, MA: Harvard University Press, 1986), p. 51.

En el corazón de la vida moral hay un conflicto de solución no sencilla. No hay reglas generales que nos indiquen cuándo la reacción del amor es la correcta y cuándo lo es la de la justicia. En 1960 los Beatles cantaron: "Todo lo que necesitas es amor". Ojalá fuera así, pero no lo es. El amor no es suficiente. Amemos, pero no olvidemos nunca a los que se sienten no queridos. Ellos también son personas. Ellos también tienen sentimientos. Ellos también son a la imagen de Dios.

CB

Vaishlaj

La parábola de las tribus

Desde el principio hasta el fin, el capítulo 34 cuenta una historia terrible. Dina, la hija de Jacob –la única hija judía mencionada en toda la narrativa patriarcal– deja el área de seguridad de su hogar para "ver a las hijas de la tierra" (Génesis 31:1). Ella es violada y secuestrada por un príncipe del lugar, el hijo del rey de la ciudad, conocido con el nombre de Shjem.

Jacob se entera del hecho pero no hace nada hasta que retornan sus hijos. Los hermanos de Dina, Simón y Leví perciben de inmediato que deben rescatarla. Es una tarea virtualmente imposible. El secuestrador no es un personaje cualquiera. Por ser el hijo del rey, no se lo puede enfrentar en forma directa. Además, es improbable que el rey ordene a su hijo que libere a la joven. Si amenazan a los lugareños, seguramente saldrán en defensa del príncipe. Se trata de Simón y Leví contra toda la ciudad, dos contra muchos. Aun si buscaran el apoyo de los demás hermanos, estarían en franca minoría.

Entonces, Simón y Leví preparan un ardid. Aceptan que Dina se case con el príncipe, pero con una condición: que todos los hombres del pueblo se circunciden. Los súbditos de Shjem, viendo la ventaja que les puede significar la alianza con esta tribu vecina, acceden. Los hombres quedan debilitados por la intervención, en la que al tercer día el dolor es más intenso. Ese día, Simón y Leví entran a la ciudad y matan a todos los hombres. Rescatan a Dina y la llevan de vuelta a su casa. Entonces, los otros hijos saquean la ciudad.

Jacob queda horrorizado por sus acciones. Les dijo: "Han hecho que los habitantes de la tierra me odien" (Génesis 34:30). Entonces, ¿qué deberíamos haber hecho? preguntan los dos hermanos.

"¿Dejar que nuestra hermana fuera tratada como una prostituta?" Con esa pregunta retórica, el episodio finaliza y la narración continúa por otra vía. Pero el horror de Jacob por la actuación de sus hijos no termina allí. Él lo trae de vuelta en su lecho de muerte donde efectivamente, los maldice:

> Simón y Leví son hermanos–
> sus espadas son armas de violencia, que yo no entre en su consejo,
> que yo no entre en su asamblea.
> Pues ellos han matado a hombres por su ira y paralizado a los bueyes a su antojo.
> ¡Maldita sea su ira, tan feroz, y su furia, tan cruel!
> Yo los esparciré en Jacob
> y los dispersaré en Israel (Génesis 49:5–7).

La historia de Dina configura un pasaje extraordinario. En apariencia parece carecer de todo mensaje moral. Ninguno sale airoso. Shjem, el príncipe, parecería ser el villano principal. Fue él quien violó y raptó a Dina. Hamor, el padre, falló al no reprender a su hijo y ordenarle que la liberase. Simón y Leví son culpables de un horrendo acto de violencia. Los demás hermanos se dedican a saquear la ciudad.[1] Jacob parece permanecer pasivo durante todo el episodio. No actúa ni les instruye a sus hijos acerca de qué deben hacer. Hasta Dina parecería culpable por el descuido de salir a una zona decididamente peligrosa – recordemos

1. Una acción reprochada por la Biblia: ver Deuteronomio 13:13–19, I Samuel 15:13–26, Ester 9:19, 9:15–16

que tanto Abraham como Isaac, su abuelo y bisabuelo, temieron por sus vidas por la peligrosidad que reinaba en ese tiempo.[2]

Quién obró bien y quién no queda conspicuamente indefinido en el texto. Jacob condena a sus hijos, pero ellos rechazan la crítica.

Este debate continuó y fue retomado por dos de los más grandes rabinos de la Edad Media. Maimónides se pone del lado de Simón y Leví. Lo que hicieron estuvo justificado, dijo. Los otros habitantes del pueblo vieron lo que había hecho Shjem, sabían que era culpable del delito, y sin embargo no lo condujeron a las cortes ni salieron a defender a la joven. Fueron entonces culpables de complicidad. Lo que había hecho Shjem fue un pecado capital y al respaldarlo el pueblo estaba implicado junto con él.[3] Incidentalmente, esto resulta fascinante ya que sugiere que para Maimónides la regla de que "todos los hijos de Israel son responsables uno por el otro" (Shevuot 39a) no estaba circunscripto solo a Israel. Era aplicable a toda sociedad. Isaac Arama en el siglo XV escribió que cualquier delito que sea conocido deja de ser responsabilidad de una sola persona y se transforma en el pecado de toda la comunidad.[4]

Najmánides, en su comentario a Génesis 34:13, está en desacuerdo. El principio de la responsabilidad colectiva, según él, no es aplicable a las sociedades no judías. El mandamiento noájida requiere que toda sociedad establezca juzgados, pero no significa que no procesar a un delincuente por un delito capital involucre a todos los miembros de la sociedad.

El debate entre los estudiosos bíblicos continúa en la actualidad. Dos de ellos en particular someten al episodio a un detallado análisis literario: Meir Sternberg en su *The Poetics of Biblical Narrative* (La poesía de la narrativa bíblica)[5] y el Rabino Eljanán Samet en sus estudios sobre la parashá.[6] También ellos arriban a conclusiones encontradas. Sternberg argumenta que el texto critica a Jacob por su inacción y por

2. El Midrash critica a Dina: ver Midrash Hagada (Buber) a Génesis 34:1. Midrash Sejel Tov incluso critica a su madre Lea por permitirle ir a Shjem.
3. Maimónides, Mishné Torá, Hiljot Melajim 9:14.
4. Arama, Akedat Ytzjak, Bereshit, Vayerá, Puerta 20, s.v. UVeMidrash.
5. Sternberg, Meir. *The Poetics of Biblical Narrative: Ideological Literature and the Drama of Reading*. Bloomington: Indiana UP, 1985. 444–81.
6. Elhanan Samet, *Iyyunim be-Parshat ha-Shevuah*, third series, Israel: Yediot Aharonot, 2012, 149–171.

la crítica al accionar de sus hijos. Samet considera culpables principales a Shjem y a Hamor.

Sin embargo, ambos resaltan el hecho impactante de que el texto profundiza deliberadamente la ambigüedad moral al negarse a presentar hasta los villanos más aparentemente claros en imagen negativa. Tomemos al malhechor principal, el joven príncipe Shjem. El texto dice que "su corazón fue atraído por Dina, la hija de Jacob; él amaba a la joven y le hablaba tiernamente. Y Shjem le dijo a su padre Hamor: 'Toma para mí a esta mujer como mi esposa'" (Génesis 34:3–4). Comparemos esto con la descripción de Amnón, el hijo del rey David, que viola a su hermanastra Tamar. Esa historia también es una narración de venganza sanguínaria. Pero el texto dice que después de violar a Tamar, Amnón "la odió con odio intenso. De hecho, la odió más de lo que la había amado. Amnón le dijo a ella: 'Levántate y vete de acá!'" (II Samuel 13:15). Shjem no es para nada así. Se enamora de Dina y quiere casarse con ella. El rey y la gente del pueblo acceden prestamente al pedido de circuncisión hecho por Simón y Leví.

El texto no solo no demoniza al pueblo de Shjem, sino que tampoco coloca a la familia de Jacob bajo una luz favorable. Usa con Simón y con Leví la palabra "engaño" (34:13) – la misma que fuera empleada previamente para el episodio de Jacob en la bendición destinada a Esaú y en la sustitución de Lea por Raquel. La descripción de todos los personajes –desde la irresponsable Dina; el excesivamente violento rescate que planearon sus dos hermanos; el saqueo de los otros hermanos y la pasividad de Jacob– parecería obliterar deliberadamente nuestras simpatías.

El efecto final es una historia carente de villanos irredentos y de héroes inoxidables. Entonces, ¿cuál es la razón de que sea contada? Las historias de la Torá no aparecen solo porque ocurrieron. La Torá no es un libro de historia. En algunos de los periodos más importantes se mantiene en silencio. No sabemos nada, por ejemplo, de la niñez de Abraham ni de treinta y ocho de los cuarenta años en que viajaban por el desierto. Torá significa "enseñanza", "instrucción", "guía".

¿Qué enseñanza quiere la Torá que extraigamos de esta narrativa en la cual nadie sale bien parado? Hay un importante experimento de pensamiento ideado por Andrew Schmookler conocido como la parábola de las tribus.[7] Imaginemos un conjunto de tribus ubicadas una cerca de la otra. Todas eligen el camino de la paz salvo una de ellas que quiere emplear la violencia para lograr sus fines. ¿Qué ocurre con las tribus pacíficas? Una es vencida y destruida. La segunda es conquistada y sometida. La tercera huye a un lugar remoto e inaccesible. La cuarta busca defenderse, y para eso debe recurrir a la violencia. "Lo irónico es que la defensa exitosa contra un agresor que maximiza su poder requiere que la sociedad se vuelva más parecida a la sociedad que la amenaza. El poder sólo puede ser frenado por el poder.[8]

En otras palabras, existen cuatro posibles derivaciones: 1. destrucción; 2. sumisión; 3. retiro y 4. imitación". *En cada uno de estos casos las formas del poder se difunden a través del sistema.* Esta es la parábola de las tribus.[9] Recuerden que todas menos una de las tribus busca la paz y no desean imponer su poder sobre las demás. De cualquier forma, si se introduce solamente una tribu violenta en la región, la violencia a la larga prevalecerá cualquiera sea la respuesta de las demás. Esa es la tragedia de la condición humana.

Mientras escribía este ensayo en el verano de 2014, Israel estaba envuelto en una dura disputa con Hamas en Gaza, durante la cual murió mucha gente. El Estado de Israel no tenía más ganas de participar en este tipo de guerra que su antepasado Jacob. A lo largo de la campaña me encontré rememorando las palabras anteriores a nuestra parashá acerca de los sentimientos de Jacob antes de su encuentro con Esaú: "Jacob estaba muy atemorizado y angustiado" (Génesis 32:8), sobre lo cual los sabios dijeron: "Atemorizado por la eventualidad de ser matado, angustiado por la posibilidad de ser forzado a matar".[10] Lo que nos dice el episodio de Dina no es que Jacob, Simón o Leví tenían o no razón, sino que hay situaciones en las que no hay un camino de acción correcto; cualquier cosa que se haga va a estar mal, y cualquier opción que se elija significará el abandono de algún principio moral.

7. Andrew Bard Schmookler, *The Parable of the Tribes: The Problem of Power in Social Evolution*. Berkeley: U of California, 1984.
8. Ídem, 21.
9. Ídem, 22.
10. Ídem.

Ese es el punto de Schmookler, que "el poder es como una patología contaminante, que una vez introducida, gradual e inexorablemente se volverá universal en el sistema de las sociedades en competencia". El acto singular de violencia de Shjem contra Dina obligó a dos de los hijos de Jacob a emprender una violenta represalia, y al final, todos quedaron contaminados o muertos. La profundidad moral de la Torá hace que no nos oculte esta terrible verdad, no mostrando a una de las partes como culpable y a la otra como inocente.

La violencia nos corrompe a todos por igual. Entonces, y ahora.

CB

Vaieshev

El heroísmo de Tamar

Esta es una historia verídica que ocurrió en 1970. El Rabino Nahum Rabinovitch, entonces director del Jews' College, del seminario rabínico de Londres donde fui alumno y maestro, fue contactado por una organización que tuvo la inusual oportunidad de realizar un encuentro interreligioso. Un grupo de obispos africanos deseaba saber más sobre el judaísmo. ¿Estaría el director dispuesto a enviar a sus alumnos avanzados para entablar un diálogo en un castillo en Suiza?

Ante mi sorpresa, él accedió. Me dijo que era escéptico respecto al diálogo judeocristiano en general, porque creía que a través de los siglos la Iglesia había estado infectada de antisemitismo, y eso era difícil de superar. Pero en ese tiempo pensó que los cristianos africanos eran distintos. Ellos amaban el Tanaj y sus historias. Estaban, por lo menos en un principio, abiertos a comprender el judaísmo bajo sus propios términos. Él no agregó, aunque yo sabía que por ser una de las máximas autoridades del mundo sobre Maimónides, que el sabio del siglo XII tenía una actitud especial respecto al diálogo. Maimónides creía que el islam era una fe auténticamente monoteísta, mientras que el cristianismo, en esa época, no lo era. Sin embargo, sostuvo que estudiar el Tanaj con cristianos estaba permitido, pero no con los musulmanes, ya que los cristianos creían que el Tanaj (lo que ellos llamaban Antiguo Testamento)

con su segundo hijo, Onán, en base a la forma de casamiento de levirato pre mosaico en el que el hermano está obligado a casarse con la cuñada viuda si no ha tenido hijos. Onán, reacio a ser padre de un hijo que sería considerado de su hermano fallecido y no propio, practicó una forma de *coitus interruptus* que hasta el día de hoy lleva su nombre. Debido a esto, él también murió. Habiendo perdido a dos de sus hijos, Judá no quiso casar a su tercer hijo, Shelah, con Tamar. Como consecuencia, ella quedó en un estado de "viuda de por vida", destinada a casarse con su cuñado, pero impedida de hacerlo por Judá y por lo tanto imposibilitada de casarse con otro hombre.

Después de muchos años, al ver que su suegro (a la vez también viudo) se negaba a permitir que ella se casara con Shelah, en una maniobra audaz, decidió sacarse la vestimenta de su viudez, cubrirse con un velo y ubicarse en un sitio por el que Judá debía pasar camino a esquilar las ovejas. Judá la vio, la tomó por prostituta y aceptó sus servicios. Como garantía del pago de estos ella insistió en recibir el anillo con su sello, su cuerda y su vara. Judá volvió al día siguiente con el pago, pero la mujer había desaparecido. Preguntó a los lugareños por la prostituta del templo (el texto en este punto emplea la palabra *kedeshá* "prostituta ritual" en lugar de *zoná*, haciendo que la trasgresión de Judá sea aún peor) pero ninguno en la zona había visto a tal persona. Perplejo, Judá retornó a su casa.

Tres meses más tarde se enteró de que Tamar estaba embarazada. Llegó a la única conclusión posible: había tenido una relación sexual con otro hombre estando ligada por ley a su hijo Shelah. Había cometido adulterio, trasgresión castigada con la muerte. Tamar fue llevada a enfrentar su sentencia y Judá se percató de inmediato de que portaba su vara y su sello. Ella dijo: "Yo estoy embarazada de la persona a la que pertenecen estos objetos". Judá se dio cuenta de lo ocurrido y proclamó: "Ella es más justa que yo" (Génesis 38:20).

Este es el momento de quiebre de la historia. Judá es la primera persona en la Torá en admitir explícitamente que obró mal.[4] No nos

4. Aquí el texto se encuentra lleno de alusiones verbales. Como lo notamos, Judá "descendió" tal como José fue "llevado hacia abajo". José está a punto de alcanzar la grandeza política. Judá eventualmente alcanzará la grandeza moral. El engaño de

damos cuenta aún, pero este parece ser el momento en el que él adquirió la profundidad de carácter necesaria para convertirse en el primer verdadero *baal teshuvá.* Esto lo vemos años más tarde, cuando él (el hermano que propuso vender a José como esclavo) propone pasar el resto de su vida en esclavitud con tal de que su hermano Benjamín pueda ser liberado (Génesis 44:33). He argumentado en otro texto que es de aquí que aprendemos el principio de que una persona arrepentida es más elevada que un individuo perfectamente virtuoso (Berajot 34b).[5] Judá, el arrepentido, será el antecesor de los reyes de Israel, mientras que José, el Justo, es sólo un virrey, *mishné le-melej,* el segundo de Faraón.

Hasta aquí Judá. Pero la verdadera heroína de la historia es Tamar. Ella asumió un riesgo inmediato al quedar embarazada. En realidad, corrió peligro de muerte por ello. Lo había hecho por una razón noble: quería asegurar la continuidad del nombre de su marido fallecido. Pero tomó recaudos no menores para evitar la humillación de Judá. Solo ellos dos supieron lo ocurrido. Judá pudo reconocer su error sin pérdida de imagen. Es por este episodio que los sabios derivaron la regla articulada por el Rabino Rabinovitch esa mañana en Suiza. Es preferible arrojarse a un horno ardiente antes que humillar a alguien en público.

Por lo tanto, no es coincidencia que Tamar, una heroica mujer no judía, haya sido la antecesora de David, el más grande rey de Israel. Hay semejanzas impactantes en el caso de Tamar y la otra mujer heroica antecesora de David: la mujer moabita que conocemos por el nombre de Rut.

Hay una antigua costumbre en Shabat y otras festividades que es la de cubrir la *jalá* o *matzá* al recitar el Kidush. El motivo es el de no avergonzar al pan ante la prioridad del vino. Existen algunos judíos muy religiosos que evitan avergonzar un objeto inanimado como el pan, pero no tienen problema alguno en humillar a otros judíos por no considerarlos lo suficientemente religiosos. Eso es lo que ocurre cuando tenemos presente la halajá pero olvidamos el principio moral que lo sustenta.

Tamar a Judá es similar al engaño de Jacob (las dos involucran a las ropas): la túnica manchada con sangre de José y el velo de Tamar. Los dos alcanzan su clímax con las palabras *haker na,* "por favor, examine" con las que Judá obliga a Jacob a creer una mentira. Tamar obliga a Judá a reconocer la verdad.

5. Jonathan Sacks, *Covenant and Conversation Genesis: The Book of Beginnings,* pp. 303–314.

Nunca avergüences a nadie. Eso es lo que Tamar le enseñó a Judá y lo que un gran rabino de nuestro tiempo enseñó a los que tuvimos el privilegio de ser sus alumnos.

CB

Miketz

Apariencia y realidad

Después de veintidós años y muchas idas y vueltas, José y sus hermanos finalmente se encuentran. Percibimos el dramatismo del momento. La última vez que habían estado juntos, los hermanos habían planeado inicialmente matarlo y luego lo vendieron como esclavo. Uno de los motivos por los cuales lo hicieron era el enojo que les causó la interpretación de sus sueños, en los que José soñó dos veces que sus hermanos se inclinarían ante él. A ellos les pareció un acto de soberbia, arrogancia y presunción.

La hibris es comúnmente castigada con némesis, y así ocurrió en el caso de José. Lejos de ser su amo, los hermanos lo transformaron en esclavo. Ahora, inesperadamente en la parashá de esta semana, los sueños se vuelven realidad. Los hermanos se inclinan ante él con "sus rostros inclinados hacia el suelo" (Génesis 42:6). Parecería que la historia había llegado a su fin. Pero en realidad se trata del comienzo de una nueva historia, de pecado, arrepentimiento y perdón. Las historias bíblicas tienden a desafiar las convenciones narrativas.

El motivo por el cual esta historia no termina con la reunión de los hermanos es porque una sola de las personas presentes, José, sabe que es un reencuentro. "Apenas vio José a sus hermanos, *los reconoció,*

es el motivo por el cual cuando recitamos la primera línea de la *Shemá* nos cubrimos los ojos con la mano para no ver.

Las apariencias engañan. La vestimenta traiciona. El entendimiento profundo, ya sea de Dios o de los seres humanos, no puede provenir de las apariencias. Para poder elegir entre el bien y el mal, entre lo bueno y lo malo, para poder vivir una vida moral debemos tener la certeza de no solamente mirar, sino también escuchar.

CB

Vaigash

El nacimiento del perdón

Hay instancias que cambian el mundo. Por ejemplo, cuando Johannes Gutenberg inventó la imprenta de tipos móviles en 1493 (aunque los chinos ya la habían inventado cuatro siglos antes); o cuando Faraday inventó el motor eléctrico en 1821; o cuando Tim Berners-Lee creó la red global (World Wide Web, www) en 1990. Hay algo semejante en la parashá de esta semana y de alguna forma puede haber sido no menos transformadora que las anteriores. Ocurrió cuando finalmente José reveló su identidad ante sus hermanos. Cuando ellos quedaron mudos y en estado de shock, les dijo estas palabras:

> "Yo soy vuestro hermano José, al que ustedes vendieron a Egipto. Y ahora, no estén angustiados ni enojados con vosotros mismos por haberme vendido aquí porque fue para salvar vidas que Dios me envió delante de ustedes...no fueron ustedes los que me enviaron aquí sino Dios" (Génesis 45:4–8).

Este es el primer registro de un momento histórico en el que un ser humano perdona a otro.

Según el Midrash, Dios había otorgado un perdón antes de este episodio,[1] pero no siguiendo el sentido llano del texto. El perdón brilla por su ausencia en los relatos del diluvio, de la Torre de Babel y de Sodoma. Cuando Abraham rezó audazmente en favor del pueblo de Sodoma, no le pidió a Dios que lo perdone. Su propuesta se refería a la justicia, no al perdón. Quizá habría personas inocentes allí, cincuenta o al menos diez. Habría sido injusto que murieran. Lo meritorio sería salvarlos, dice Abraham. Eso es bastante distinto a pedirle a Dios que los perdone.

José perdonó. Esa fue la primera vez en la historia. Pero la Torá da a entender que los hermanos no captaron plenamente el significado de sus palabras. Después de todo, no pronunció explícitamente la palabra 'perdonar'. Les dijo que no se angustiaran. Dijo: "no fueron ustedes sino Dios". Les dijo que su acción resultó, de alguna forma, positiva. Pero en teoría, todo esto sería compatible con hallarlos culpables y merecedores de castigo. Es por eso por lo que la Torá cuenta un segundo evento años más tarde, después de la muerte de Jacob. Los hermanos piden tener una reunión con José temiendo que ahora él podría vengarse. Por eso prepararon este relato:

> Enviaron un mensaje a José diciendo: "Tu padre dejó estas instrucciones antes de morir: 'Esto es lo que deben decirle a José: Pido que él los *perdone* por los pecados y maltratos que han cometido'. Ahora por favor *perdona* los pecados de los servidores del Dios de vuestro padre". Cuando recibió el mensaje, José lloró (Génesis 50:15–18).

Lo que ellos dijeron fue una mentira piadosa, pero José entendió por qué fue dicha. Los hermanos usaron la palabra "perdonar" (la primera vez que aparece en la Torá) porque todavía no tenían la certeza de cuál era la intención de lo que dijo José. ¿Es posible que alguien que haya

1. Hay sugerencias midráshicas de que Dios perdonó parcialmente, o cuanto menos mitigó, los castigos de Adán, Eva y Abel. De Ismael se dijo que se transformó en un penitente y hay interpretaciones midráshicas que identifican a Ketura, la mujer que Abraham desposó tras el fallecimiento de Sara, con Hagar, lo cual implicaría que Abraham e Isaac se reconciliaron con la sierva de Sara y con su hijo.

sido vendido como esclavo pueda perdonar? José lloró porque sus hermanos no lograron comprender que él los había perdonado ya tiempo atrás. No estaba enojado, resentido ni con deseo de venganza. Había dominado sus emociones y reformulado su comprensión de los hechos.

El perdón no aparece en todas las culturas. No es una cualidad humana universal ni un imperativo biológico. Esto lo sabemos por el trabajo del clasicista norteamericano David Konstan, *Before Forgiveness: The Origins of a Moral Idea* (Antes del perdón: los orígenes de una idea moral, 2010).[2] Ahí argumenta que en la literatura griega antigua no existía el concepto del perdón. Había otra cosa, muchas veces confundida con el perdón: el *aplacamiento de la ira.*

Cuando una persona provoca un daño a otra, la víctima se enfurece y busca vengarse. Esto es decididamente peligroso para el causante y por lo tanto podría intentar calmar a la víctima y convencerla que se olvidase del asunto. Pueden esgrimirse diversas excusas: no fui yo, fue otro. O, sí, fui yo, pero no lo pude evitar. O, efectivamente fui yo, pero en el pasado te he hecho tanto bien que este hecho insignificante puedes dejarlo pasar.

Alternativamente, o junto con estas estrategias, el causante puede rogar, argumentar, o realizar algún ritual de degradación o de humillación. Es la manera de decirle a la víctima: "realmente, no soy una amenaza para ti". La palabra griega *sugnome,* a veces traducida como perdón, en realidad según Konstan significa exculpación o absolución. No es que te perdoné por lo que hiciste, sino que comprendo por qué lo has hecho: no pudiste evitarlo, las circunstancias estaban fuera de tu control o alternativamente, no tengo por qué vengarme porque dada tu actitud me has demostrado el respeto adecuado. Mi dignidad ha sido restablecida.

Hay un ejemplo clásico de una situación de apaciguamiento en la Torá. El comportamiento de Jacob frente a Esaú cuando se encuentran después de una larga separación. Jacob huye de su casa al escuchar de Raquel la intención de Esaú de matarlo luego de que de Isaac fallezca (Génesis 27:41). Antes del encuentro, Jacob le envía un importante obsequio de ganado, diciendo: "Yo lo aplacaré con el obsequio que va antes de mí y después veré su rostro; quizás me acepte" (Génesis 32:21).

2. David Konstan, *Before Forgiveness: The Origins of a Moral Idea,* Cambridge: Cambridge University Press, 2010.

Cuando los hermanos se encuentran, Jacob se inclina ante Esaú siete veces, un clásico ejemplo de autodegradación. Los hermanos se abrazan, se besan y cada uno va por su camino, no porque Esaú haya perdonado a Jacob sino porque lo ha olvidado o ha sido aplacado.

El apaciguamiento como método de solución de conflictos existe hasta en los animales. Frans de Waal, estudioso de los primates, ha descrito rituales de apaciguamiento entre chimpancés, bonobos y gorilas de montaña.[3] Hay luchas por la dominación entre los animales sociales, pero también existen formas de restaurar la armonía del grupo, por razones de supervivencia. O sea que existen conductas de apaciguamiento que son pre-morales y han existido desde los orígenes de la humanidad.

Pero no así el perdón. Konstan opina que la primera vez que este ocurre es en la Biblia hebrea, y cita el caso de José. Lo que no aclara es *por qué* José perdona ni por qué esta idea y este concepto nacen específicamente en el judaísmo.

La respuesta es que con el judaísmo nació una nueva moralidad. El judaísmo es (principalmente) una ética de la culpa, a diferencia de la mayoría de los otros sistemas que son éticas de la vergüenza. Una de las diferencias fundamentales entre las dos es que la vergüenza queda ligada a la persona. La culpa está ligada al acto. En las culturas de la vergüenza, cuando una persona comete un acto reprobable, esa persona queda marcada, manchada, profanada. En las culturas de la culpa lo que está mal es el acto, no el causante, no el pecador sino el pecado. La persona mantiene su valor fundamental ("el alma que nos has dado es pura", como decimos en los rezos). Es el acto el que de alguna forma debe ser corregido. Es por eso por lo que en las culturas de la culpa hay procesos de arrepentimiento, expiación y perdón.

Eso es lo que explica el comportamiento de José desde que aparecieron sus hermanos en Egipto por primera vez hasta el punto, en la parashá de esta semana, donde revela su identidad y perdona a sus hermanos. Es un caso de libro, el hecho de brindar a sus hermanos un curso de expiación, el primero en la literatura. José les está enseñando a ellos y la Torá nos enseña a nosotros qué es *ganarse* el perdón.

3. Frans de Waal, *Peacemaking Among Primates*, Cambridge, MA: Harvard University Press, 1989.

Recordemos lo ocurrido. Primero los acusa de un crimen que no han cometido. Dice que son espías. Los encarcela durante tres días. Después, tomando a Simón de rehén, les dice que deben volver a su hogar y traer consigo a Benjamín, el hermano menor. En otras palabras, los obliga a reproducir la escena en la cual vuelven a enfrentar a su padre con la ausencia de uno de los hermanos, José. Vean lo que ocurre a continuación.

> Se dijeron uno al otro: "Ciertamente merecemos ser castigados *(ashemim)* debido al episodio de nuestro hermano. Nosotros vimos cuán angustiado estaba cuando nos rogó por su salvación, pero no quisimos escucharlo; es por eso por lo que esta angustia ha descendido sobre nosotros"... Ellos no advirtieron que José entendía todo lo que hablaban porque estaba usando un traductor (Génesis 42:21–23).

Esta es la primera etapa del arrepentimiento. *Admitieron que habían obrado mal.*

Luego, después del segundo encuentro, José hace que coloquen su copa de plata en el saco de Benjamín. Se descubre esta prueba incriminatoria y los hermanos son traídos de vuelta. Les dicen que Benjamín debe ser retenido como esclavo.

> "¿Qué podemos decir a mi señor?" replica Judá. "¿Cómo podemos demostrar su inocencia?" Dios ha descubierto la culpabilidad de vuestros servidores. Somos ahora los esclavos de mi señor – todos nosotros y el que tuvo la copa" (Génesis 44:16).

Esta es la segunda etapa del arrepentimiento. Por último, confiesan. Más que eso, admiten su responsabilidad colectiva. Esto es importante. Cuando los hermanos vendieron a José, fue Judá el que lo propuso (Génesis 37:26–27) con la complicidad de todos los demás, salvo Rubén.

Por último, en el momento culminante de la historia, Judá mismo dice: "Entonces permítame permanecer aquí como esclavo en lugar del muchacho. ¡Déjelo volver con sus hermanos!" (Génesis 42:32).

Judá, quien vendiera a José como esclavo, estaba ahora dispuesto a entregarse con tal de que su hermano Benjamín sea liberado. Esto es lo que los sabios y Maimónides definen como el *arrepentimiento completo*, o sea, cuando las circunstancias se repiten y la persona tiene la posibilidad de repetir la acción pero no lo hace, *porque ha cambiado.*

Ahora José puede perdonar, porque sus hermanos, liderados por Judá, han pasado por las tres etapas del arrepentimiento: 1) admitir la culpa, 2) confesar y 3) cambiar de conducta.

El perdón sólo existe en una cultura en la que existe el arrepentimiento. El mismo presupone que somos entes libres y moralmente responsables capaces de cambiar, específicamente cuando reconocemos que hemos hecho algo que está mal de lo cual somos responsables y que no lo volveremos a hacer. La posibilidad de que esa transformación fuera factible en la Grecia antigua ni en cualquier otra cultura pagana, sencillamente no existía. En el caso de Grecia, era una cultura de vergüenza y honor que giraba en torno al doble concepto de carácter y destino.[4] El judaísmo, en cambio, era una cultura del arrepentimiento y el perdón, cuyos conceptos centrales eran la voluntad y la elección. La idea del perdón fue adoptada por el cristianismo haciendo que la ética judeocristiana fuera el vehículo principal del perdón en la historia.

Arrepentimiento y perdón no son solo ideas entre muchas otras. Transformaron la condición humana. Por primera vez el arrepentimiento estableció la posibilidad de no estar condenado eternamente a repetir el pasado. Cuando me arrepiento, muestro que puedo cambiar. El futuro no está predestinado. Puedo hacer que sea distinto a lo que podría haber sido. El perdón nos libera del pasado. *Rompe la irreversibilidad de la reacción y la venganza.* Es el acto de deshacer lo ya hecho.[5]

La humanidad cambió el día que José perdonó a sus hermanos. Cuando perdonamos y somos dignos de ser perdonados ya no somos prisioneros del pasado. La vida moral es la que abre el espacio para el perdón.

CB

4. Ver Bernard Williams, *Shame and Necessity,* Berkeley: University of California Press, 1993.
5. Hannah Arendt señala este punto en el documento *The Human Condition,* Chicago: University of Chicago Press, 1958, 241.

Vaiejí

¿Cuándo podemos mentir?

Después de la muerte de Jacob, José y sus hermanos tuvieron miedo. Años antes, cuando él les había revelado su verdadera identidad, parecía haberles perdonado por haberlo vendido como esclavo. Sin embargo, los hermanos no estaban totalmente convencidos. Quizás José no quiso decir eso. Podía ser que aún guardara resentimiento. Quizás el único motivo por el cual no se había vengado era por respeto a Jacob. Había una costumbre en esa época por la cual las disputas entre hermanos no se dirimían mientras el padre vivía. Esto lo sabemos por un episodio anterior. Después de que Jacob tomara la bendición de su hermano, Esaú dice: "Los días de duelo por mi padre se acercan; después de eso asesinaré a mi hermano Jacob" (Génesis 27:41). Por lo tanto, los hermanos se presentaron ante José diciendo:

> "Vuestro padre dejó estas instrucciones antes de morir: 'Esto es lo que deben decirle a José: Pido que perdones a tus hermanos por los pecados y maldades que han cometido al tratarte tan mal'. Ahora por favor perdona los pecados de los servidores del Dios de vuestro padre". Cuando José recibió este mensaje, lloró (Génesis 50:16–17).

El texto señala con toda claridad que el relato que le han contado a José es mentira. Si en realidad Jacob hubiera pronunciado esas palabras se las habría dirigido a José, no a sus hermanos. El momento para ello habría sido en su lecho de muerte, en el capítulo anterior. Lo que dijeron los hermanos lo podemos tildar de "mentirilla". El objetivo principal no era el de engañar sino evitar una situación potencialmente explosiva. Quizás fue por eso por lo que José lloró, al comprender que sus hermanos todavía lo creían capaz de vengarse.

Los sabios extrajeron un principio de este texto. *Mutar le-shanot mipnei ha-shalom*: "Está permitido no decir la verdad (literalmente "modificar" los hechos) en aras de la paz". La mentirilla está permitida en la ley judía.

Este no es el único lugar en el que los sabios invocaron este principio. Lo atribuyeron incluso a Dios mismo.[1] Cuando los ángeles visitaron a Abraham para comunicarle que él y Sara iban a tener un hijo, "Sara se rio al pensar 'Estando yo envejecida y mi esposo anciano, ¿voy a tener ahora este placer?'" Dios entonces le preguntó a Abraham: "¿Por qué rio Sara y dijo: '¿Realmente tendré un hijo, ahora que soy anciana?'" (Génesis 18:12–13).

Dios no mencionó que Sara creía que no solo ella era demasiado grande para concebir, también creía que Abraham lo era (cosa que terminó siendo inexacta ya que él tuvo seis hijos más después de la muerte de Sara). Los sabios infirieron que Dios no lo mencionó para evitar que hubiera un malestar en la pareja. Aquí también los sabios dijeron que estaba permitido cambiar los hechos en aras de la paz.

Está claro que los sabios necesitaron estos dos episodios para establecer el principio. Si hubiera sido solamente el de Sara no podríamos inferir que la mentirilla estaría permitida. Dios no pronunció una mentirilla sobre Sara, simplemente no le dijo a Abraham toda la verdad.

Si hubiéramos conocido solamente el caso de José y sus hermanos, no habríamos podido inferir que lo que hicieron estaba permitido. Quizás estaba prohibido, y por eso lloró José. El hecho de que Dios mismo había hecho algo parecido fue lo que llevó a los sabios a concluir que lo que hicieron los hermanos de José estaba justificado.

1. Midrash Sejel Tov, Toldot, 27:19.

Lo que aquí está en juego es una importante característica de la vida moral, pese al hecho de que pareciéramos estar hablando de un atributo social: el tacto. El fallecido Sir Isaías Berlin señalaba que no todos los valores coexisten en una armonía platónica. Su ejemplo favorito era el de la libertad y la igualdad. Puedes tener una economía libre, pero el resultado será la inequidad. Puedes tener una sociedad de equidad económica, el comunismo, pero como resultado, perderás la libertad. Así como está configurado el mundo actual, el conflicto moral es inevitable.[2]

Este es un hecho importante, aunque se trata sobre algo que el judaísmo nunca puso en duda. Está, por ejemplo, el momento crucial en el que el hijo del rey David, Absalón, arma un golpe de estado contra su padre. David fue obligado a huir. Posteriormente, tuvo lugar una batalla entre las fuerzas de Absalón y las de David. Absalón, que era apuesto y tenía una larga cabellera, fue detenido al quedar enredado su pelo en las ramas de un árbol. En esa circunstancia, Joab, el capitán del ejército de David, lo mató.

Cuando David se enteró de la noticia se sintió abrumado por el dolor: "El Rey quedó sacudido. Fue a la alcoba que está sobre el portal y lloró. Al salir, dijo: '¡Oh, Absalón mi hijo, mi hijo Absalón! Si yo hubiera podido morir en lugar de ti – ¡Oh, Absalón, mi hijo, mi hijo!'" (II Samuel 18:33). La respuesta de Joab al rey fue brutal: "Hoy has humillado a todos tus hombres que te han salvado la vida ... amas a los que te odian y odias a los que te aman ... Ahora ve e incentiva a tus hombres" (II Samuel 19: 6–8). El dolor de David por la pérdida de su hijo entra en conflicto con sus responsabilidades de jefe de Estado y con la lealtad a las tropas que le salvaron la vida. ¿Qué viene primero, el deber de padre o el de rey?

La presencia de valores en conflicto significa que el tipo de moralidad que adoptamos y la sociedad que creamos dependen no solo de los valores que elegimos sino de cómo los priorizamos. Priorizar la igualdad por sobre la libertad genera un tipo de sociedad, por ejemplo, el comunismo soviético. Priorizar la libertad por sobre la equidad nos lleva a la economía de mercado. En las dos sociedades las personas pueden valorar

2. Isaiah Berlin, "Two Concepts of Liberty", in *Four Essays on Liberty* (London: Oxford University Press, 1969). Ver también el importante trabajo de Stuart Hampshire, Morality and Conflict (Cambridge, MA: Harvard University Press, 1983).

las mismas cosas, pero las ubican en su escala de valores de manera distinta, y así es la elección cuando las mismas entran en conflicto.

Eso es lo que está en juego en las historias de la risa de Sara y de los hermanos de José. La verdad y la paz son valores, pero ¿cuál elegimos cuando entran en conflicto? No todos los sabios rabínicos estuvieron de acuerdo.

Está, por ejemplo, la famosa discusión entre las escuelas de Hilel y Shamai sobre qué decir sobre la novia en un casamiento (ver Ketubot 16b). La costumbre era decir que "La novia es hermosa y llena de gracia". Pero los integrantes de la escuela de Shamai no estaban dispuestos a hacerlo si a sus ojos la novia no era bella ni agraciada. Para ellos el valor supremo de la Torá era insistir sobre la verdad. "Manténganse alejados de la falsedad" (Éxodo 23:7). La escuela de Hilel no lo aceptó. ¿Quién está autorizado para decidir si la novia es bella y agraciada? Con certeza, el novio. Por lo tanto, alabar a la novia no es una afirmación objetiva que pueda medirse empíricamente. Es simplemente apoyar la elección del novio y una forma de celebrar la alegría de la pareja.

Las cortesías frecuentemente son así. Decirle a alguien cuánto te gusta el obsequio que te trajo aunque en realidad no sea así, o expresar "Cuánto me alegra verte" cuando habías tratado de evitar a esa persona, es más una cuestión de buena educación que una falsedad. Esto es bien sabido, y por lo tanto no produce ningún daño, como podría ser en el caso de que hubiera un interés substancial en cuestión.

Más fundamental y filosófico es el importante midrash sobre la conversación entre Dios y los ángeles acerca de si los seres humanos debían ser creados o no.

> Dijo el Rabí Shimon: Cuando Dios estaba por crear a Adán los ángeles ministrantes se dividieron en dos grupos antagónicos. Unos dijeron 'Que sea creado'. Otros: 'Que no sea creado'. Es por eso por lo que está escrito: 'La misericordia y la verdad entraron en colisión, la rectitud y la paz chocaron' (Salmos 85:11).
> La misericordia dijo: 'Que sea creado, porque hará acciones caritativas'.
> La verdad dijo: 'Que no sea creado porque estará lleno de falsedad'.
> La rectitud dijo: 'Que sea creado porque realizará hechos virtuosos'.

> La paz dijo: 'Que no sea creado, porque no cesará de discutir'. ¿Qué hizo el Santo, Bendito Sea? Tomó la verdad y la arrojó al piso. Los ángeles dijeron, 'Soberano del universo, ¿por qué haces esto a tu propio sello, a la verdad? Que la verdad se levante de la tierra'. Así está escrito, 'Que la verdad se levante de la tierra' (Salmos 85:12).[3]

Este texto es un desafío. ¿Qué es lo que están diciendo exactamente los ángeles? ¿Qué significa que "Dios tomó a la verdad y la arrojó al piso?" ¿Y qué ocurrió con la demanda hecha por el ángel de la paz de que "los humanos nunca dejarán de discutir?"

Yo interpreto que los humanos están destinados al conflicto siempre que los grupos contendientes afirmen tener el monopolio de la verdad. La única forma que tienen de vivir en paz es comprender que los humanos, como seres finitos, nunca llegarán a la verdad como la del Cielo. Para nosotros, la verdad es siempre parcial, fragmentada, la visión desde algún lugar y no como dicen algunas veces los filósofos, "la vista desde ninguna parte".[4]

Según creo yo, esta percepción profunda obedece a que la Torá contiene múltiples perspectivas, el Tanaj tiene muchas voces distintas, y porque el Midrash y la Guemará están construidos sobre la premisa de que la Torá tiene "setenta rostros". Que yo sepa, ninguna otra civilización posee una comprensión tan sutil y compleja de la naturaleza de la verdad.

Tampoco ninguna otra ha valorada tanto la paz. El judaísmo no es ni ha sido nunca pacifista. La defensa nacional a veces requiere de la guerra. Pero Isaías y Miqueas fueron los primeros visionarios de un mundo en el que "ninguna nación alzará su espada contra otra" (Isaías 2:4, Miqueas 4:3). Isaías es el poeta premiado de la paz.

Cuando se presenta una elección en la que se trata de relaciones interpersonales, los sabios valoraron la paz por sobre la verdad,

3. Bereshit Rabá 8:5.
4. Thomas Nagel, *The View From Nowhere* (New York: Oxford University Press, 1986). La única persona que alcanzó una visión no antropocéntrica de la creación sino que lo hizo desde la perspectiva de Dios fue Job en los capítulos 38–41 del libro que lleva su nombre.

Shemot

Acerca de no obedecer órdenes inmorales

Los capítulos iniciales del libro de Éxodo nos sumergen en el centro de eventos épicos. Casi de un golpe, los israelitas se transforman de minoría protegida en esclavos. Moisés pasa de ser un príncipe egipcio a convertirse en un pastor madianita y de ahí a volverse el líder de los israelitas por medio del episodio transformador de la historia de la zarza ardiente. Pero un pequeño incidente frecuentemente pasado por alto merece ser visto como un punto de inflexión de la historia de la humanidad. Sus heroínas son dos mujeres excepcionales: Sifra y Fúa.

No sabemos bien quiénes eran. La Torá no nos brinda más información sobre ellas salvo que eran parteras, con órdenes recibidas de Faraón: "Cuando estén asistiendo a una parturienta hebrea, si ven que va a tener un varón, mátenlo; pero si es mujer, déjenla vivir" (Éxodo 1: 16). La descripción hebrea de las dos mujeres es ambigua, *hameyaldot ha'ivriot.* Podría significar "las parteras hebreas", por lo que la mayoría de los traductores y los comentaristas las definen así. Pero también podría ser "las parteras de las hebreas", en cuyo caso se trataría de mujeres

En ella relata cómo Dios le dice a Samuel que al intentar nombrar un rey los israelitas estaban rechazando a Dios como único Soberano. Describe gráficamente cómo los profetas no temían desafiar a los reyes, cosa que hacían con la autorización de Dios. Y también, cuenta la historia de las parteras que se negaron a llevar a cabo las órdenes de Faraón. Respecto a esto la Biblia de Ginebra, en una nota aparte, apoya su decisión, criticando solamente que en su descargo las parteras mintieron. La nota dice: "Su desobediencia fue legal, pero su implementación, malvada".

El Rey Jaime (King James) comprendió la urgente implicancia de esa sola frase. Significaba que el rey podía ser desobedecido bajo la autoridad de Dios, una clara y categórica refutación de la idea del derecho divino de los reyes.[4] Posteriormente, no siendo posible frenar el ingreso de los ejemplares de la traducción de la Biblia, el Rey decidió comisionar la redacción de su propia versión, que apareció en 1611. Para ese entonces, el daño ya estaba hecho y las semillas de lo que posteriormente sería la Revolución inglesa, habían sido sembradas. A lo largo del siglo XVII, por muy lejos, el factor más influyente de la política inglesa fue la Biblia hebrea como fue entendida por los puritanos, y fueron los padres peregrinos (Pilgrim Fathers) los que llevaron esa fe consigo en su camino hacia lo que luego serían los Estados Unidos de América.

Un siglo y medio más tarde, fue la labor de otro inglés radical, Thomas Paine, la que tuvo un impacto decisivo sobre la revolución norteamericana. Su panfleto, *Common Sense,* fue publicado en Norteamérica en enero de 1776 y se transformó rápidamente en un *best seller*: vendió 100,000 ejemplares en forma casi inmediata. Su impacto fue tremendo y debido a eso se lo llamó "el padre de la revolución norteamericana". A pesar de que Paine era ateo, las palabras iniciales de *Common Sense,* como justificación por la rebelión contra el rey tiránico, están enteramente basadas en la Biblia hebrea. En ese mismo espíritu, Benjamín Franklin dibujó como diseño para el gran escudo de América una imagen de los egipcios (o sea, los ingleses) ahogándose en el Mar de los Juncos (o sea, en el Atlántico) con el subtexto "Rebelión contra los tiranos es obediencia a Dios". Thomas Jefferson quedó tan impactado por esa frase que la

4. Ver Christopher Hill, *The English Bible and the Seventeenth–Century Revolution* (London: Allen Lane, 1993).

recomendó para el Gran Escudo de Virginia, y luego la adoptó para su sello personal.

La historia de las parteras forma parte de una visión más abarcadora, implícita en la Torá y el Tanaj en su totalidad: que el derecho es soberano por sobre el poder, y que el mismo Dios puede ser llamado a declarar en nombre de la justicia, como Le mandó expresamente hacer Abraham. La Soberanía pertenece en última instancia a Dios, de tal forma que cualquier acto humano u orden que transgreda la voluntad de Dios se considera de hecho *ultra vires.*[5] Estas ideas revolucionarias son intrínsecas a la visión bíblica de la política y del uso del poder. Sin embargo, fue finalmente el coraje de dos mujeres extraordinarias que crearon el precedente tomado más tarde por el escritor norteamericano Henry D. Thoreau en su clásico ensayo *Civil Disobedience* (1849) que a su vez inspiró a Ghandi y a Martin Luther King en el siglo XX.[6] Su historia también concluye con un hermoso gesto. El texto dice: "Entonces Dios fue bondadoso con las parteras y el pueblo se incrementó y se tornó aún más numeroso. Y como ellas temieron a Dios, Él les otorgó casas" (Éxodo 1:20–21).

Luzzato interpretó esta última frase como que Él les concedió familias propias. Frecuentemente, escribió, las parteras son mujeres que no pueden tener hijos. En este caso, Dios bendijo a Sifra y a Fúa dándoles hijos, como había hecho con Sara, con Rebeca y con Raquel.

Este también es un punto importante. La literatura griega más cercana acerca de la desobediencia civil es la historia de Antígona que insistió en dar entierro a su hermano Polinices, pese a que el rey Creón se negó a permitirlo por considerarlo traidor a Tebas. La *Antígona* de Sófocles es una tragedia: la heroína debe morir debido a la lealtad a su hermano y a su desobediencia al Rey. Por contraste, la Biblia hebrea no es una tragedia. De hecho, el idioma hebreo bíblico carece de un término que equivalga al de "tragedia" en el sentido griego. Lo bueno

5. Principio jurídico que considera nulos los actos de las entidades públicas o privadas que rebasan el límite de la ley, y cuyo objetivo es prevenir que una autoridad administrativa o entidad de derecho privado o público actúe más allá de su competencia o autoridad.
6. Henry David Thoreau, *Civil Disobedience* (Boston: David R. Godline, 1969)

es recompensado, no castigado, porque el universo, la obra de arte de Dios, es un mundo en el que el comportamiento moral es bendecido y la maldad, con breves momentos de prevalencia, es derrotada.

Sifra y Fúa son dos grandes heroínas de la literatura mundial, las primeras en enseñar a la humanidad los límites del poder.

CB

Vaerá

Libre albedrío

La pregunta es antigua. Si Dios endureció el corazón de Faraón, entonces fue Dios el que hizo que el monarca egipcioimpidiera la salida de los israelitas. ¿Cómo puede ser ello justo? ¿Cómo puede ser justo que se castigue a Faraón y su pueblo por una decisión –una serie de decisiones– que no fueron tomadas libremente? El castigo presupone culpabilidad. La culpabilidad presupone responsabilidad. La responsabilidad presupone libertad de decisión. No culpamos a las pesas por caer ni al sol por brillar. Las fuerzas naturales no resultan de elecciones hechas tras reflexionar sobre las distintas alternativas. Solo el Homo sapiens es libre. Quitarle esa libertad es despojarlo de su humanidad. ¿Cómo podemos decir entonces, como lo hace nuestra parashá (Éxodo 7:3) que Dios endureció[1] el corazón de Faraón?

Todos los comentaristas indagaron sobre esta pregunta. Maimónides y otros autores notaron una característica impactante de la narrativa: en las primeras cinco plagas leemos que es Faraón mismo el que endurece su corazón. Solo más adelante, en las últimas cinco leemos

1. En la narrativa se utilizan tres verbos diferentes para indicar la dureza del corazón: *k-sh-h, j-z-k* y *k-v-d.* Tienen diferentes matices: el primero significa "endurecer", el segundo "fortalecer" y el tercero "hacerlo pesado".

puede no haber una comprobación semejante. Es fácil proclamar que una medida está funcionando y alterar los indicadores que muestran lo contrario. Se crea una narrativa que se transforma en sabiduría recibida. El cuento de Hans Christian Anderson *El emperador desnudo* es el ejemplo clásico de este fenómeno. Un niño, en su inocencia, contempla la verdad y la declara, quebrando la conspiración de silencio de consejeros y ciudadanos de la monarquía.

Perdemos nuestra libertad en forma gradual, muchas veces sin darnos cuenta. Eso es lo que la Torá ha estado insinuando desde el comienzo. La declaración clásica del libre albedrío aparece en la historia de Caín y Abel. Viendo que Caín está enojado porque su ofrenda no fue recibida, Dios le dice: "Si haces lo que está bien, ¿no serás aceptado? Pero si no haces lo correcto, el pecado está escondido detrás de tu puerta; desea poseerte, pero deberás vencerlo" (Génesis 4:7). El mantenimiento del libre albedrío, especialmente en las instancias de emoción intensa como la ira, requiere fortaleza de carácter. Como hemos notado anteriormente en estos estudios,[5] lo que Daniel Goleman llama 'el secuestro de las amígdalas' puede llegar a ocurrir, en cuyo caso la reacción instintiva ocupa el lugar de la reflexiva, y hacemos daño, no solo a nosotros sino también a los demás. Esa es la amenaza emocional a la libertad.

También está la amenaza social. Después del Holocausto se realizó un buen número de experimentos avanzados para determinar el grado de conformidad y obediencia a la autoridad. Solomon Asch condujo una serie de pruebas en las cuales ocho personas fueron ubicadas en una habitación, se les mostró una línea, preguntándoles cuál de las otras tres era de la misma longitud. Del grupo de los ocho, siete seguían las instrucciones del organizador sin que lo supiera la octava. En varias ocasiones los siete individuos propusieron una respuesta que era claramente errónea, pero en el 75 por ciento de los casos la octava persona estaba dispuesta a acompañarlos en la decisión sabiendo que no era la correcta.

El psicólogo de Yale, Stanley Milgram, demostró que individuos normales estaban dispuestos a aplicar lo que aparentaba ser un doloroso y devastador shock eléctrico a una persona en la habitación contigua por

5. Daniel Goleman, *Emotional Intelligence* (New York: Bantam, 1995).

instrucción de la autoridad, el director del experimento.[6] El experimento de la "Prisión de Stanford" conducido por Philip Zimbardo, dividió a los participantes en roles de prisioneros y guardias. Al poco tiempo los 'guardias' estaban actuando con crueldad y en algunos casos abusivamente contra los prisioneros, y el experimento, planeado originalmente para una duración de dos semanas, tuvo que ser suspendido a los seis días.[7]

Estos experimentos demostraron que el poder del conformismo es inmenso. Yo creo que eso fue lo que Dios le dijo a Abraham: que dejara su tierra, su lugar de nacimiento y la casa de su padre. Estos son los tres factores –la cultura, la comunidad y la primera infancia los que limitan nuestra libertad. Los judíos a través de los siglos han estado *en* la sociedad pero no *dentro* de la misma. Ser judío significaba mantener una distancia calibrada del tiempo y de sus ídolos. La libertad requiere de distancia y tiempo para tomar decisiones reflexivas y no caer en el conformismo.

Trágicamente, hay una amenaza moral. A veces nos olvidamos o desconocemos que las condiciones de la esclavitud que experimentaron los israelitas en Egipto eran sufridas con frecuencia por los mismos egipcios a través de muchas generaciones. La gran pirámide de Giza, construida más de mil años antes del Éxodo, aún antes del nacimiento de Abraham, redujo a Egipto a ser una colonia de esclavos que duró veinte años.[8] Cuando el valor de la vida es bajo y las personas son tomadas como medio y no como fin, la conciencia se deteriora y la libertad se pierde porque la cultura ha creado un espacio aislado en el que el grito de los oprimidos ya no puede ser escuchado.

Eso es lo que quiere transmitir la Torá cuando dice que Dios endureció el corazón de Faraón. Al esclavizar a otros, Faraón se esclavizó a sí mismo. Se convirtió en prisionero de los valores que él mismo había

6. Stanley Milgram, *Obedience to Authority: An Experimental View* (New York: Harper & Row, 1974).
7. Philip G. Zimbardo, *The Lucifer Effect: Understanding How Good People Turn Evil* (New York: Random House, 2007).
8. Toby Wilkinson, *The Rise and Fall of Ancient Egypt* (London: Bloomsbury, 2010), 72–91. Se calculó sobre la base de una jornada laboral de diez horas, que un bloque gigante de piedra que pesa más de una tonelada sea transportado a su lugar cada dos minutos, cada día durante veinte años.

creado. La libertad en el sentido más profundo, la libertad de hacer lo correcto y lo bueno, no se otorga. Se obtiene o se pierde gradualmente. Los malvados finalmente provocan su propia destrucción, mientras que los que tienen libre albedrío, coraje, y voluntad de ir en contra el consenso, adquieren una libertad monumental. De eso trata el judaísmo: es una invitación a la libertad resistiendo a los ídolos y a los cantos de sirena de los tiempos.

CB

Bo

Contando la historia

Si vas a Washington y haces una recorrida por los monumentos de recordación, descubrirás algo fascinante. Comienza por el monumento a Lincoln, con la estatua gigantesca del hombre que enfrentó la guerra civil y condujo al fin de la esclavitud. Por un lado, verás el discurso de Gettysburg, una obra maestra de síntesis con la invocación al "nuevo nacimiento de la libertad". Por el otro, está el gran segundo discurso inaugural con su mensaje de reconciliación: "Con maldad hacia ninguno y caridad hacia todos, con la firmeza del derecho que nos otorga Dios para ver lo justo..." Camina por la cuenca del río Potomac y verás el monumento de Martin Luther King con las dieciséis citas del gran luchador por los derechos civiles, entre ellos su declaración del año 1963: "La oscuridad no puede eliminar la oscuridad, solo la luz puede hacerlo. El odio no puede eliminar el odio, solo el amor puede hacerlo". Y el nombre dado al monumento en sí fue una expresión de su discurso *I have a dream* (Tengo un sueño): "De la montaña de la desesperación, una roca de esperanza".

Continúa por la avenida llena de árboles, al borde del agua, y llegarás al Memorial a Roosevelt, construido sobre seis espacios, cada uno de de los cuales se corresponden con las seis décadas de su carrera pública, y cada uno con un pasaje de los discursos definitorios de esa época, siendo el más famosoel que dice:"No tenemos nada que temer más que al temor mismo".

Por último, bordeando la cuenca del costado sur, hay un edificio neoclásico dedicado al autor de la declaración de la independencia, Thomas Jefferson. Alrededor del domo están las palabras que escribiera a Benjamin Rush: "He jurado sobre el altar de Dios, hostilidad eterna contra toda forma de tiranía sobre la mente del hombre". Definiendo el espacio circular hay cuatro paneles con extensas reproducciones de las citas de Jefferson, una sobre la declaración en sí; otra que comienza con: "Dios Todopoderoso ha creado la mente libre," y la tercera: "Dios nos dio vida y libertad. ¿Pueden estar a salvo las libertades de una nación, si hemos negado la convicción de que estas libertades son un don de Dios?"

Cada uno de estos cuatro monumentos está construido en base a un texto, y cada uno cuenta una historia.

Comparemos ahora con los monumentos de Londres, más notablemente los de Parliament Square. El monumento al ex primer ministro David Lloyd George contiene tres palabras: David Lloyd George. El de Nelson Mandela, dos: Nelson Mandela y el de Winston Churchill solo una: Churchill. Winston Churchill fue un hombre de letras, periodista en su juventud, luego historiador y autor de casi cincuenta libros. Ganó el Premio Nobel, no de la Paz sino de Literatura. Dio muchos discursos y acuñó tantas frases inolvidables como las de Lincoln, Jefferson, Roosevelt o Martin Luther King Jr., pero ninguna de estas ha sido grabada en una placa en su estatua. Se lo recuerda únicamente por su nombre.

La diferencia entre los monumentos norteamericanos y los ingleses es incuestionable, y el motivo es que Inglaterra y Estados Unidos tienen culturas morales y políticas bastante distintas. Inglaterra es, o lo ha sido hasta hace poco, una sociedad basada en la tradición. En tales sociedades, las cosas son como son porque así han sido "desde tiempos inmemoriales". No es necesario preguntar por qué. Los que pertenecen, lo saben. Los que necesitan indagar demuestran que no pertenecen.

La sociedad norteamericana es distinta porque desde los Pilgrim Fathers (padres peregrinos) en adelante, estuvo basada en el concepto del pacto tal como está expuesto en el Tanaj, especialmente en Éxodo y Deuteronomio. Los primeros peregrinos eran puritanos de tradición calvinista, la más proclive dentro del cristianismo a basar su concepción política en la Biblia hebrea. Las sociedades de pacto no están basadas en la tradición. Los puritanos, al igual que los israelitas tres milenios antes, eran revolucionarios que intentaban crear un nuevo tipo de sociedad, distinta a la de Egipto, o en el caso de América, a la de Inglaterra. Michael Walzer tituló a su libro sobre la política de los puritanos del siglo XVII *The Revolution of the Saints*[1], (la revolución de los santos). Estaban tratando de derrocar a la tradición que daba poder absoluto a los reyes al mantener las jerarquías de clase.

Las sociedades de pacto siempre representan un comienzo nuevo y consciente de un grupo de personas dedicadas a un ideal. La historia de los fundadores, el viaje que hicieron, los obstáculos que debieron superar y la visión que los movilizó son los elementos esenciales de la cultura del pacto. Retomar la historia, transmitirla a los hijos y dedicarse a continuar la labor que comenzaron las generaciones anteriores son acciones fundamentales para el ethos de la sociedad. Una nación de pacto no existe por estar simplemente allí. Está allí para cumplir con una visión moral. Eso es lo que llevó a G. K. Chesterton a llamar a los Estados Unidos una nación "con alma de iglesia",[2] la única en el mundo "fundada sobre un credo",[3] (el antisemitismo de Chesterton le impidió reconocer la verdadera fuente de la filosofía política de Estados Unidos, la Biblia hebrea).

La historia de la narración como parte esencial de la educación moral comienza con la parashá de esta semana. Es extraordinario cómo al comienzo del Éxodo, Moisés se refiere tres veces al futuro y al deber de los padres de educar a sus hijos acerca de la narración que empezaría en breve: "Cuando tus hijos te pregunten: '¿Qué es este servicio para ustedes?' ustedes contestarán: 'es el servicio de Pesaj para Dios. Él pasó por sobre las casas de los israelitas en Egipto cuando golpeó a los egipcios, salteando nuestros hogares" (Éxodo 12:25–27). "En ese día le dirás a tu hijo: 'Es por eso por lo que Dios actuó por mí cuando salí de Egipto'" (Éxodo 13:8). "Tú hijo puede entonces preguntarte: ¿Qué es

1. *The Revolution of the Saints: A Study in the Origins of Radical Politics* (Cambridge, MA: Harvard University Press, 1965).
2. *What I Saw in America* (New York: Dodd, Mead and Company, 1922), 10.
3. Ídem 7.

esto?' Y tú le contestarás: 'Con una demostración de poder, Dios nos sacó de Egipto, el lugar de la esclavitud' (Éxodo 13:14).

Esto es verdaderamente extraordinario. Los israelitas aún no han emergido a la deslumbrante luz de la libertad. Todavía son esclavos. Sin embargo, Moisés está dirigiendo sus mentes hacia el horizonte lejano del futuro, dándoles la responsabilidad de transmitir su historia a las generaciones siguientes. Es como si Moisés estuviera diciendo: Olvídense de dónde vienen y por qué, y eventualmente perderán vuestra identidad, la continuidad y su *raison d'etre.* Llegarán a pensar que son meramente una nación entre otras, una etnia entre tantas. Olviden la historia de la libertad y a la larga perderán la libertad misma.

Ciertamente, raras veces los filósofos han escrito acerca de la importancia de la narrativa sobre la vida moral. Pero es así como nos transformamos en el pueblo que somos. La gran excepción entre los filósofos modernos ha sido Alastyre MacIntyre que en su texto clásico *After Virtue* (Tras la virtud) escribió: "Sólo puedo contestar la pregunta '¿qué debo hacer?' si antes contesto '¿de qué cuento o cuentos formo yo parte?' Quita los cuentos a los niños y los transformarás en "seres tartamudos en actos y en palabras".[4]

Nadie entendió esto más claramente que Moisés, quien supo que sin una identidad específica es casi imposible evitar caer en cualquier idolatría corriente de la época: racionalismo, idealismo, nacionalismo, fascismo, comunismo, posmodernismo, individualismo, hedonismo, relativismo y consumismo, por nombrar solamente las más recientes. La alternativa, una sociedad basada sólo en la tradición, se desmorona apenas cae el respeto por esta, cosa que siempre ocurre en algún momento.

La identidad, que es siempre particular, está basada en una historia, una narrativa que me liga al pasado, que me guía en el presente y me responsabiliza para el futuro. Y ninguna narrativa, por lo menos en Occidente, ha sido más influyente que la de Éxodo, la memoria de la intervención del Poder Supremo en la historia para liberar a quienes eran completamente indefensos, junto con el pacto posterior por

4. Ver Alasdair MacIntyre, *After Virtue: A Study in Moral Theory* (Notre Dame, IN: University of Notre Dame Press, 2007), p. 216.

el cual los israelitas se ligaron a Dios con la promesa de crear una sociedad opuesta a la de Egipto, en la que los individuos sean respetados por ser a la imagen de Dios, en donde un día cada siete todas las jerarquías de poder se suspendan y donde la justicia y la dignidad sean accesibles para todos. Nunca hemos llegado a ese estado ideal, pero nunca dejaremos de transitar hacia él ni creer que es allí donde nuestra travesía llega a su fin.

"Los judíos siempre han tenido historias para el resto de nosotros", dijo el corresponsal político de la BBC Andrew Marr.[5] Dios creó al hombre, escribió alguna vez Elie Wiesel, porque a Dios le encantan las historias.[6] Lo que otras culturas han logrado a través de sistemas, los judíos lo han hecho mediante historias. Y en el judaísmo, las historias no están talladas en piedra en memoriales, aun cuando estos puedan ser magníficos. Están contadas en el hogar, alrededor de la mesa, de padres a hijos, como un obsequio del pasado para el futuro. Fue así como la narrativa del judaísmo evolucionó, se domesticó y se democratizó.

Solo los elementos más básicos de la moralidad son universales: "finas" abstracciones como la justicia o la libertad tienden a significar cosas distintas en lugares distintos, con pueblos distintos y en tiempos distintos. Pero si queremos que nuestros hijos y nuestra sociedad sean morales, necesitamos una historia colectiva que nos diga de dónde venimos y cuál es nuestra tarea en el mundo. La historia del éxodo, especialmente relatada en Pesaj y en la mesa del Seder, es siempre la misma, pero eternamente cambiante, con una serie casi infinita de variaciones sobre un grupo de temas que todos internalizamos de una manera particular para cada uno de nosotros y que sin embargo compartimos como miembros de una misma comunidad históricamente extendida.

Hay historias que ennoblecen y otras que anquilosan, dejándonos prisioneros de conflictos antiguos o ambiciones imposibles. La historia judía es, a su manera, la más antigua de todas y sin embargo siempre podemos sentirla como actual, y cada uno de nosotros forma parte de ella. Nos dice quiénes somos y qué deseaban nuestros ancestros que

5. Andrew Marr, *The Observer*, May 14,2000.
6. *The Gates of the Forest* (New York: Holt, Rinehart and Winston), preface.

fuéramos. La narración es el gran vehículo de la educación moral. Fue por la percepción de la Torá de que un pueblo que le cuenta a sus hijos la historia de la libertad y sus responsabilidades que este podrá permanecer libre siempre que la humanidad viva, respire y tenga esperanzas.

CB

Beshalaj

El rostro del mal

Después del 11/9 cuando el horror y el trauma habían quedado atrás, los norteamericanos se preguntaron qué había pasado y por qué. ¿Fue un desastre? ¿Una tragedia? ¿Un crimen? ¿Un acto de guerra? No parecían conformarse con ninguno de los paradigmas preexistentes. ¿Y por qué había ocurrido? La pregunta más frecuente respecto de Al Qaeda fue: "¿por qué nos odian?"

Con posterioridad a esos eventos, el pensador norteamericano Lee Harris escribió dos libros, *Civilization and its Enemies* (La civilización y sus enemigos) y *The Suicide of Reason* (El suicidio de la razón)[1] que constituyeron algunas de las respuestas más estimulantes del pensamiento de la década. El motivo de las preguntas y la imposibilidad de hallar respuestas dice Harris, es que Occidente ha olvidado *el concepto de enemigo*. La política liberal democrática y la economía de mercado han creado cierto tipo de sociedad, una determinada manera de pensar y un tipo de personalidad característica. En su esencia está el concepto del *actor racional*, la persona que juzga sus actos por sus consecuencias y elige la opción que maximiza sus beneficios. Esa persona cree que para

1. Leer Harris, Civilization and Its Enemies: The next Stage of History. New York: Free Press, 2004. *The Suicide of Reason*, New York: Basic Books, 2008.

cada problema hay una solución, para cada conflicto una resolución. La forma de lograrlo es sentarse, negociar y hacer un balance de qué es lo mejor para todos.

En ese mundo no hay enemigos, simplemente conflictos de interés. Un enemigo, dice Harris, es simplemente "un amigo por quien aún no hemos hecho lo suficiente". En el mundo real, sin embargo, no todas las personas son liberales y democráticas. Un enemigo es "alguien que está dispuesto a morir con tal de matarte. Y si bien es cierto que el enemigo siempre nos odia por algún motivo, es su motivo, no el nuestro".

Ve un mundo distinto al nuestro, y en ese mundo nosotros somos el enemigo. ¿Por qué nos odian? Contesta Harris: "Nos odian *porque* somos su enemigo".[2]

Sea cual fuera lo correcto o lo incorrecto de lo postulado por Harris, el concepto esencial es verdadero y profundo. Podemos ser ciegos mentalmente y considerar que nosotros –nuestra cultura, nuestra sociedad, nuestra civilización– vemos las cosas de una sola manera, o por lo menos eso es lo que elegiría cualquiera que tenga la posibilidad de hacerlo. Solo el fracaso absoluto en comprender la historia de las ideas puede explicar este error, un error peligroso. Cuando Moctezuma, líder de los aztecas, se encontró con Cortés, el comandante de la expedición española de 1520, supuso que estaba tratando con un hombre civilizado de una nación civilizada. Ese error le costó la vida y al año ya no existía más la civilización azteca. No todo el mundo ve las cosas como nosotros, y como dijo alguna vez Richard Weaver: "El problema de la humanidad es que se olvida de leer las actas de la última reunión".[3]

Esto explica el sentido de la inusual orden dada al final de la parashá de esta semana. Los israelitas han escapado del peligro aparentemente inexorable de los carruajes del ejército egipcio, la tecnología bélica más avanzada de la época. Milagrosamente el mar se dividió, los israelitas cruzaron y los egipcios, con los carruajes atascados en el barro, no pudieron avanzar ni retroceder, pereciendo por el retorno de la marea.

2. Ídem, xii–xiii.
3. Weaver, *Ideas Have Consequences* (Chicago: University of Chicago Press, 1948), p. 176.

Los israelitas entonaron un cántico y finalmente parecían ser libres, cuando ocurrió algo inexplicable e inesperado. Fueron atacados por un nuevo enemigo, los amalecitas, una tribu nómada del desierto. Moisés dio instrucciones a Josué para que se prepare para la batalla. Lucharon y vencieron. Pero la Torá señala que no fue una batalla cualquiera:

> Entonces el Eterno dijo a Moisés: 'Escribe en este rollo algo que sea recordado y asegúrate de que Josué lo oiga, pues Yo borraré completamente el nombre de Amalec de bajo el cielo'. Moisés construyó un altar y lo llamó "El Eterno es mi Estandarte". Dijo: 'La mano de Amalec se alzó contra el trono del Eterno. El Eterno estará en guerra con Amalec por todas las generaciones' (Éxodo 17:14–16).

Esta es una declaración muy extraña, y contrasta marcadamente con la forma en que la Torá habla de los egipcios. Durante la vida de Moisés los amalecitas atacaron a Israel una sola vez. Los egipcios oprimieron a los israelitas durante un tiempo extendido, esclavizándolos e incluso comenzando un proceso de genocidio al asesinar a cada niño israelita. Toda la narrativa sugeriría que si hubiese una nación que detentase el carácter de símbolo del mal, esta debería ser Egipto.

Pero lo opuesto resulta ser cierto. En Deuteronomio la Torá declara: "*No odies al egipcio,* porque tú fuiste extranjero en su tierra" (Deuteronomio 23:8). Poco después, Moisés repite la orden sobre los amalecitas, agregando un detalle significativo:

> Recuerda lo que te hicieron los amalecitas cuando saliste de Egipto. Cuando estabas *agotado y deteriorado,* se enfrentaron contigo en tu travesía y atacaron a los que *estaban en la retaguardia;* no temieron a Dios... Borrarás el nombre de Amalec de bajo el cielo. ¡No lo olvides! (Deuteronomio 25:17–19)

Se nos ha ordenado no odiar a Egipto, pero nunca olvidar a Amalec. ¿A qué se debe esa diferencia? La respuesta más simple es recordar la idea expresada por los rabinos en la Ética de los padres: "Si el amor depende de una causa específica, cuando dicha causa finaliza, también finaliza el amor. Si el amor no depende de una causa específica, entonces nunca muere".[4] Lo mismo es aplicable al odio. Cuando este depende de una causa específica, termina cuando la causa desaparece. El odio sin causa, sin ninguna base, dura eternamente.

Los egipcios oprimieron a los israelitas porque, según palabras de Faraón: "se están tornando muy numerosos y demasiado potentes para nosotros" (Éxodo 1:9). En otras palabras, su odio sobrevino a raíz del temor. No era irracional. Los egipcios habían sido atacados y conquistados por un pueblo extranjero conocido como los hicsos, y el recuerdo de ese período seguía siendo agudo y doloroso. Los amalecitas, en cambio, no estaban siendo amenazados por los israelitas. Atacaron a un pueblo que estaba "cansado y deteriorado", especialmente aquellos que estaban "en la retaguardia". En síntesis, *los egipcios temían a los israelitas porque eran fuertes. Los amalecitas atacaron a los israelitas porque eran débiles.*

En la terminología actual, los egipcios eran actores racionales, los amalecitas no. Con actores racionales puede haber una paz negociada. Las personas envueltas en un conflicto finalmente se dan cuenta de que no solo están destruyendo al enemigo, sino que también se están destruyendo a sí mismos. Eso es lo que los asesores de Faraón le dijeron después de siete plagas: "¿No se da cuenta de que Egipto está arruinado?" (Éxodo 10:7). Se llega a un punto en el que los actores racionales comprenden que la búsqueda del propio interés se ha vuelto destructiva y aprenden a cooperar.

Eso no ocurre con actores no racionales. Emil Fackenheim, uno de los grandes teólogos post Holocausto, observó que hacia el fin de la Segunda Guerra Mundial los alemanes desviaban trenes que llevaban suministros para su propio ejército con el fin de trasladar a los judíos a los campos de exterminio. Estaban tan motivados por el odio que estaban dispuestos a arriesgar su propia victoria militar con tal de llevar a cabo el asesinato sistemático de los judíos europeos. Eso fue el mal por el mal en sí mismo.[5]

Los amalecitas funcionan en la memoria judía como "el enemigo" en el sentido de Lee Harris. Sin embargo, la ley judía especifica

4. Mishná *Avot* 5:16
5. Emil L. Fackenheim and Michael L. Morgan, *The Jewish Thought of Emil Fackenheim*: A Reader, Detroit: Wayne State University Press, 1987, p. 126.

dos formas completamente diferentes de acción en relación con los amalecitas. Primero, está la orden de librar la guerra contra ellos. Eso es lo que Samuel le dijo a Saúl que hiciera, orden que este no cumplió plenamente. ¿Esa orden sigue siendo aplicable hoy en día?

La respuesta inequívoca brindada por el Rabino Najum Rabinovitch fue 'No'.[6] Maimónides sentenció que la orden de destruir a los amalecitas sólo era aplicable si se negaban a firmar la paz y a aceptar las siete leyes noájidas. Luego agregó que la orden no era más aplicable ya que Senaquerib, el asirio, había transportado y reubicado a los diferentes pueblos conquistados de forma tal que no era posible identificar la etnicidad de ninguna de las naciones originarias contra las cuales se había ordenado a los israelitas combatir. También señaló en su *Guía para los perplejos,* que la orden sólo era aplicable a las personas con una determinada ascendencia biológica. En términos generales no debía aplicarse a los enemigos del pueblo judío o a quienes lo odian. De lo anterior se desprende que la orden de librar una guerra contra los amalecitas ya no es aplicable.

Sin embargo, hay una orden bien distinta, la de "recordar" y "no olvidar" a Amalec, cosa que cumplimos anualmente en la lectura del pasaje de la orden de los amalecitas tal como aparece en Deuteronomio en Shabat Zajor, del anterior a Purim (la conexión con Purim es que Hamán el "agaguita" se presume que era descendiente de Agag, el rey de los amalecitas). Aquí Amalec se ha transformado en un símbolo, más que en una realidad.

Al dividir la respuesta de esta manera, el judaísmo marca una clara distinción entre el antiguo enemigo que ya no existe y el mal por este personificado que puede aparecer nuevamente en cualquier lugar y en cualquier momento. En tiempos de paz es fácil olvidar que el mal yace apenas debajo de la superficie del corazón humano. Esto nunca ha sido más exacto que en los últimos tres siglos. El nacimiento de la ilustración, la tolerancia, la emancipación, el liberalismo y los derechos humanos persuadió a muchos, incluyendo a los judíos, de que el mal colectivo había sido extinguido junto con los amalecitas. El mal fue entonces, no

6. Rabbi N. L. Rabinovitch, *Shu"t Melumdei Milḥama* (Maale Adumim: Maaliyot, 1993), pp. 22–25.

ahora. En esa era nacieron el nacionalismo, el fascismo, el comunismo, dos guerras mundiales, algunas de las tiranías más brutales conocidas y el peor crimen del hombre contra el hombre.

Hoy, el gran peligro es el terrorismo. He aquí las palabras del filósofo político de Princeton, Michael Walzer, las cuales resultan especialmente apropiadas.

> Donde veamos terrorismo, debemos buscar tiranía y opresión… Los terroristas buscan gobernar, y el asesinato es su método. Tienen su propia policía interna, grupos de choque, desapariciones. Comienzan matando o intimidando a los camaradas que se plantan en su camino, y luego proceden, si pueden, con la gente que dicen representar. Los terroristas son exitosos, gobiernan tiránicamente y el pueblo carga, sin su consentimiento, con los costos del régimen .[7]

El mal nunca muere –y al igual que la libertad– requiere vigilancia constante. Se nos ha ordenado recordar, no por el pasado sino por el futuro, y no por venganza sino por lo contrario: un mundo libre de venganza y de otras formas de violencia.

Lee Harris comenzó *Civilization and its Enemies* con estas palabras: "El tema de este libro es el olvido",[8] y finaliza con esta pregunta: "¿Puede Occidente superar el olvido que es la némesis de toda civilización exitosa?[9] Es por eso por lo que hemos sido conminados a recordar y no olvidar nunca a Amalec, no porque hoy exista ese pueblo histórico, sino porque una sociedad de actores racionales puede a veces creer que el mundo está lleno de actores racionales con los cuales es posible negociar la paz. Cosa que no siempre es así.

Raras veces un mensaje bíblico ha sido más relevante que este para el futuro de Occidente y de la libertad en sí. Moisés da a entender que la paz es posibleaún con un Egipto que nos ha esclavizado e intentado destruir. Pero la paz no es posible con aquellos que atacan a los

7. Michael Walzer, *Arguing About War*, Yale University Press, 2004, 64–65.
8. Harris, *Civilization*, p. xi.
9. Ídem, p. 218.

pueblos que consideran débiles y que niegan al suyo propio la libertad por la cual dicen luchar. La libertad depende de nuestra capacidad de recordar y, de ser necesario, confrontar a "la banda de individuos despiadados",[10] la imagen de Amalec a través de la historia. A veces no hay otra alternativa que la de luchar contra el mal y vencerlo. Eventualmente, esta puede ser la única vía para la paz.

CB

10. Ídem, p. 216.

Itró

La estructura de una buena sociedad

En la Cámara Alta del parlamento británico hay una habitación especial destinada, entre otras cosas, a vestir a los nuevos parlamentarios antes de su introducción en la Casa. Cuando mi antecesor, Lord Jakobovits fue nombrado, el asistente encargado de vestirlo comentó que él era el primer rabino honrado por esa Cámara, a lo cual Lord Jakobovits contestó: "No, yo soy el segundo". "¿Y quién fue el primero?" preguntó el sorprendido funcionario. La cámara es conocida como la Sala de Moisés debido a un enorme mural que domina el lugar. En él se ve a Moisés descendiendo del Monte Sinaí con los Diez Mandamientos. Lord Jakobovits señalando al mural comentó que fue Moisés el primer rabino en ser honrado por la Cámara de los Lores.

Los Diez Mandamientos que aparecen en la parashá de esta semana han tenido un lugar amplio y extendido, no solo en el judaísmo, sino también en la configuración de los valores a los que denominamos la ética judeocristiana. En los Estados Unidos se los ve frecuentemente adornando las cortes de justicia, aunque su presencia ha sido cuestionada, a veces con éxito, sobre la base de que vulneran la primera enmienda que proclama la separación entre la Iglesia y el Estado. De todas maneras, siguen siendo la expresión suprema de la norma más elevada a la que está sujeta toda legislación humana.

También dentro del judaísmo han tenido siempre un lugar especial. En la época del Segundo Templo eran recitados diariamente como parte de la Shemá que tenía entonces cuatro párrafos en lugar de tres.[1] Fue solamente cuando los sectarios comenzaron a plantear que sólo estos y no los otros 603 preceptos procedían directamente de Dios, que ese recitado fue eliminado.[2]

Sin embargo, el texto en cuestión mantuvo su sitial en la mente judía. Aunque fueron separados de los rezos comunitarios diarios, fueron preservados en el libro de rezos para una meditación privada, a ser recitada una vez concluido el servicio formal. En la mayoría de las congregaciones, las personas se ponen de pie cuando se lee esta parte de la Torá pese a que Maimónides se declaró específicamente en contra de esa práctica.[3]

Sin embargo, su originalidad no es en sí evidente. Como principios morales, no eran especialmente novedosos. Casi todas las sociedades tuvieron leyes contra el asesinato, el robo y el falso testimonio. Tienen cierta originalidad en el sentido de que son apodícticas, o sea, simples declaraciones: "No harás..." a diferencia de la forma casuística: "Si... entonces...". Pero se trata de solamente de diez de una serie mucho más amplia de 613 preceptos. Tampoco están descritas en la Torá en sí como "Diez Mandamientos". La Torá los llama *aseret ha-devarim*, o sea "diez expresiones". De ahí la traducción griega de decálogo, o sea, "diez palabras".

Lo que hace que sean especiales es que son simples y fáciles de memorizar. Eso se debe a que en el judaísmo la ley no está destinada solo a los jueces. El pacto del Sinaí, al alojar profundamente la igualdad en el corazón de la Torá, no fue hecho como otras alianzas del mundo antiguo, o sea, entre reyes. El pacto del Sinaí fue establecido entre Dios y todo el

1. Ver Mishná *Tamid* 5:1, *Berajot* 12a
2. No sabemos quienes eran los sectarios, podrían ser los primeros cristianos. El argumento es que sólo estos fueron escuchados por los israelitas directamente de Dios. Los mandamientos restantes fueron dados en forma indirecta, a través de Moisés (ver Rashi a Berajot 12a).
3. Maimónides, *Responsa*, Blau Edition, Jerusalem: Mekitzei Nirdamim, 1960, no. 263.

pueblo. De ahí la necesidad de que las enunciaciones de los principios básicos sean simples para que todos los puedan recordar y reproducir.

Aún más que esto, estos principios establecieron los parámetros para todos los tiempos –casi que podríamos llamarlos 'la cultura corporativa'– de la existencia judía. Para comprenderlo mejor, vale la pena reflexionar sobre su estructura básica. Había una discrepancia central entre Maimónides y Najmánides sobre la primera frase: "Yo soy el Eterno tu Dios que te saqué de Egipto, la tierra de la esclavitud". Maimónides, siguiendo la línea del Talmud, sostenía que este era en sí un mandamiento: creer en Dios. No obstante, Najmánides decía que no era tal cosa en absoluto sino el prólogo de los demás mandamientos.[4] La investigación actual de los pactos del antiguo Cercano Oriente tiende a confirmar la versión de Najmánides.

La otra cuestión fundamental es cómo dividirlos. La mayoría de los estudios de los Diez Mandamientos los divide en dos, según las "dos tablas de piedra" (Deuteronomio 4:13) sobre las cuales fueron grabados. A grandes rasgos, los primeros cinco se refieren a la relación entre los seres humanos y Dios; los otros cinco, a las relaciones de los humanos entre sí. Sin embargo, existe otra manera de pensar las estructuras numéricas de la Torá.

Por ejemplo, los siete días de la creación son estructuras de dos series de tres seguidas por una séptima que las engloba. Durante los primeros tres días Dios separa los dominios: luz y oscuridad, aguas superiores e inferiores, mar y tierra. En los segundos tres días pobló cada una de las áreas con los elementos adecuados: el sol y la luna, las aves y peces, los animales y el hombre. El séptimo día se diferenció de los demás por ser sagrado.

De la misma forma, las plagas de Egipto constan de tres series de tres seguidas por una décima que está separada. En cada ciclo de tres, las primeras dos estaban precedidas por una advertencia y la tercera no. En la primera de las series, Faraón fue advertido por la mañana (Éxodo 7:16; 8:17; 9:13). En la segunda Moisés debía "pararse frente a Faraón" en el palacio (Éxodo 7:26; 9:1; 10:1), y así sucesivamente. La décima plaga,

4. Maimónides, *Sefer ha-Mitzvot*, precepto positivo 1; Najmánides, comentarios ad loc.

"diez palabras" como mandamientos, pero no si las consideramos como los principios básicos de una sociedad libre. El mayor desafío de cualquier sociedad es cómo contener el fenómeno universal e inevitable de la envidia: el deseo de tener lo que le pertenece al otro. La envidia yace en el corazón del violento.[8] Fue la envidia la que impulsó a Caín a asesinar a Abel, la que hizo que Abraham e Isaac temieran por sus vidas por haberse casado con mujeres hermosas, la que llevó a los hermanos de José a venderlo como esclavo. Es la envidia la que lleva al adulterio, al robo y al falso testimonio, y fue la envidia a los pueblos vecinos la que llevó a los israelitas a abandonar a Dios reiteradas veces en procura de las prácticas paganas de la época.

La envidia es la incapacidad de comprender el principio de la creación desarrollado en Génesis 1, de que todo tiene su lugar en el esquema de las cosas. Cada uno de nosotros tiene su propia tarea, sus propias bendiciones, y todos somos queridos y valorados por Dios. Vive bajo estas verdades y habrá orden. Abandónalas y habrá caos. Nada es más destructivo y sin sentido que permitir que la alegría de otro disminuya la tuya, que es lo que es y hace a la envidia. Tal como remarcara notablemente Ben Zoma, el antídoto contra la envidia es "gozar de lo propio" (Mishná Avot 4:1), no preocuparse por lo que aún no tenemos. Las sociedades de consumo están construidas sobre la generación e intensificación de la envidia, que es el motivo que lleva a que las personas tengan más y disfruten menos.

Treinta y tres siglos después de haber sido entregados, los Diez Mandamientos siguen siendo la guía más simple y breve para la creación y el mantenimiento de una buena sociedad. Se han intentado muchas alternativas , y la mayoría han terminado en lágrimas. El sabio aforismo sigue siendo veraz: "Cuando todo lo demás falla, lee las instrucciones".

CB

8. El mejor libro sobre este tema es *Envy, A Theory of Social Behaviour* de Helmut Schoeck, New York: Harcourt, Brace & World, 1969.

Mishpatim

Curando al corazón de su oscuridad

Jobbik, también conocido como el Movimiento Para una Mejor Hungría, es un partido político ultranacionalista húngaro que ha sido tildado de fascista, neonazi, racista y antisemita. Ha acusado a los judíos de ser parte de un "secta de intereses económicos occidentales" que intenta controlar el mundo: libelo también conocido como los Protocolos de los sabios de Sion, una ficción creada por los servicios secretos del Zar en París a fines de 1890 y revelado como apócrifo por *The Times* en 1921.[1] En una ocasión, el partido Jobbik pidió un listado de todos los judíos empleados por el estado húngaro. Causó preocupación que en las elecciones parlamentarias de abril de 2014 lograran el 20 por ciento de los votos, transformándose en el tercer partido político del país en número de simpatizantes.

1. Marcin Goettig and Christian Lowe, "Special Report: From Hungary, far-right party spreads ideology, tactics," Reuters, http://www.reuters.com/article/us-europe-farright-special-report-idUSBREA38oIU20140409#PUagU6ZvCiQtZgD8.99 (accessed December 22, 2015).

Hasta 2012, uno de los líderes del partido fue un político joven de menos de 30 años, Csanad Szegedi. Él era la estrella en ascenso del movimiento, ampliamente considerado como el futuro líder de la organización. Hasta un día de 2012, el día en que Szegedi descubrió que era judío.

Algunos de los miembros de Jobbik habían intentado frenar su ascenso y se dedicaron a investigar sus antecedentes para ver si encontraban algo que lo incriminara. Lo que hallaron fue que su abuela era judía, sobreviviente de Auschwitz, al igual que su abuelo materno. La mitad de la familia Szegedi fue asesinada en el Holocausto.

Los rivales de Szegedi comenzaron a hacer circular la información sobre sus antepasados judíos en las redes. Szegedi mismo descubrió lo que se estaba informando y decidió verificar si lo que decían era cierto. Así fue. Después de Auschwitz, sus abuelos, que eran judíos ortodoxos, decidieron ocultar su identidad por completo. Cuando la madre de Szegedi tenía 14 años el padre le contó el secreto ordenándole guardar silencio. Ahora Szegedi sabía la verdad sobre sí mismo.

Szegedi decidió renunciar al partido y averiguar más sobre el judaísmo. Fue a ver al rabino local de Jabad, Slomo Koves, que inicialmente pensó que se trataba de una broma. Sin embargo, lo incluyó en las clases de judaísmo y lo invitó a la sinagoga. Al principio, dice Szegedi, la gente estaba impactada. Lo trataban como una especie de "leproso". Pero él persistió. Hoy asiste a la sinagoga, guarda el Shabat, aprendió hebreo y se hace llamar David. En el 2013 se circuncidó (con un *mohel* ultraortodoxo).

Cuando inicialmente reconoció la verdad de sus antepasados judíos, uno de sus amigos de Jobbik le dijo: "Lo mejor que podemos hacer es fusilarte, así puedes ser enterrado como un húngaro puro". Otro le urgió a que presentara públicamente sus disculpas. Fue ese comentario, dijo, lo que lo movió a abandonar el partido. "Pensé, un momento, ¿debo pedir disculpas por el hecho de que mi familia fue asesinada en Auschwitz?"[2]

Así como descubrir que era judío le cambió la vida, de igual manera le transformó su comprensión del mundo. Hoy, dice, su enfoque

2. Ofer Aderet, *"Former Anti-Semitic Hungarian Leader Now Keeps Shabbat," Haaretz*, 21 de Octubre de 2013.

como político es defender los derechos humanos de todos. "Soy consciente de mi responsabilidad y sé que en el futuro tendré que hacer lo justo".[3]

La historia de Szegedi no es solo una curiosidad. Nos lleva al corazón de la extraña y frágil naturaleza de nuestra existencia como seres morales. Lo que nos hace humanos es el hecho de que somos racionales, reflexivos, capaces de pensar cómo son las cosas. Sentimos empatía y simpatía, y esto comienza a una temprana edad. Hasta los recién nacidos lloran cuando oyen llorar a otro niño. Tenemos neuronas especulares en el cerebro que nos hacen reaccionar cuando detectamos que hay alguien sufriendo dolor. El Homo sapiens es un animal moral.

Sin embargo, gran parte de la historia humana ha sido una sucesión de violencia, opresión, injusticia, corrupción, agresión y guerra. Históricamente, tampoco ha habido diferencia significativa cuando los actores han sido bárbaros o ciudadanos de una civilización elevada.

Los griegos de la antigüedad, maestros del arte, la arquitectura, el teatro, la poesía, la filosofía y la ciencia se desgastaron en las guerras fratricidas del Peloponeso entre Atenas y Esparta en el último cuarto del siglo V a.e.c. Nunca pudieron recuperarse totalmente. Fue el fin de la era dorada de Grecia. Lo mismo pasó a finales de 1890 en París y en Viena. Si bien eran los centros de la civilización europea, eran también los líderes mundiales del antisemitismo, París con el *affaire* Dreyfus y Viena con su intendente antisemita Karl Lueger, citado por Hitler como su inspirador.

Cuando somos buenos, somos poco menos que ángeles. Cuando somos malos, somos peores que las bestias. ¿Qué es lo que nos hace ser morales? ¿Y qué, a pesar de todo, hace que la humanidad sea capaz de ser tan inhumana?

Platón pensó que la virtud era el conocimiento. Si sabemos que algo está mal no lo haremos. Todo vicio es producto de la ignorancia. Enseña a la gente la verdad, la bondad y la belleza y esta se portará bien. Aristóteles decía que la virtud era un hábito, enseñado en la niñez hasta formar parte de nuestro carácter.

3. Dale Hurd, *"Crisis of Conscience: Anti-Semite Learns He's a Jew,"* Christian Broadcasting Network, 6 de Diciembre de 2013.

Los suicidas que hacen estallar sus bombas están convencidos de que lo hacen por la gloria de Dios.[9] No existe tal cosa como la maldad altruista.

Eso es lo que hace que estos dos preceptos sean tan significativos. La Torá enfatiza este punto en reiteradas ocasiones: los rabinos señalaron que el precepto de amar al extranjero aparece treinta y seis veces en la Torá. La ley judía enfrenta el hecho de que no es algo en que podemos confiar a nuestros recursos morales normales, de conocimiento, empatía y racionalidad. Normalmente es posible, pero en situaciones de mucho estrés en las que sentimos que nuestro grupo está amenazado, no podemos. Las mismas inclinaciones que provienen de lo mejor de nosotros *–nuestra inclinación genética a hacer sacrificios por nuestras amistades y familiares– también pueden sacar lo peor* de nosotros cuando tememos al extranjero. Somos animales tribales y podemos fácilmente sentirnos amenazados por los miembros de otra tribu.

Observen que estos preceptos nos están siendo dados poco después del éxodo. Está implícita una idea verdaderamente radical. *Amar al extranjero es el motivo por el cual los israelitas debían experimentar el exilio y la esclavitud antes de entrar a la tierra prometida y construir su propia sociedad y su propio estado.* No podrán tener éxito en cuidar al extranjero, implica Dios, hasta que sientan en sus propia carne y huesos lo que se siente como extranjero. Y por las dudas de que no lo recuerden, he ordenado que cada año ustedes y sus hijos revivan la aflicción y la amargura en Pesaj. Los que olviden lo que se siente al ser extranjero, más tarde serán opresores, y si los hijos de Abraham oprimen a los extranjeros, ¿por qué los hice Yo socios de Mi pacto?

Empatía, simpatía, conocimiento y racionalidad son generalmente suficientes para permitirnos vivir en paz con los demás. Pero no en tiempos difíciles. Los serbios, los croatas y los musulmanes vivieron pacíficamente en Bosnia durante años. También los hutus y los tutsis en Ruanda. El problema aparece en tiempos de alteración y cambio cuando la gente está angustiada y temerosa. Es por eso por lo que se necesitan defensas excepcionales, que es el motivo por el cual la Torá

9. Ver Scott Atran, *Talking to the Enemy: Faith, Brotherhood, and the (Un)Making of Terrorists* (New York: Ecco, 2010). El texto clásico es Eric Hoffer, *The True Believer: Thoughts on the Nature of Mass Movements* (New York: Harper and Row, 1951).

habla de memoria e historia – cosas que van en forma directa al corazón de nuestra identidad. Debemos recordar que una vez estuvimos del otro lado de la ecuación. Una vez fuimos extranjeros, oprimidos, víctimas. Recordar el pasado judío nos permite adoptar un rol universal. En medio de la libertad, debemos recordarnos a nosotros mismos lo que significa ser esclavos.

Lo que le ocurrió a Csanad, ahora David Szegedi, fue exactamente eso: la inversión de su rol. Fue un odiador que descubrió que pertenecía al grupo de los odiados. *Lo que lo curó del antisemitismo fue la inversión de su rol, el descubrimiento de que era judío*. Para él fue un descubrimiento que le cambió la vida. La Torá nos dice que la experiencia de nuestros antepasados en Egipto estaba destinada a ser también un cambio de vida. Habiendo vivido y sufrido como extranjeros, nos ordenó cuidarlos.

La mejor forma de curar el antisemitismo es lograr que la gente experimente lo que significa ser judío. La mejor forma de curar la hostilidad contra los extranjeros es recordar que también nosotros –desde la perspectiva del otro– somos extranjeros. La memoria y la inversión de roles son los recursos más poderosos que tenemos para curar la oscuridad que puede ocluir a veces el alma humana.

CB

Terumá

La labor de la gratitud

Existe un importante concepto en el judaísmo, una fuente de esperanza y que asimismo constituye uno de los principios estructurales de la Torá. Es el lema de que *Dios crea la cura antes que la enfermedad* (Meguilá 13b). Pueden pasar cosas malas, pero Dios ya nos ha dado el remedio, si sabemos dónde buscarlo.

Así, por ejemplo, en *Jukat* leemos acerca de las muertes de Miriam y de Aarón y cómo a Moisés le dijeron que moriría en el desierto sin entrar a la tierra prometida. Se trata de un aterrador encuentro con la mortalidad. Pero antes de esto, leemos sobre la ley de la vaca roja, el ritual de purificación posterior al contacto con la muerte. La Torá lo colocó en ese lugar para asegurarnos de antemano que podíamos purificarnos después de cualquier duelo. La mortalidad humana no nos impide estar en presencia de la inmortalidad divina.

Esta es la clave para comprender *Terumá*. Aunque no todos los comentaristas están de acuerdo, su significación verdadera es que se trata de la respuesta adelantada de Dios al pecado del becerro de oro. En términos estrictamente cronológicos, aquí está fuera de lugar. *Terumá* (y también *Tetzavé*) debería haber aparecido después de *Ki Tisá*, que relata la historia del becerro. Está puesta antes del pecado para decirnos que la cura existía antes que la enfermedad, el *tikun* antes del *kilkul,* la reparación antes que la fractura, la rectificación antes que el pecado.

Por lo tanto, para entender *Terumá* y el fenómeno del *Mishkán,* el Santuario y todo lo que este implica, debemos comprender primeramente qué anduvo mal durante el episodio del becerro de oro. Aquí la Torá es muy sutil, y en *Ki Tisá* nos plantea una narrativa que puede ser comprendida en tres niveles distintos.

El primero y más obvio es que el pecado del becerro de oro se debió a la falta de liderazgo por parte de Aarón. Esta es la impresión sobrecogedora que recibimos al leer Éxodo 32 por primera vez. Sentimos que Aarón debería haber resistido al clamor del pueblo. Tendría que haberle dicho que tuviera paciencia. Tendría que haber mostrado su liderazgo. No lo hizo. Cuando Moisés bajó de la montaña y le preguntó qué había hecho, Aarón le responde:

> No esté enojado, mi señor. Usted sabe qué propenso es este pueblo hacia el mal. Me dijeron: 'Haz un oráculo que nos guíe ya que no sabemos qué le ocurrió a Moisés, el hombre que nos sacó de Egipto'. Entonces yo les dije: 'El que tenga alhajas de oro que se las quite'. Entonces, me dieron el oro, lo tiré al fuego y de allí salió el becerro" (Éxodo 32:22–24).

Esta es una falta de responsabilidad. También un espectacular acto de negación ("¡Yo tiré el oro al fuego y de allí salió el becerro!").[1] Por lo tanto, la primera lectura de la historia se refiere a la falla de Aarón.

Pero solo la primera. Una lectura más profunda sugiere que se trata de Moisés Fue su ausencia del campamento la que en primera instancia creó la crisis. El pueblo comenzó a darse cuenta de que Moisés estaba tardando mucho en bajar de la montaña. Se reunieron con Aarón y le dijeron: 'Haz un oráculo que nos guíe. No tenemos idea de qué le pasó a Moisés, el hombre que nos sacó de Egipto" (Éxodo 32:1).

1. En Deuteronomio 9:20, Moisés revela un hecho que hasta ahora nos era desconocido: "Dios también expresó gran ira contra Aarón, amenazando con destruirlo, entonces en ese momento también recé por Aarón".

Dios le comunicó a Moisés lo que estaba ocurriendo y dijo: "Desciende, porque tu pueblo, el que sacaste de Egipto, ha producido daño" (Éxodo 32:7). El mensaje estaba claro. "Desciende", sugiriendo que Dios le estaba diciendo a Moisés que su lugar era con su pueblo al pie de la montaña, no con Él en la cima. "Tu pueblo" implica que Dios le dice a Moisés que el pueblo era su problema , no de Él. Estaba por desheredarlos.

Moisés pidió perdón urgentemente y luego descendió. Lo que sigue es un torbellino de acción. Moisés desciende, ve lo que está pasando, rompe las tablas, quema el becerro, mezcla las cenizas con agua, obliga al pueblo a beberla y pide ayuda para castigar a los culpables. Se ha convertido en el líder del pueblo, poniendo las cosas en orden donde poco antes reinaba el caos. En esta lectura, el personaje central es Moisés. Había sido el más fuerte de los líderes. La resultante fue que en su ausencia, el pueblo entró en pánico. Este es el aspecto negativo de un liderazgo fuerte.

Pero después sigue un capítulo, Éxodo 33, que es uno de los más difíciles de entender de toda la Torá. Comienza con el anuncio de Dios de que mandaría un "ángel" o un "mensajero" para acompañar al pueblo en el resto de la travesía. Él mismo no estaría en su seno "pues ustedes son un pueblo de dura cerviz y Yo en el transcurso podría destruirlos". Esto generó una profunda angustia en el pueblo (Éxodo 33:1–6).

En los versículos 12 al 23, Moisés desafía a Dios por ese veredicto. Quiere que la Presencia de Dios esté junto al pueblo. Le pide: "Déjame conocer Tus caminos" y "Te ruego que me dejes ver Tu Gloria". Este tramo es de difícil comprensión. Todo el intercambio entre Moisés y Dios, uno de los más intensos de la Torá, no trata sobre el pecado y el perdón. Parecería ser una indagatoria metafísica acerca de la naturaleza de Dios. ¿Cuál es su conexión con el becerro de oro?

Lo que ocurre entre estos dos episodios es lo más desconcertante. El texto dice que "Moisés tomó su tienda y la levantó para sí fuera del campamento, lejos del mismo" (Éxodo 33:7). Esto parece ser *precisamente lo contrario de lo indicado.* Si, como Dios y el texto han sugerido, el problema residía en el distanciamiento de Mosés como líder, la acción singular más apropiada sería estar en el seno del pueblo, no posicionarse fuera del campamento. Además, la Torá nos ha dicho recientemente que Dios dijo que Él no estaría junto al pueblo – lo cual le causó gran angustia a la gente. La decisión de Moisés de hacer lo mismo seguramente le habrá duplicado la angustia. Algo profundo está pasando aquí.

A mí me parece que en Éxodo 33 Moisés está llevando a cabo la acción más valiente de su vida. Le está diciendo a Dios: "No es *mi* distanciamiento el problema. Es el Tuyo. El pueblo le tiene terror. Han comprobado Tu poder omnímodo. Han visto que has puesto de rodillas al imperio más grande del mundo. Han visto que has transformado el mar en tierra firme, enviado alimentos desde el cielo y sacado agua de una roca. Cuando oyeron Tu voz en el Sinaí se acercaron a mí y me pidieron que hiciera de intermediario. Dijeron: 'Háblanos y escucharemos, pero no permitas que Dios nos hable pues moriremos'" (Éxodo 20:16). Hicieron el becerro no por querer adorar a un ídolo, sino porque querían un símbolo de Tu Presencia que no fuese atemorizante. Necesitaban que estuvieses cerca. Necesitaban sentirte, no en el cielo o en la cima de la montaña, sino en medio del campamento. Y aunque no puedan ver Tu rostro, pues eso nadielo puede lograr , por lo menos que puedan ver una señal de Tu gloria".

A mí me parece que ese pedido de Moisés fue respondido por la parashá de esta semana. "Que hagan para Mí un Santuario, que Yo pueda permanecer en su seno" (Éxodo 25:8). Esta es la primera vez que oímos en la Torá el verbo *sh–j–n* en relación con Dios, que significa "morar". Como sustantivo, significa literalmente "vecino". De aquí deriva la palabra clave del judaísmo post bíblico, *Shejiná,* que se refiere a la inmanencia de Dios en oposición a Su trascendencia, el-Dios-que-está-cerca, la audaz idea de Dios como vecino cercano.

En términos de la teología de la Torá, la mera idea de un *Mishkán,* Santuario o Templo como habitáculo físico para la gloria de Diosresulta profundamente paradójica. Dios está más allá del espacio. Como dijera el rey Salomón en la inauguración del Primer Templo: "Vean que los cielos y los cielos de los cielos son incapaces de abarcarte, ¿cuánto menos podrá hacerlo esta casa?" O como dijera Isaías en nombre de Dios: "Los cielos son Mi trono y la Tierra Mi escabel. ¿Qué casa podrás construir para Mí? ¿Dónde puede estar Mi lugar de descanso?" (Isaías 66:1).

La respuesta, como enfatizaron los místicos judíos, es que Dios no reside en un edificio sino en los corazones de los constructores: "Que ellos Me hagan un Santuario y yo viviré entre *ellos*" (Éxodo 25:8), "entre ellos" y no "en él". Pero, ¿cómo ocurre esto? ¿Qué acto humano hace que la Divina Presencia resida en el campamento, en la comunidad? La respuesta es el nombre de nuestra parashá, *Terumá*, obsequio, contribución.

"El Eterno habló a Moisés diciendo: 'Dile a los israelitas que Me traigan una ofrenda. Tú deberás recibir la ofrenda para Mí de todo el que el corazón le impulse a dar'". Este será un punto de inflexión en la historia judía.

Hasta ese momento los israelitas habían sido receptores de los milagros de Dios y de sus entregas. Él los había sacado de la esclavitud hacia la libertad obrando milagros para ellos. Había una sola cosa que Dios no había hecho hasta el momento: darles la oportunidad de devolverle algo. La misma idea suena absurda. ¿Cómo podemos nosotros, las criaturas de Dios, darle algo a Quien nos creó? Todo lo que tenemos Le pertenece. Como dijera David en la reunión a la que citó al final de sus días para comenzar la construcción del Templo:

> La riqueza y el honor provienen de Ti; Tú eres el soberano de todas las cosas… ¿Quién soy yo, y quién es mi pueblo para que podamos retribuir algo tan generoso como esto? Todo proviene de Ti y te hemos dado sólo lo que proviene de Tu mano (I Crónicas 28:12,14).

En última instancia, esta es la lógica del *Mishkán*. El mayor obsequio que nos dio Dios es la capacidad de darle a Él. Desde la perspectiva judaica, la idea está llena de riesgos. La idea de que Dios tenga necesidad de recibir obsequios es rayana en el paganismo y la herejía. Sin embargo, conociendo los riesgos, Dios permitió que Moisés lo persuadiese para hacer que Su espíritu descansase en el campamento y permitir así que los israelitas le devolviesen algo a Él.

En el corazón de la idea del Santuario está lo que Lewis Hyde hermosamente describió como una labor de gratitud. En su obra clásica, *The Gift*,[2] (El obsequio), observa los roles de los quienes dan y quienes

2. Lewis Hyde, *The Gift: How the Creative Spirit Transforms the World* (Edinburgh: Canongate, 2006).

reciben, por ejemplo, en momentos críticos de transición. Cita el cuento talmúdico de un hombre cuya hija estaba por casarse pero al que le dijeron que ella no sobreviviría ese día. Al día siguiente el hombre fue a ver a su hija y vio que estaba viva. Sin que ninguno de ellos lo supiera, cuando colgó su sombrero después del casamiento, la aguja del sombrero traspasó a una serpiente que de otra forma la hubiera matado. El padre quiso saber qué había hecho su hija para merecer la intervención divina. Ella le contestó: "Un pobre hombre se acercó ayer a la puerta, y como todos estaban ocupados con la organización del evento lo atendí yo, y le di la porción que me estaba destinada". Este acto de generosidad fue el que causó la salvación milagrosa (Shabat 156b).

La construcción del Santuario fue fundamentalmente importante porque dio a los israelitas la posibilidad de devolver algo a Dios. Más adelante, la ley judía reconoció que el hecho de dar forma parte intrínseca de la dignidad humana y establecieron la notable regla de que aun la persona totalmente dependiente de la caridad está a su vez obligada a dar.[3] Estar en una situación de sólo recibir y no dar, es carecer de dignidad humana.

El *Mishkán* se transformó en el hogar de la Divina Presencia porque Dios especificó que solo debía erigirse mediante contribuciones voluntarias. El hecho de dar crea una sociedad dotada de gracia permitiendo que cada uno de nosotros pueda hacer su contribución al bien común. Es por eso por lo que la construcción del Santuario fue la cura para el pecado del becerro de oro. Un pueblo que solamente recibe pero que no puede dar, queda atrapado en la dependencia y la falta de respeto hacia sí mismo. Dios permitió al pueblo acercarse a Él, y Él a ellos, otorgándoles la posibilidad de dar.

Es por eso que una sociedad basada en derechos y no en responsabilidades, o en lo que demandamos pero no damos a otros, siempre terminará mal. Por eso el obsequio más importante que tiene un padre para un hijo es darle la posibilidad de que le pueda retribuir. La etimología de la palabra *Terumá* sugiere eso. Significa, no meramente una contribución, sino literalmente algo "que se ha elevado". Cuando damos, no es solo la contribución sino nosotros los que hemos sido elevados.

3. Maimónides *Hiljot Shekalim* 1:1, *Matanot Aniim* 7:5.

Sobrevivimos por lo que recibimos, pero logramos dignidad por lo que somos capaces de dar.

CB

Tetzavé

La ética de la santidad

Algo nuevo ingresa en el judaísmo con la parashá de Tetzavé: *Torat Cohanim,* el mundo y la mentalidad del sacerdote. Rápidamente adquiere una dimensión central en el judaísmo. Domina el siguiente libro de la Torá, Vaikrá. Hasta ese momento, sin embargo, la presencia de los sacerdotes había sido marginal.

La parashá de esta semana señala por primera vez la idea del carácter hereditario en el pueblo judío –Aarón y sus descendientes varones– y su rol como oficiantes del Santuario. Por primera vez vemos a la Torá hablando de las *vestimentas de oficio*: los ropajes usados por los sacerdotes y el sumo sacerdote en el lugar sagrado. Por primera vez también encontramos la frase *lekavod ule–tifaret* utilizado para las vestimentas, "para la gloria y la belleza" (Éxodo 28:2). Hasta ese punto, *el kavod* en el sentido de gloria u honor, había sido atribuido solamente a Dios. En cuanto a *tiferet,* esta es la primera vez que aparece en la Torá y abre una nueva gran dimensión en el judaísmo, la estética.

Todos estos fenómenos están relacionados con el *Mishkán,* el Santuario, el tema de los capítulos precedentes. Emergen del proyecto de hacer un "hogar" para la infinitud de Dios en un espacio finito. Aquí les quiero hacer una pregunta: ¿tiene esto algo que ver con la moralidad, con el tipo de vida que estaban llamados a llevar y las relaciones de unos con otros? Si así fuese , ¿cuál sería su conexión con la moralidad? ¿Y por qué aparece el sacerdocio precisamente en este lugar del relato?

Es habitual dividir la vida religiosa del judaísmo en dos dimensiones. Por un lado, el sacerdocio y el Santuario, y por el otro, los profetas y el pueblo. Los sacerdotes se enfocaban en la relación entre el pueblo y Dios, *mitzvot bein adam la Makom.* Los profetas, en la relación entre el pueblo y sus semejantes, *mitzvot bein adam lejaveró.* Los sacerdotes supervisaban el ritual y los profetas hablaban sobre ética. A un grupo le incumbía la santidad, al otro, la virtud. No se necesita ser santo para ser bueno. Sí se necesita ser bueno para ser santo, es un requerimiento inicial, no de lo que trata la santidad. La hija de Faraón que rescató a Moisés en su infancia era buena pero no santa. Son dos ideas distintas.

En este ensayo quisiera cuestionar ese concepto. El sacerdocio y el Santuario hicieron una diferencia moral, no solo espiritual. Entender cómo lo hicieron es importante no solo para la comprensión de nuestra historia sino también para confirmar cómo conducimos nuestras vidas en la actualidad. Esto lo podemos ver analizando algunos experimentos recientes en el campo de la psicología moral.

Nuestro punto de partida es el libro del psicólogo norteamericano Jonathan Heidt, *The Righteous Mind*[1] (La mente virtuosa). Heidt plantea que en las sociedades contemporáneas seculares nuestro rango de sensibilidad moral se ha vuelto muy estrecho. Él denomina a esas sociedades WEIRD (raro) Western educated, industrialised, rich and democratic (occidentales, educadas, industrializadas, ricas y democráticas). Tienden a ver a las culturas tradicionales como rígidas, empecinadas y represivas. Las personas de esas culturas tradicionales tienden a considerar que las personas de Occidente abandonan la riqueza de la vida moral.

Tomemos un ejemplo no moral: hace un siglo, para la mayoría de las familias británicas y norteamericanas (no judías) la cena era un evento social formal. Comenzaba con un rezo, agradeciendo a Dios por la comida que se estaba por ingerir. Había un orden, en el cual los comensales eran servidos o se servían a sí mismos. La conversación durante la cena estaba regida por convenciones. Había temas a discutir

1. Jonathan Haidt, *The Righteous Mind: Why Good People Are Divided by Politics and Religion,* New York: Pantheon Books, 2012.

y otros que eran considerados inapropiados. Hoy todo eso ha cambiado completamente. Muchos hogares británicos no disponen de una mesa de comedor. Una encuesta reciente señaló que en Gran Bretaña la mitad de las situaciones de comida se lleva a cabo en soledad. Los integrantes de la familia llegan a distintos horarios, sacan un alimento del freezer, lo calientan en el microondas, lo comen mirando televisión o la pantalla de la computadora. Eso no es cenar sino un pastoreo serial.

A Heidt le interesó el hecho de que los estudiantes norteamericanos reducen la moralidad a dos principios: uno vinculado al daño y el otro a la ecuanimidad. Sobre el daño, piensan como John Stuart Mill quien decía que "el único motivo por el cual el poder puede ser ejercido con justicia sobre cualquier miembro de una comunidad civilizada, en contra de su voluntad, es para evitar el daño al prójimo".[2] Si no perjudicamos a los demás, estamos moralmente autorizados a hacer lo que nos plazca.

El otro principio es el de la ecuanimidad. No todos tenemos la misma idea de lo que es y no es ecuánime, pero a todos nos interesan las reglas básicas de la justicia: lo que es correcto para algunos debiera serlo para todos, haz lo que te gustaría que te hagan a ti; no acomodes las leyes a tu conveniencia, etc. Frecuentemente la frase moral que emite un niño pequeño es "eso no es justo". John Rawls es el autor de la frase más conocida de nuestra época al respecto: "Cada persona tiene el mismo derecho a las más amplias libertades, siempre que estas sean compatibles con las libertades semejantes de los demás".[3]

Esa es la manera de pensar de la gente WEIRD. Si es ecuánime y no daña, es moralmente permisible. Sin embargo –y este es el punto fundamental de Haidt– existen por lo menos otras tres dimensiones de la vida moral como la entienden las culturas no WEIRD en el mundo.

Una es la lealtad, y su opuesto, la traición. La lealtad significa que estoy preparado para hacer sacrificios por mi familia, mi equipo, mis correligionarios y ciudadanos en general, los grupos que me ayudan a

2. *On Liberty and Other Writings*, ed. Stefan Collini, New York: Cambridge University Press, 1989, p. 13.
3. *A Theory of Justice*, Cambridge, MA: Belknap Press, 2005, p. 60.

ser la persona que soy. Tomo sus intereses seriamente, no solo los que a mí me conciernen.

Otra dimensión es el respeto por la autoridad, y su opuesto, la subversión. Sin este, ninguna institución es posible, quizás ninguna cultura. El Talmud lo ilustra con una famosa narrativa sobre un posible prosélito que se acerca a Hilel y le dice: "Conviérteme al judaísmo con la condición de que yo acepte sólo la Torá escrita y no la Torá Oral". Hilel empezó enseñándole hebreo. El primer día le enseñó el *alef–bet–guimel.* Al día siguiente le enseñó *guimel–bet–alef.* El hombre protestó: "Ayer me enseñaste lo opuesto". Hilel le replicó: "Ya ves, tienes que confiar en mí hasta para aprender el *alef–bet.* Confía en mí también con respecto a la Torá Oral" (Shabat 31a). La escuela, los ejércitos, las cortes, las asociaciones profesionales, hasta los deportes, todos dependen del respeto a la autoridad.

El tercero resulta de la necesidad de circunscribir los valores que consideramos no negociables. No son míos y no puedo hacer con ellos lo que quiera. Esas son las cosas que llamamos *sagradas,* sacrosantas, que no pueden ser tratadas con liviandad ni profanadas.

¿Por qué la lealtad, el respeto y lo sagrado no son considerados valores clave de la ética de las élites liberales de Occidente? La respuesta más fundamental es que las sociedades WEIRD se autodefinen como grupos de individuos autónomos que pugnan por sus propios intereses con un mínimo de interferencia de los demás. Cada uno de nosotros es un individuo autodeterminante con sus propios deseos, necesidades y requerimientos. La sociedad debería permitirnos alcanzar esos deseos en el máximo grado posible sin interferir en nuestra vida ni en la de los demás. A tal fin, hemos desarrollado principios de derechos, libertad y justicia que nos permiten coexistir pacíficamente. Si un acto no es equitativo y causa sufrimiento a algún otro, estamos dispuestos a condenarlo moralmente, no de otra forma.

La lealtad, el respeto y la santidad no se desarrollan de manera natural en las sociedades seculares basadas en la economía de mercado y en la política democrática liberal. El mercado erosiona la lealtad. Invita a no permanecer con lo que hemos usado hasta ahora sino a cambiarlo por algo mejor, más barato, más veloz, más nuevo. La lealtad es la primera víctima de la "destrucción creativa" del mercado capitalista.

El respeto por los representantes de la autoridad –políticos, banqueros, periodistas, titulares de corporaciones– ha estado en franca caída desde hace muchas décadas. Estamos viviendo una época de pérdida de confianza y muerte de la deferencia. Hasta al paciente Hilel le habría resultado difícil enfrentar a alguien que citara el credo de Pink Floyd en 1979: "No necesitamos ninguna educación, no necesitamos ningún control de pensamiento".

En cuanto a lo sagrado, también se ha perdido. El matrimonio ya no es considerado una comunión sagrada, un pacto. En el mejor de los casos es tomado como un contrato. La vida misma está en peligro de perder su santidad con la difusión del aborto y la demanda de una "muerte asistida" desde el inicio y hasta el final.

Lo que hace que la lealtad, el respeto y la santidad sean valores morales clave, es que crean una comunidad moral en contraposición a un grupo de individuos autónomos. La lealtad liga al individuo al grupo. El respeto crea estructuras de autoridad que hacen que las personas funcionen de manera efectiva en grupos. La santidad liga a las personas a un universo de moralidad compartida. Lo sagrado es el lugar en el que entramos a lo que es-más-grande-que-uno-mismo. El mismo acto de reunión en congregación nos puede elevar a un sentido de trascendencia en el cual unimos nuestra identidad con la del grupo.

Una vez comprendida está distinción, podemos ver cómo el universo moral de los israelitas fue cambiando a través del tiempo. Abraham fue elegido por Dios "para que pudiera enseñar a sus hijos y a su familia el camino del Eterno haciendo lo correcto y lo justo" *(tzedaká umishpat;* Génesis 18:19). Lo que buscaba el siervo de Abraham al procurar una esposa para Isaac era bondad, *jesed.* Estas eran las virtudes proféticas clave. Como dijera Jeremías en nombre de Dios:

> "Que los sabios no se orgullezcan de su sabiduría, los poderosos de su fuerza ni los ricos de su riqueza, sino que el que declame lo haga por esto: porque posee la comprensión de conocerMe, que Yo soy el Eterno que derrama bondad, justicia y virtud *(jesed, mishpat utzedaká)* sobre la tierra, pues en estas Yo me solazo" (Jeremías 9:22–23).

La bondad equivale al cuidado, es lo opuesto al daño. La justicia y la virtud son formas específicas de ecuanimidad. En otras palabras, las virtudes proféticas son cercanas a las que prevalecen hoy en día en las democracias liberales de Occidente. Esa es una medida del impacto de la Biblia hebrea sobre Occidente, pero ese es tema para otra ocasión. El punto en cuestión es que la bondad y la ecuanimidad se refieren a las relaciones entre individuos. Hasta el Sinaí, los israelitas *eran solo individuos,* aunque formaban parte de la familia extendida que había pasado junta en el éxodo y el exilio.

Después de la revelación del Sinaí, los israelitas se transformaron en el pueblo del pacto. Tenían un soberano: Dios. Una constitución escrita: la Torá. Aceptaron ser "un reino de sacerdotes y una nación sagrada" (Éxodo 19:6). Pero el incidente del becerro de oro mostró que no habían comprendido aún lo que era ser una nación. Se comportaron como una horda. "Moisés vio que el pueblo estaba *corriendo salvajemente* y que Aarón había permitido que estuvieran *fuera de control,* siendo el hazmerreir de los enemigos" (Éxodo 32:25). Esa fue la crisis para la cual el Santuario y el sacerdocio fueron la respuesta. Transformaron a los judíos en una nación.

El servicio del Santuario oficiado por los cohanim con sus vestimentas usadas *le-kavod,* "para honor" estableció el principio de *lo sagrado.* El Mishkán en sí personificó el principio de lo sagrado. Montado en el centro del campamento, el Santuario y su servicio convirtieron a los israelitas en un círculo en cuyo centro estaba Dios. Y aunque después de la destrucción del Segundo Templo no hubo más Santuario ni sacerdocio operativo, los judíos encontraron sustitutos que cumplían la misma función. Lo que *Torat Cohanim* trajo al judaísmo fue la coreografía de la santidad y el respeto que ayudó a los israelitas a caminar y danzar juntos como nación.

Dos hallazgos de investigación recientes resultan relevantes en este punto. Richard Sosis analizó una serie de comunidades voluntarias reunidas a lo largo del siglo XIX, algunas religiosas, otras seculares. Descubrió que las religiosas tenían un promedio de vida más de cuatro veces mayor que la contraparte secular. Hay algo de la dimensión religiosa que podría ser importante, hasta esencial, para sostener una comunidad.[4]

Sabemos ahora en base a una considerable evidencia neurocientífica que tomamos nuestras decisiones más en base a nuestras emociones que a la razón. Personas cuyos centros emocionales han sido dañados (específicamente la corteza ventromedial prefrontal) pueden analizar alternativas con gran detalle, pero son incapaces de tomar buenas decisiones. Un interesante experimento reveló que los libros académicos sobre ética resultan más sustraídos de las bibliotecas que los de otras ramas de la filosofía.[5] En otras palabras, la capacidad de razonamiento moral no necesariamente nos hace más morales. La razón es frecuentemente algo que utilizamos para racionalizar decisiones tomadas en base a la emoción.

Esto explica la presencia de la dimensión estética del servicio del Santuario. Posee belleza, gravitación y majestuosidad. En la época del Templo también había música, coros de levitas cantando salmos. La belleza habla a la emoción y la emoción habla al alma, elevándonos de maneras que la razón no logra hacerlo, a las alturas del amor y el sobrecogimiento por encima del angosto sendero del "sí mismo" hacia el círculo en cuyo centro está Dios.

El Santuario y el sacerdocio introdujeron la ética de la *kedushá*, la santidad, a la vida judía, lo cual afirmó los valores de la lealtad, el respeto y lo sagrado, creando un ambiente de reverencia; la humildad sentida por el pueblo una vez que sintió los símbolos de la Divina Presencia en su seno. Tal como escribiera Maimónides en su célebre pasaje de la *Guía de los Perplejos* (III:51): No nos comportamos en presencia de un rey como lo hacemos frente a la familia o amigos. En el Santuario el pueblo sentía que estaba en presencia del Rey.

La reverencia otorga poder al ritual, a la ceremonia, a las convenciones sociales y a la civilidad. Ayuda a transformar a individuos autónomos en un grupo de responsabilidad colectiva. No es posible sostener una identidad nacional o incluso un matrimonio, sin lealtad.

4. "Religion and Intragroup Cooperation: Preliminary Results of a Comparative Analysis of Utopian Communities," *Cross Cultural Research* 34, no. 1 (2003), pp. 11–39.
5. Jonathan Haidt, *The Righteous Mind*, p. 89.

No se puede socializar generaciones sucesivas sin un respeto por la autoridad. No se puede defender los valores no negociables de la dignidad humana sin un sentido de lo sagrado. Es por eso por lo que la ética profética de la justicia y la compasión debía ser suplementada por la ética sacerdotal de la santidad.

CB

Ki Tisá

¿Puede haber compasión sin justicia?

En el apogeo del drama del becerro de oro, ocurre una escena vívida y dramática. Moisés había asegurado el perdón para el pueblo. Pero ahora, nuevamente sobre el Monte Sinaí, hace aún más. Le pide a Dios que esté con el pueblo. Le pide: "Enséñame Tus caminos" y "muéstrame Tu gloria" (Éxodo 33:13, Éxodo 33:18), y Dios le responde:

> Yo haré que toda Mi bondad pase delante de ti, y proclamarás Mi nombre, el Eterno, en tu presencia... Tendré merced con quien tenga Yo merced, y tendré compasión con quien tenga Yo compasión Y dijo: "No podrás ver Mi rostro, pues nadie podrá verMe y seguir viviendo" (Éxodo 33:20).

Dios coloca entonces a Moisés en una hendidura de una roca diciéndole: "Podrás ver Mi espalda, pero no Mi rostro", y Moisés le oyó decir estas palabras:

> "Eterno, oh Eterno, Dios misericordioso y lleno de gracia, lento en la ira, pródigo en amor y lealtad, que proporciona amor a miles

> y perdona la maldad, la rebelión y el pecado. Pero no deja a los culpables sin castigo" (Éxodo 34:6–7).

Este pasaje se conoció como "los Trece Atributos de la Misericordia de Dios".

Los sabios entendieron este episodio como la instancia en la que Dios le enseña a Moisés y a través de él a todas las generaciones futuras cómo rezar para exculparse de un pecado (Rosh Hashaná 17b). Moisés mismo utilizó estas palabras con pequeñas variantes en la crisis siguiente, la de los espías. Más adelante, fue la base de los rezos especiales llamados *Selijot,* rezos de penitencia. Es como si Dios se estuviera obligado a Sí Mismo a perdonar al penitente en cada generación a través de esta auto definición.[1] Dios es misericordioso y vive con amor y perdón. Se trata de un elemento esencial de la fe judía.

Pero hay una advertencia. Dios agrega: "Pero Él no dejará a los culpables sin castigo". Hay una cláusula adicional en cuanto al efecto de los pecados sobre los hijos que requiere atención especial, pero no es nuestro tema actual. La advertencia nos dice que hay perdón, pero también castigo. Hay compasión, pero también justicia.

¿Por qué? ¿Por qué debe haber justicia y también compasión, castigo y perdón? Los sabios dijeron:

> "Cuando Dios creó el universo lo hizo con el atributo de justicia, pero vio que este no podía perdurar. ¿Qué hizo? Agregó compasión a la justicia y creó el mundo" (Rashi a Génesis 1:1).

Esta declaración anima a formular la misma pregunta: ¿Por qué Dios no abandonó totalmente la justicia? ¿Por qué no es suficiente con el perdón solamente?

Algunas investigaciones fascinantes en diversas disciplinas, desde la filosofía moral hasta la psicología evolutiva y desde la teoría de juegos

1. El Talmud en Rosh HaShaná 17b sostiene que Dios hizo un pacto basado en estas palabras, comprometiéndose a Sí Mismo a perdonar a aquellos que, en penitencia, apelaran a estos atributos. De aquí su centralidad en los rezos previos a Rosh HaShaná y Yom Kipur, y en el propio Yom Kipur.

hasta la ética ambiental nos proporcionan una extraordinaria e inesperada respuesta.

La mejor puerta de entrada al tema es el famoso texto escrito por Garrett Harding en 1968 sobre "la tragedia de los comunes".[2] Este autor nos pide que imaginemos un bien que no tenga un dueño específico: por ejemplo, una tierra de pastoreo que pertenece a todos (los comunes) o el mar y los peces que este contiene. El bien en cuestión podría ser un ingreso para muchas personas, para los chacareros, para los pescadores. Pero a la larga, el bien en cuestión atrae a demasiada gente. Se genera un exceso de cultivo y de pesca y finalmente el bien se extingue. El campo corre el riesgo de degradarse. Los peces, el peligro de la extinción.[3]

¿Qué ocurre entonces? El bien común requiere que de aquí en más todos y cada uno deban restringirse. Se deberá limitar el número de animales a pastorear o la cantidad de peces a extraer. Pero algunos individuos estarán tentados de no hacerlo. Continuarán con los excesos de ganadería y pesca. Y lo justificarán diciendo que la utilidad para ellos es importante y la pérdida para los demás insignificante, ya que estaría dividida entre muchos. El interés propio precede al bien común, y si una cantidad suficiente de personas lo practican, el resultado sería desastroso.

Esta es la tragedia del hombre común y explica cómo ocurren los desastres ambientales y también otros. El problema es el aprovechador (*free rider*), la persona que busca su propio interés sin tener en cuenta el bien común. Dada la importancia de este tipo de situaciones para muchos problemas contemporáneos, los mismos han sido estudiados intensamente por biólogos matemáticos como Anatol Rapoport y

2. Garrett Hardin, "*The Tragedy of the Commons,*" Vol. *Science* 162, 13 December 1968: no. 3859 pp. 1243–1248.
3. Desde mucho antes que el texto de Garret Hardin existe una vieja historia jasídica sobre un poblado donde cada habitante debía donar una cierta cantidad de vino para llenar un gran tonel, que sería regalado al rey en su visita al poblado. Cada habitante, en secreto, contribuyó sólo con agua en lugar de vino, pensando que una dilución tan pequeña no sería perceptible en un regalo tan grande. El rey arribó, los habitantes le entregaron el tonel, bebió de él y dijo: "Esto es simplemente agua". Creo que muchas tradiciones folclóricas tienen historias similares. Esta es, en esencia, la tragedia de los comunes.

Martin Nowak y por economistas conductistas como Daniel Kahneman y el fallecido Amós Tversky.[4]

Estos investigadores decidieron crear situaciones experimentales para simular este tipo de problema. He aquí un ejemplo: cuatro jugadores reciben $8 cada uno. Se les informa que pueden invertir la cantidad que quieran en un fondo común. El director del experimento recoge las contribuciones, las suma, le agrega el 50% (la utilidad que hubiera obtenido el campesino o el pescador al usar el bien común) y distribuye el remanente entre los jugadores por partes iguales. O sea que si cada uno contribuyó el total de los $8 al fondo, recibirá $12. Pero si algún jugador no aporta nada, el total será $24 que con el adicional del 50% se transformará en $36. Para los tres aportantes la suma final se habrá incrementado en $1, mientras que el *free rider* habrá ganado $9 más.

Sin embargo, esta no es una situación estable. Cuando el juego se repite, los participantes se dan cuenta de que hay un free rider entre ellos, aunque el juego haya estado estructurado para preservar el anonimato. Ocurre entonces una de dos cosas: o se ponen todos de acuerdo en no contribuir al fondo (del bien común) o aceptan, si fuera posible, castigar al free rider. Frecuentemente las personas están deseosas de castigar, aunque les signifique una pérdida, fenómeno a veces llamado "castigo altruista".

En algunos casos han colocado a los jugadores en equipos de resonancia magnética para determinar qué parte del cerebro se activa. Lo interesante es que el castigo altruista está ligado a los centros de placer del cerebro. Kahneman lo explica de la siguiente forma:

> "Parecería que mantener el orden social y las reglas de ecuanimidad de esta manera constituye en sí su recompensa. El castigo altruista bien podría ser el pegamento que mantiene unida a la sociedad".[5]

4. Ver Robert Axelrod, *The Evolution of Cooperation*. New York: Basic, 1984. Matt Ridley, *The Origins of Virtue*, Penguin, 1996. Daniel Kahneman, *Thinking, Fast and Slow*, Allen Lane, 2011. Martin Nowak and Roger Highfield, *Super Cooperators: Evolution, Altruism and Human Behaviour or Why We Need Each Other to Succeed*, Edinburgh: Canongate, 2011.
5. Kahneman, *Thinking, Fast and Slow*, 308.

Sin embargo, esta no es una situación feliz. El castigo es una mala noticia para todos. El que ofendió, sufre, pero también sufren los que castigan, ya que podrían haber tenido la posibilidad de invertir su tiempo y su dinero en otras actividades vinculadas al mejoramiento colectivo. En estudios culturales comparativos, resulta que las personas oriundas de países donde esa práctica está más difundida son las que castigan más severamente. Las personas que provienen de sociedades donde la corrupción es más común y donde hay menos espíritu de bien público suelen ser las más punitivas. El castigo, en otras palabras, es una solución de último recurso.

Esto nos lleva a la religión. Una amplia serie de experimentos ha arrojado luz sobre el rol de las prácticas religiosas en estas circunstancias. Se han hecho pruebas en las cuales los concursantes tuvieran la oportunidad de hacer trampa y así obtener una ventaja. Si, sin conexión alguna con el experimento en cuestión, los participantes tuvieron contacto con pensamientos religiosos –palabras vinculadas con Dios, por ejemplo, o recordar los Diez Mandamientos– engañan significativamente menos.[6] Lo que es especialmente fascinante de estos experimentos es que los resultados no muestran relación alguna con la creencia de los participantes. La diferencia no está en *creer* en Dios, sino en *tener presente* a Dios antes de la prueba. Esta puede ser una de las causas por las cuales el rezo diario y otros rituales son tan importantes. Lo que nos afecta en los momentos de tentación no es tanto el trasfondo de la creencia sino el acto de tener presente ese hecho de creer.

De mucho mayor significancia han sido los experimentos diseñados para calcular las diferentes maneras de pensar acerca de Dios. ¿Pensamos principalmente en términos del perdón Divino o de Su justicia y Su castigo? Algunos aspectos dentro de las grandes religiones enfatizan uno u otro. Hay predicadores incendiarios y otros que hablan con una pausada y suave voz de amor. ¿Cuál es la más efectiva?

Huelga decir que cuando los sujetos del experimento eran agnósticos o ateos no había ninguna diferencia. Entre los creyentes, sin embargo, la diferencia resultó significativa. Los que creen en un Dios

6. Ara Norenzayan, *Big Gods: How Religion Transformed Cooperation and Conflict*, Princeton University Press, 2013, 34–35.

Vaiakhel

El espíritu de comunidad

¿Qué haces cuando tu pueblo acaba de elaborar el becerro de oro, entra en un estado caótico y pierde todo sentido de la ética y de la orientación espiritual? ¿Cómo haces para restaurar el orden moral – no solo entonces, en los días de Moisés, sino incluso ahora? La respuesta está en la primera palabra de la parashá de hoy, *Vaiakhel.* Pero para entender esto debemos retrotraernos a dos travesías que fueron de las más trascendentales del mundo moderno.

La historia comienza en el año 1831 cuando dos jóvenes veinteañeros –uno procedente de Inglaterra y el otro de Francia– emprendieron viajes de exploración que derivarían en un aporte para la comprensión colectiva del mundo. El inglés era Charles Darwin, el francés era Alexis de Tocqueville. El viaje de Darwin a bordo del *Beagle* lo llevó a las Islas Galápagos donde comenzó a reflexionar sobre el origen y la evolución de las especies. El viaje de Tocqueville fue para investigar el fenómeno que dio el título a su libro: *La democracia en América.*

Aunque los dos hombres estaban estudiando temas completamente distintos, uno biología y zoología, y el otro política y sociología, llegaron a conclusiones que, como veremos, fueron llamativamente semejantes – la misma que Dios enseñó a Moisés después del episodio del becerro de oro.

Darwin, como sabemos, hizo una serie de descubrimientos que lo llevaron a crear la teoría conocida como la selección natural. Las especies compiten por recursos escasos y solo sobreviven los que mejor se adaptan . Lo mismo, creía, era válido para los seres humanos. Pero esto le planteó un serio problema: si la evolución es una lucha por la supervivencia, si los fuertes ganan y los débiles sucumben, entonces prevalecerá la crueldad. Pero este no es el caso. Las sociedades valoran el altruismo. La gente estima a los que hacen sacrificios por el bien de los demás. Esto, en términos darwinianos, no parece tener sentido alguno, y él lo sabía.

En su libro *El origen del hombre* (*Descent of Man*) escribió que los más valientes, los más sacrificados "en términos generales perecerían en mayor número que los demás seres". Un hombre noble "normalmente no dejaría descendientes para heredar su naturaleza noble". Parece escasamente posible, escribió, que la virtud "pueda incrementarse por selección natural, o sea, por la supervivencia del más apto".[1]

Fue la grandeza de Darwin la que le permitió ver la respuesta, aunque esta contradijera su tesis principal. La selección natural opera a nivel del individuo. Es a través de un hombre y una mujer individual que transmitimos nuestros genes a la generación siguiente. Pero la civilización opera a nivel grupal.

Él lo expresó así:

"Una tribu que incluya a muchos miembros que posean un alto nivel de espíritu patriótico, fidelidad, obediencia, coraje y simpatía que esté siempre dispuesta a dar asistencia a los demás y a sacrificarse por el bien común resultaría victoriosa sobre las otras tribus, y esto sería la selección natural".

Según dijo, el cómo hacer para ir de lo individual a lo grupal era "demasiado difícil para ser resuelto".[2]

La conclusión fue clara aunque al día de hoy los biólogos aún discuten acerca de los mecanismos involucrados.[3] Sobrevivimos como

1. Charles Darwin, *The Descent of Man*, Princeton University Press, 1981, pp. 158–84.
2. Ídem, p. 166.
3. Esta es la discusión entre E. O. Wilson and Richard Dawkins. Ver Edward O. Wilson, *The Social Conquest of Earth*, New York: Liveright, 2012. Y la reseña de Richard Dawkins en Prospect Magazine, June 2012.

grupo. ´Si una persona enfrentada a un león: gana este último. Diez personas contra el león, éste puede perder. En términos de fuerza y de velocidad el Homo sapiens es un contendiente pobre comparado con otros ejemplares del reino animal. Pero los seres humanos tienen habilidades particulares cuando se trata de crear y sostener grupos. Tenemos el lenguaje: podemos comunicarnos. Tenemos cultura: podemos transmitir nuestros descubrimientos a las generaciones futuras. Los humanos forman grupos más grandes y flexibles que cualquiera otra especie, dejando al mismo tiempo espacio para la individualidad. No somos hormigas en una colonia o abejas en un panal. El ser humano es un animal que crea comunidad.

Mientras tanto, en Norteamérica, Alexis de Tocqueville, al igual que Darwin, se encontró con un problema intelectual mayúsculo que sintió que debía resolver. El problema, como para todo francés, era tratar de entender el rol de la religión en la Norteamérica democrática. Sabía que Estados Unidos había votado a favor de la separación de poderes por vía de la Primera Enmienda, o sea, la separación de la Iglesia del Estado. Por lo tanto, la Iglesia no tenía poder alguno. Supuso que tampoco tenía influencia. Lo que descubrió fue precisamente lo contrario.

"No existe ningún país en el mundo en el que la religión cristiana tenga mayor influencia sobre el alma del hombre que en los Estados Unidos".[4]

Para él esto no tenía ningún sentido, por lo cual le pidió a varios norteamericanos que se lo explicaran. Todos le dieron esencialmente la misma respuesta. En los Estados Unidos (recordemos que estamos hablando de los principios de 1830) la religión no se inmiscuye en la política. Les preguntó a los prelados por qué no. Nuevamente fueron unánimes en la respuesta. La política divide. Por lo tanto, si nos involucramos en ella, también sería un factor de división. Fue por eso por lo que la religión se mantuvo separada de los temas políticos.

Tocqueville prestó especial atención a lo que la religión realmente hizo en Norteamérica, y llegó a algunas conclusiones fascinantes.

4. Alexis de Tocqueville, *Democracy in America*, abridged with an introduction by Thomas Bender, (New York: Vintage Books, 1954), I:314.

Fortalecía el matrimonio, y él consideraba que los matrimonios sólidos eran esenciales para las sociedades libres. Escribió:

"Mientras el sentimiento de familia se mantenga vivo, los que se oponen a la opresión nunca estarán solos".[5]

También orientó a las personas a formar comunidades cercanas a los lugares de culto. Alentó a los integrantes de esas comunidades a actuar en forma conjunta en aras del bien común. El gran peligro para la democracia –decía Tocqueville– es el individualismo. Son las personas que se preocupan por su propio bienestar, no por el de los demás. En cuanto a los otros, el peligro es que dejen su bienestar en manos del gobierno, proceso que termina con la pérdida de la libertad al asumir el Estado cada vez más la responsabilidad total de la sociedad.

Lo que protege a los norteamericanos de esos dos peligros, dijo, es el hecho de que, alentados por sus convicciones religiosas, forman asociaciones, entidades de bien común, grupos de voluntarios, lo que en el judaísmo llamamos *jevrot*. Al comienzo pasmado, y luego encantado, Tocqueville notó con qué rapidez los norteamericanos formaban grupos locales para tratar los problemas de sus vidas. Llamó a esto "el arte de la asociación", y sobre él dijo que era "el aprendizaje de la libertad".

Todo esto era lo opuesto de lo que conoció en Francia, donde la religión representada por la Iglesia católica tenía mucho poder, pero poca influencia. En Francia, dijo:

> Casi siempre he visto el espíritu de la religión y el de la libertad marchar en sentido opuesto. Pero en Norteamérica noté que están íntimamente unidos y reinan en forma conjunta sobre el mismo país.[6]

De esa forma la religión cuidaba "los hábitos del corazón" esenciales para mantener la libertad democrática. Santificó el matrimonio y el hogar. Resguardó la moral pública. Condujo a las personas a trabajar en forma conjunta para resolver ellos mismos sus problemas en lugar de dejarlos en manos del gobierno. Si Darwin descubrió que el hombre es el animal

5. Ídem, I:340.
6. Ídem, I:319.

creador de comunidades, Tocqueville descubrió que en Norteamérica la religión es la institución que las crea.

Y lo sigue siendo. El sociólogo de Harvard Robert Putnam se hizo famoso en la década de 1990 por el descubrimiento de que los norteamericanos van cada vez más a las canchas de bowling, pero cada vez se integran menos a los clubes y a las ligas. Tomó este hecho como metáfora de una sociedad que se ha vuelto más individualista que centrada en la comunidad. Lo llamó *Bowling Alone* (jugando solo al bowling).[7] Esta es una frase que resume la pérdida del "capital social", o sea, las redes sociales a través de las cuales las personas se ayudan unas a otras.

Años más tarde, después de una extensa investigación, Putnam revisó sus tesis. Un fuerte volumen de capital social aún existe y puede encontrarse en los lugares de culto. Los datos del estudio demostraron que los asistentes asiduos a las iglesias y a las sinagogas son más propensos a donar dinero para caridad, sin tener en cuenta si el destino de los fondos es religioso o secular. También están más dispuestos al voluntariado para obras de caridad, dar dinero a los sintecho, acompañar a una persona que está en estado de depresión, darle el asiento a un desconocido o ayudar a alguien a conseguir trabajo. En casi todos los parámetros, son demostrablemente más altruistas que los no creyentes.

El altruismo va más allá. Los participantes asiduos a los lugares de culto son también ciudadanos más activos. Es más probable que formen parte de organizaciones comunitarias, grupos vecinales y cívicos además de asociaciones profesionales. Se involucran, se presentan y lideran. El margen de diferencia entre ellos y los seculares es amplio.

Analizando las actitudes, la religiosidad medida por la asistencia a la iglesia o a la sinagoga es el mejor indicador del altruismo y la empatía: mejor que la educación, la edad, los ingresos, el género o la raza. Quizás lo más interesante de los hallazgos de Putnam es que estos atributos están relacionados, no con sus *creencias* religiosas, sino con la frecuencia con la que asistían a los lugares de culto.[8]

7. Robert D. Putnam, *Bowling Alone: The Collapse and Revival of American Community*, New York: Simon & Schuster, 2000.
8. Robert D. Putnam and David E. Campbell, *American Grace: How Religion Divides and Unites Us*, New York: Simon & Schuster, 2010.

La religión crea comunidad, la comunidad crea altruismo, y el altruismo nos aleja del yo y nos acerca al bien común. Putnam va aún más allá al especular que un ateo que asiste regularmente a una sinagoga (quizás debido a su pareja) es más probable que done para la caridad que un creyente que reza en soledad. Existe algo en el tenor de las relaciones intercomunitarias que constituye el mejor tutorial para la buena vecindad y ciudadanía.

Lo que hizo Moisés después del becerro de oro fue *Vaiakhel* – transformar a los israelitas en una *kehilá,* una comunidad. Esto lo hizo en el obvio sentido de restaurar el orden. Cuando Moisés bajó de la montaña y vio el becerro, la Torá dice que el pueblo era *parúa,* "salvaje", "desordenado", "caótico", "rebelde", "tumultuoso". "Vio que el pueblo corría salvajemente y que Aarón había permitido el descontrol transformándose en el hazmerreir de sus enemigos" (Éxodo 32:25). No eran una comunidad sino una muchedumbre. Lo hizo en un sentido más fundamental, como vemos en el resto de la parashá. Comenzó recordándoles las leyes del Shabat. Después les instruyó cómo hacer para construir el *Mishkán*, el Santuario, el lugar simbólico para alojar a Dios.

¿Por qué estas dos órdenes y no otras? Porque el Shabat y el *Mishkán* son las dos maneras más poderosas para construir una sociedad. La mejor manera de transformar a un grupo desconectado en un equipo es hacer que construyan algo juntos.[9] Por eso el Mishkán. La mejor manera de fortalecer las relaciones es asignar un tiempo a la búsqueda, no de lo individual y del interés propio sino de algo que se comparte, rezando juntos, estudiando Torá juntos y celebrando juntos –en otras palabras– el Shabat. Shabat y Mishkán fueron las dos grandes experiencias de construcción comunitaria de los israelitas en el desierto.

Más aún: en el judaísmo la comunidad es esencial para la vida espiritual. Nuestros rezos más sagrados requieren un *minián.* Cuando estamos de fiesta o de duelo lo hacemos como comunidad. Asimismo, cuando nos confesamos, lo hacemos juntos. Maimónides dictamina:

> El que se aparta de la comunidad, aun cuando no cometa una trasgresión, sino que se mantiene alejado de la congregación de

9. Ver Jonathan Sacks, *The Home We Build Together,* (London: Continuum), 2007.

> Israel; que no cumple los mandamientos junto a su pueblo; que permanece indiferente ante su angustia y no observa sus días de ayuno sino que sigue su vida como las naciones que no pertenecen al pueblo judío – esa persona no merece tener un lugar en el Mundo Venidero.[10]

Esta no es la forma en que siempre ha sido considerada la religión. Plotino llamó al móvil religioso "la huida del que está solo al que está Solo".[11] Dean Inge dijo que la religión es lo que hace el individuo con su soledad. Jean Paul Sartre dijo notoriamente: el infierno son los otros. En el judaísmo, *es como comunidad* que estamos ante Dios. Para nosotros la relación clave no es Yo-Tú sino Nosotros-Tú.

Por lo tanto, *Vaiakhel* no es un episodio cualquiera en la historia de Israel. Marca la toma de conciencia esencial para salir de la crisis del becerro de oro. Hallamos a Dios en comunidad. Desarrollamos virtud, fuerza de carácter y asumimos el compromiso por el bien de la comunidad. La comunidad es local. Es la sociedad con semblante humano. No es el gobierno. No son las personas a las que pagamos para que cuiden a los nuestros. Es el trabajo que hacemos nosotros, juntos.

La comunidad es el antídoto contra el individualismo por un lado y contra la dependencia excesiva del Estado, por el otro. Darwin entendió su importancia para el florecimiento humano. Tocqueville vio su rol en la protección de la libertad democrática. Robert Putnam documentó su valor en el sostenimiento del capital social y del bien común. Y comenzó con nuestra parashá, cuando Moisés transformó una multitud caótica en una *kehilá*, una comunidad.

CB

10. Maimónides, *Hiljot Teshuvá* 3:11.
11. Andrew Louth, trans., *The Origins of the Christian Mystical Tradition from Plato to Denys* (Oxford: Oxford University Press, 2007), 50.

Pekudei

La integridad en la vida pública

Hay un versículo que nos resulta tan familiar que frecuentemente no nos detenemos a reflexionar sobre su significado. Es el comienzo del primer párrafo del Shemá: "Amarás al Señor tu Dios con todo tu corazón, con toda tu alma y todo tu *me'od*". Esta última palabra ha sido traducida como "fuerza" o "poder". Pero Rashi, siguiendo el Midrash y el Targum, lo traduce como "con toda tu riqueza".

Si fuera así, el versículo parecería incomprensible, por lo menos en el orden en el que está escrito. "Con toda tu alma" fue entendido por los sabios como "con tu vida", si fuera necesario. Hay momentos, afortunadamente muy escasos, en los que estamos obligados a entregar la vida antes de cometer un crimen o un pecado. Si fuera ese el caso, no es necesario remarcar que deberíamos amar a Dios con toda nuestra riqueza, es decir, si ello requiere un gran sacrificio financiero. Sin embargo, Rashi y los sabios dicen que esa frase está dirigida a aquellos para los que "la riqueza significa más que la vida misma".

Naturalmente, la vida es más importante que la riqueza. Pero los sabios también sabían que, en sus palabras, *Adam bahul al mamonó*, o sea, las personas hacen cosas extrañas, intempestivas, impulsivas e irracionales cuando el dinero está en juego (Shabat 117b). El beneficio financiero puede ser una gran tentación, llevándonos a realizar actos que pueden resultar dañinos para otros, y a la larga, para nosotros mismos. Por lo tanto, cuando se trata de temas financieros, especialmente cuando se trata de fondos públicos, no debe haber lugar para la tentación, espacio alguno para la duda acerca del fin para el cual los fondos fueron donados. Debe haber un escrupuloso control y transparencia. Sin esto, existe un riesgo moral: la tentación máxima combinada con la máxima oportunidad.

De ahí la parashá Pekudei, con el detalle minucioso de cómo fueron usadas las donaciones para la construcción del *Mishkan:*

> "Estas son las cantidades utilizadas para el Tabernáculo, el Tabernáculo del Testimonio, que fueron registrados por orden de Moisés por los levitas bajo la dirección de Itamar, hijo de Aarón el sacerdote" (Éxodo 38:21).

A este pasaje le sigue la lista exacta de la cantidad de oro, plata y bronce recolectados y la finalidad a la que estarían destinados. ¿Por qué hizo esto Moisés? Un Midrash sugiere una respuesta:

> "Observaron fijamente a Moisés" (Éxodo 33:8) – El pueblo criticó a Moisés. Se decían uno al otro: 'Mira ese cuello. Mira esas piernas. Moisés está comiendo y bebiendo lo que nos pertenece a nosotros. Todo lo que él posee nos pertenece'. El otro le contestaba: 'És la persona que está a cargo de la construcción del Santuario – ¿qué esperas,que no se vuelva rico?' Apenas escuchó esto Moisés, contestó: 'Por tu vida, apenas esté completado el Santuario haré contigo un detalle de las cuentas'.[1]

Moisés elaboró un minucioso registro para evitar entrar bajo la sospecha de que él se había apropiado de una parte del dinero donado. Observen el énfasis puesto en que el control sería llevado a cabo, no por Moisés,

1. Tanjuma, Buber, Pekudei, 4.

sino por "los levitas bajo la dirección de Itamar", en otras palabras, bajo una auditoría independiente.

No hay ningún indicio de estas acusaciones en el texto en sí, pero el midrash pudo haber estado basado en el comentario hecho por Moisés durante la rebelión de Koraj:

> No he tomado siquiera un asno de ellos, ni he perjudicado a ninguno de ellos (Números 16:15).

Acusaciones de corrupción y enriquecimiento personal de los líderes son frecuentes, con o sin justificación. Podemos pensar que como Dios ve todo lo que hacemos, eso sería suficiente para impedir que hagamos algún mal. Pero el judaísmo no dice eso. El Talmud registra una escena en el lecho de muerte de Rabán Yojanán ben Zakai, rodeado por sus discípulos:

> Le dijeron: "Maestro nuestro, bendícenos". Él les dijo: "Que sea la voluntad de Dios que el temor al cielo sea tal sobre vosotros como el temor a la gente de carne y hueso". Sus discípulos le preguntaron: "¿Eso es todo?" Él contestó: "¡Que no tengan nada menos que ese temor! Pueden ver ustedes mismos la verdad de lo que he dicho: cuando un hombre está por cometer una trasgresión, dice, espero que ninguna persona me vea" (Berajot 28b).

Cuando los seres humanos cometen un pecado, están preocupados de que nadie los vea. Se olvidan de que Dios ciertamente los ve. La tentación ofusca la mente y nadie debe pensar que está libre de ello.

Un pasaje posterior del Tanaj parece indicar que el control de Moisés no fue estrictamente necesario. El Libro de Reyes relata un episodio en el que, durante el reinado del rey Joás, fue recolectado dinero para la restauración del Templo.

> No requirieron el control de los que recibieron el dinero para pagar a los operarios, porque actuaron con total honestidad (II Reyes 12:16).

Moisés, un hombre de honestidad total puede haber actuado entonces "más allá del estricto requerimiento de la ley".[2]

Es precisamente el hecho de que Moisés no *estaba obligado* a hacer lo que hizo aquel que le da a este pasaje su fuerza. Debe haber transparencia y control cuando se trata de fondos públicos aun cuando las personas involucradas tuvieran antecedentes impecables. Las personas en puestos de confianza deben ser, y deben ser vistos como individuos de integridad moral. Itró, el suegro de Moisés ya lo había dicho cuando le sugirió a su yerno que nombrara subordinados para asistirlo en la tarea de conducción del pueblo. Deben ser, le dijo:

> Hombres que teman a Dios, personas de confianza que aborrezcan la ganancia deshonesta (Éxodo 18:21).

Sin la reputación de honestidad e incorruptibilidad, los jueces no pueden asegurar que la justicia será honrada. Los sabios derivaron este principio general del episodio del libro de Números cuando los descendientes de las tribus de Gad y de Rubén expresaron su deseo de llegar a un acuerdo sobre el lado oriental del Jordán que proporcionaba buena pastura para su ganado (Números 32:1–33). Moisés les dijo que si lo hacían, desmoralizarían al resto de la nación. Habrían dado la impresión de no estar decididos a luchar junto a sus hermanos en la conquista de la tierra.

Los hijos de Gad y Rubén aclararon que estaban dispuestos a liderar la vanguardia de las tropas, y que retornarían al otro lado del Jordán una vez que la tierra hubiera sido conquistada completamente. Moisés aceptó la propuesta diciendo que si cumplen con su palabra serán "claros *(veheyitem neki'im)* ante el Eterno y ante Israel" (Números 32:22). Esta frase ingresó a la ley judía como principio de que "el individuo se debe exculpar ante sus semejantes además de ante Dios".[3] No es suficiente hacer las cosas bien. También *se nos debe ver hacerlo,* sobre todo cuando existe la posibilidad de rumor o sospecha.

2. Este concepto clave en la ley judía (ver, por ejemplo, Berajot 7a, 45b, Bava Kama 99b), hacer más, en un sentido positivo, de lo que la ley requiere.
3. Mishná, Shekalim 3:2.

Hay varias instancias en la literatura rabínica temprana en las cuales esta regla fue aplicada. Por ejemplo, cuando las personas fueron a tomar monedas para los sacrificios en la Cámara de los Shekalim del Templo, el lugar en el que se guardaba el dinero:

> No entraban en la cámara vistiendo sacos bordados, zapatos, sandalias, tefilín o amuletos ya que si se empobrecieran, la gente podría pensar que fue por alguna transgresión cometida en la cámara; o si se enriquecieran, la gente sospecharía que fue porque se apropiaron del dinero de la cámara. Ya que es un deber de la persona estar libre de culpa tanto ante los hombres como ante Dios, como fuera dicho: "Sé claro ante el Eterno y ante Israel" (Números 32:22) y también dice: "Así hallarás favor y buen entendimiento ante la vista de Dios y de los hombres" (Proverbios 3:4).[4]

Los que entraban en la cámara tenían prohibido utilizar cualquier vestimenta en la que pudieran esconder o hurtar monedas. De la misma forma, cuando los encargados de las donaciones tenían un sobrante de fondos, no les estaba permitido cambiar las monedas de cobre por otras de plata de su propiedad: debían hacer el cambio con un tercero. A los encargados de la olla popular no se les permitía comprar una cantidad adicional de comida si no había necesitados a quien dársela. Los sobrantes debían ser vendidos a terceros para evitar que se sospechara que los encargados estuvieran lucrando con fondos públicos (Pesajim 13a).

Las reglas del Shulján Aruj indican que la recolección de donaciones debe hacerse con un mínimo de dos personas, para que cada uno pueda ver lo que hace el otro.[5] Hay diferencias de opinión entre el Rabino Yosef Caro y Rabino Moshé Isserles acerca de la necesidad de cuentas detalladas. El Rabino Caro dictamina en base a un pasaje del libro segundo de Reyes –"No requirieron control sobre el dinero para pagar a los operarios porque actuaron con total honestidad" (II Reyes 12:16)– que ningún control formal sería necesario para las personas

4. Ídem.
5. Shulján Aruj, Yoré Dea 257:1.

con honestidad indiscutible. Sin embargo, el Rabino Isserles dice que corresponde hacerlo por el principio que enuncia: "Sé claro ante Dios y ante Israel".[6]

La confianza es la esencia de la vida pública. Una nación que tiene sospechas de corrupción de sus líderes no puede funcionar en forma efectiva como una sociedad libre, justa y abierta. Es un indicador de buena sociedad cuando el liderazgo público es considerado ser más una modalidad de servicio que de poder, tan fácilmente propenso al abuso. El Tanaj es un tutorial continuo acerca de la importancia de los altos niveles de honestidad en la vida pública. Los profetas fueron los primeros críticos sociales del mundo, enviados por Dios para transmitir la verdad al poder y para desafiar a los líderes corruptos. El desafío de Elías al rey Acab y las protestas de Amós, Oseas, Isaías y Jeremías contra las prácticas no éticas de sus días constituyen textos clásicos en esta tradición, estableciendo los ideales de la equidad, la justicia, la honestidad y la integridad para todos los tiempos. Una sociedad libre está construida sobre bases morales, las que deben ser incólumes.

Moisés es el ejemplo perfecto al proporcionar el detalle de los fondos recibidos para el primer proyecto colectivo del pueblo judío, sentando ese precedente para todos los tiempos.

CB

6. Ídem, 257:2.

Levítico

ויקרא

Vaikrá

¿Qué es lo que sacrificamos?

Las leyes referentes a los sacrificios que dominan los primeros capítulos del libro de Levítico están entre los pasajes más complicados de relacionar con la actualidad. Hace casi dos mil años de la destrucción del Templo y de que el sistema sacrificial llegó a su fin. Pero los pensadores judíos, especialmente los más místicos, se esforzaron por comprender la significación interna de los sacrificios y lo que implicaban para la relación entre la humanidad y Dios. De esa manera lograron rescatar su espíritu, aunque su materialización física ya no era posible. Entre los comentarios más simples pero a la vez profundos, están los del Rabí Shneur Zalman de Liadi, el primero de los rabinos Lubavitch. Este observó una rareza gramatical en la segunda línea de la parashá:

> Habla a los hijos de Israel y diles a ellos: "Cuando *uno de ustedes ofrezca un sacrificio* al Eterno, este debe ser del ganado, de las ovejas o de las cabras" (Levítico 1:2).

O así *sería* leído el versículo si fuera construido según las reglas gramaticales normales. Sin embargo, el orden de las palabras en hebreo es extraño e inesperado. Hubiéramos esperado leer *adam mikem ki yakriv*, "cuando uno de ustedes ofrezca un sacrificio". En vez de ello, lo que dice es *adam ki yakriv mikem*, "cuando uno ofrezca un sacrificio de *sí*".

Según Rabí Shneur Zalman, la esencia del sacrificio es que nos ofrendamos a nosotros mismos. Llevamos a Dios nuestras facultades, nuestras energías, pensamientos y emociones. La forma física del sacrificio –el animal ofrecido ante el altar– es solo la manifestación externa de un acto interior. El verdadero sacrificio es *mikem*, "de sí". Damos a Dios algo de nosotros mismos.[1]

¿Qué es exactamente lo que damos a Dios cuando ofrecemos un sacrificio? Los judíos místicos, entre ellos el Rabí Zalman, hablaron de las dos almas que habitan dentro de cada uno de nosotros – el alma animal (*nefesh habeheimit*) y el alma divina. Por un lado, somos entes físicos, parte de la naturaleza. Tenemos necesidades físicas como comer, beber y procurar resguardo. Nacemos, vivimos y morimos. Tal como lo mencionara el Eclesiastés:

> El destino del hombre es como el de los animales; el mismo destino les aguarda a ambos: así como uno muere, también el otro perece. Ambos tienen igual aliento; el hombre no tiene ventaja alguna sobre el animal. Todo es un mero hálito fugaz (Eclesiastés 3:19).

Sin embargo, no somos simplemente animales. Tenemos aspiraciones inmortales. Podemos pensar, hablar y comunicarnos. Podemos, mediante los actos de hablar y escuchar, llegar a otros. Somos la única forma de vida conocida en el universo que puede formular la pregunta "¿por qué?". Podemos articular ideas y ser movilizados por altos ideales. No estamos gobernados sólo por deseos biológicos. El Salmo 8 es un sorprendente canto a este tema:

> Cuando considero Tus cielos
> el trabajo de Tus dedos,

1. Rabbi Shneur Zalman of Liadi, *Likkutei Torah* (Brooklyn, NY: Kehot, 1984), Vayikra 2aff.

> la luna y las estrellas
> que Tú has puesto en su lugar,
> ¿qué es el hombre que Tú has tenido en cuenta,
> el hijo del hombre, que Tú cuidas de él?
> Sin embargo, Tú lo has hecho poco menos que los ángeles
> y coronado con gloria y honor.
> Tú has hecho que gobierne sobre todas las obras de Tus manos;
> has puesto todo bajo sus pies (Salmos 8:4–7).

Físicamente, no somos casi nada; espiritualmente hemos sido rozados por las alas de la eternidad. Tenemos un alma divina. La naturaleza del sacrificio, entendida psicológicamente, es entonces clara. Lo que ofrecemos a Dios no es solo un animal sino el *nefesh habeheimit,* el alma animal que está en nosotros.

¿Cómo funciona esto en detalle? Hay una insinuación de los tres tipos distintos de animales mencionados en el segundo versículo de la parashá Tzav (ver Levítico 1:2): *beheimah* (bestia), *bakar* (ganado) y *tzon* (rebaño). Cada uno de ellos representa características de tipo animal presentes en la personalidad humana.

Beheimah representa el instinto animal en sí. La palabra se refiere a los animales domésticos. No implica los instintos salvajes del depredador, sino algo más dócil. Los animales pasan su tiempo en busca de alimento. Sus vidas están limitadas por la lucha por sobrevivir. Sacrificar el animal dentro de nosotros es estar movilizado por algo más que la supervivencia.

Cuando se le preguntó a Wittgenstein cuál era la tarea de la filosofía, respondió: "Mostrarle a la mosca como salir del frasco".[2] La mosca atrapada en el frasco golpea su cabeza contra el vidrio buscando la salida. Lo que no alcanza a hacer es mirar hacia arriba. El alma divina dentro de nosotros es la fuerza que nos hace mirar hacia arriba, más allá del mundo físico, más allá de la mera supervivencia, en busca de un sentido, un propósito, una meta.

2. Ludwig Wittgenstein, Philosophical Investigations (New York: Macmillan, 1953), p. 309.

Tzav

La violencia y lo sagrado

¿Por qué los sacrificios? Ciertamente, no han formado parte de la vida judaica desde la destrucción del Segundo Templo hace casi dos mil años. Pero, sí constituyen un medio para un fin, ¿por qué eligió Dios *este* fin? Esta es, naturalmente, una de las preguntas más profundas del judaísmo, y hay muchas respuestas. Yo quiero aquí explorar una sola, formulada a principios del siglo XV por el pensador Rabí Iosef Albo en su *Sefer HaIkarim*.

La teoría de Albo parte, no de los sacrificios sino de otras dos preguntas. La primera: ¿Por qué después del diluvio Dios permitió a los humanos comer carne? (Génesis 9:3–5). Inicialmente tanto los seres humanos como los animales no eran carnívoros (Génesis 1:29–30), ¿qué fue lo que hizo que, digamos, Dios cambiara su opinión? La segunda: ¿Qué estuvo mal en el primer acto de sacrificio, la ofrenda de Caín de "algunos frutos de la tierra" (Génesis 4:3–5)? El rechazo de esa ofrenda derivó en el primer asesinato, cuando Caín mató a Abel. ¿Qué es lo que estaba en juego en la diferencia entre las ofrendas que Caín y Abel llevaron a Dios?

Albo creía que matar animales para comerlos estaba inherentemente mal, ya que consiste en quitar la vida de un ser viviente para satisfacer nuestras necesidades. Caín también sabía que esto era así. Creía que había un fuerte vínculo entre los seres humanos y los animales. Por eso entregó una ofrenda vegetal, no animal. Su error, según Albo, fue que debía haber llevado frutos, no legumbres – las más elevadas y no las menos valiosas de las ofrendas no cárneas. Abel, por el contrario, creyó que había una diferencia cualitativa entre humanos y animales. ¿Acaso Dios no había afirmado que los humanos debían "reinar sobre los peces en el mar, sobre las aves en el cielo y sobre todo ser viviente que se mueve sobre la faz de la tierra"? Fue por eso por lo que Abel llevó la ofrenda animal.

Cuando Caín vio que el sacrificio de Abel había sido aceptado y el suyo no, supuso esto: si Dios, que nos prohíbe matar animales para comer, permite y aún estimula matar un animal como sacrificio, y si, como creía Caín, no había mayor diferencia entre los seres humanos y los animales, entonces ofreció la vida más elevada como sacrificio a Dios, o sea, a su hermano Abel. De acuerdo con este razonamiento, dice Rabí Albo, *Caín mató a Abel a modo de sacrificio humano.*

Fue por eso por lo que Dios permitió comer carne después del diluvio. Tras esta hecatombe el mundo "estaba lleno de violencia". Quizás esta fuera inherente al ser humano. Si la humanidad hubiera de existir, Dios debía bajar Sus exigencias. Que los humanos faenen animales, dijo, en vez de matar a otros seres humanos – la forma particular de creación que no solo es obra de Dios sino que además fue hecha a Su imagen. De ahí la casi ininteligible secuencia de versículos después de que Noaj y su familia aparecen en tierra firme:

> Entonces Noaj construyó un altar al Eterno y, tomando algunos de los animales y aves puros, realizó sacrificios ígneos sobre el altar. El Eterno olió el aroma placentero y dijo en Su corazón: "Nunca más maldeciré la tierra por culpa del hombre, porque toda inclinación de su corazón es malvada desde su niñez…".
>
> Entonces Dios bendijo a Noaj y a sus hijos diciéndoles…
>
> "Todo lo que vive y se mueve será alimento para ustedes. Así como les he dado las plantas verdes, ahora les doy todo…
>
> El que derrame la sangre del hombre, por el hombre su sangre será derramada; pues a la imagen del Eterno, Dios ha creado a la humanidad" (Génesis 8:29; 9:6).

Según Albo, la lógica del pasaje está clara. Noaj ofrece un sacrificio animal en agradecimiento por haber sobrevivido al Diluvio. Dios ve que los seres humanos necesitan esa forma de expresarse. Están genéticamente predispuestos a la violencia ("la inclinación del corazón es malvada desde la niñez"). Para que la sociedad pueda sobrevivir, los humanos deben poder dirigir su violencia hacia los animales no–humanos, ya sea como alimento o como ofrenda sacrificial. Lo crucial es trazar la línea divisoria entre humanos y no humanos. La autorización de matar animales está acompañada por una prohibición absoluta de matar seres humanos, "puesto que a imagen de Dios Él creó la humanidad".

No es que Dios apruebe matar animales, ya sea para sacrificios o como alimento, pero prohibirlo a los seres humanos dada su predisposición al derramamiento de sangre, habría sido utópico. Y no es para ahora sino hasta el fin de los días. Hasta entonces, la solución menos mala es permitir la matanza de animales más que la de seres humanos. Los sacrificios animales son una concesión a la naturaleza humana.[1] *Los sacrificios son un sustituto de la violencia dirigida a la humanidad.*

El pensador contemporáneo que más ha contribuido a profundizar la comprensión de este tema es el crítico literario franco norteamericano y antropólogo filosófico René Girard, en libros tales como *La violencia y lo sagrado*, *El chivo emisario*, y *Cosas ocultas desde la fundación del mundo*. El común denominador, argumenta, en los sacrificios es:

> ...la violencia intra social – en todas sus dimensiones, rivalidades, celos y reyertas, son lo que la comunidad procede a suprimir mediante los sacrificios. La finalidad del sacrificio es restaurar la armonía de la comunidad, reforzar el tejido social. Todo lo demás deriva de esto.[2]

La peor forma de violencia dentro y entre las sociedades es la venganza, "un proceso infinitamente repetitivo e interminable". Esto va en línea

1. Acerca de por qué Dios elige no cambiar la naturaleza humana, ver Rambám, Guía de los perplejos, III:32.
2. Rene Girard, *Violence and the Sacred* (Baltimore: Johns Hopkins University Press, 1977), p. 8.

con el dicho de Hilel al ver el cráneo de un ser humano flotando en el agua: "Porque has ahogado a otros, ellos te ahogaron a ti, y los que así lo hicieron contigo también terminarán ahogados" (Mishná Avot 2:7).

No existe manera natural de cortar el ciclo de retribución y venganza. Los montescos siguen matando y siendo asesinados por los capuletos, igual que los Tattaglia y los Corleone y tantos otros rivales de la ficción y la historia. Es un ciclo destructivo que ha devastado a comunidades enteras. Según Girard, este era el problema que el ritual religioso debía resolver. El acto religioso primario, dice Girard, es el sacrificio, y el sacrificio primario es el chivo expiatorio. Si las tribus A y B que han estado luchando pueden sacrificar a un miembro de la tribu C, ambos habrán satisfecho su sed de sangre sin provocar una venganza, especialmente si la tribu C no está capacitada para contraatacar. Los sacrificios desvían la energía destructiva de la reciprocidad violenta.

Entonces, si la violencia está encastrada en la naturaleza humana, ¿por qué los sacrificios eran vigentes en las sociedades antiguas y no en las actuales? Porque, dice Girard, existe otra manera más efectiva de terminar con la venganza:

> La venganza es un círculo vicioso cuyo efecto sobre las sociedades primitivas sólo podemos imaginar. Para nosotros, es necesario romper el círculo. Tenemos la fortuna de contar con nuestras instituciones sociales, sobre todo la judicial, que sirve para desviar la amenaza de la venganza. El sistema no suprime la venganza, sino que la limita a un único acto de represalia puesto en ejecución por una autoridad soberana especializada en esta función en particular. Las decisiones judiciales se presentan invariablemente como la palabra final en cuanto a la venganza.[3]

La terminología de Girard en este texto no es algo que podemos suscribir. La justicia no es venganza. La retribución no es venganza. La venganza es inherentemente relaciones de Yo-Tú o Nosotros-Ellos. Es personal. La retribución es impersonal. Ya no se trata de los montescos contra los capuletos, sino que ambos están sometidos al juicio imparcial de la

3. Ibid., p. 15.

ley. Pero el punto sustancial de Girard es correcto y esencial. El único antídoto contra la violencia es el imperio de la ley.

La teoría de Girard confirma la de Albo. El sacrificio (así como comer carne) ingresó al judaísmo como sustituto de la violencia. También nos ayuda a entender la profunda percepción de los profetas de que los sacrificios no son un fin en sí mismo sino parte del programa de la Torá para crear un mundo redimido de los interminables ciclos de venganza. La otra parte del programa, y es el mayor deseo de Dios, es un mundo gobernado por la justicia. Eso, recordemos, fue Su primera indicación a Abraham: "Enseña a tus hijos y a tu familia a mantener el camino del Eterno haciendo lo correcto y lo justo" (Génesis 18:19).

Entonces, ¿acaso hemos ido más allá de la etapa en la cual los sacrificios animales tenían una finalidad? ¿Acaso la justicia se ha transformado en una realidad tan poderosa que ya no necesitamos más de los rituales religiosos para encauzar la violencia entre los seres humanos? Lamentablemente, esto no es así. El colapso de la Unión Soviética, la caída del muro de Berlín y el fin de la Guerra Fría llevó a algunos pensadores a la conclusión de que habíamos arribado al "fin de la historia". No habrá más guerras ideológicas. En su lugar, el mundo se transformará en una gran economía de mercado y una democracia liberal.[4]

La realidad resultó dramáticamente diferente. Hubo oleadas de conflictos étnicos y violencia en Bosnia, Kosovo, Chechenia y Ruanda, seguidas por conflictos aún más sangrientos en el Medio Oriente, el África subsahariana y partes de Asia. En su libro, *The Warrior's Honor* (El honor del guerrero) Michael Ignatieff ofrece una explicación del porqué de estos hechos:

> El mayor obstáculo moral del camino de la reconciliación es el deseo de venganza. En la actualidad la venganza está considerada generalmente como una emoción baja y despreciable, y por tal motivo, su profundo anclaje moral en la gente es raramente comprendido. Pero la venganza –considerada moralmente– es el deseo de ser fiel a los muertos, honrar su memoria tomando

4. Francis Fukuyama, *The End of History and the Last Man* (New York: Free Press, 1992).

> la causa en el lugar dejado por ellos. La venganza mantiene la fidelidad entre las generaciones…
>
> Este ciclo de recriminación intergeneracional no tiene un final lógico… Pero es la verdadera imposibilidad de venganza intergeneracional la que conduce a las comunidades a la compulsión a la repetición…
>
> La reconciliación no tiene ninguna posibilidad de éxito contra la venganza salvo que respete las emociones que sostienen a la venganza, y que reemplace el respeto inherente a la venganza por rituales en los cuales las comunidades alguna vez en guerra entre sí puedan aprender a honrar juntos a sus muertos.[5]

Lejos de hablar de una época pasada y largamente olvidada, las leyes sacrificiales nos dicen tres cosas, tan importantes entonces como ahora:

Primero, la violencia forma aún parte de la naturaleza humana y nunca es más peligrosa que cuando se combina con una ética de venganza.

Segundo, más que negar su existencia, debemos hallar las formas de redireccionarla de tal forma que no cause más víctimas humanas.

Tercero, la única alternativa final a los sacrificios, animales o humanos es la propuesta hecha por primera vez hace mil años por los profetas del Israel antiguo, y de ellos, ninguno más impactante que Amós:

> Aunque Me traigas ofrendas quemadas y ofrendas de granos,
> Yo no las aceptaré…
> Pero sí que la justicia fluya como un río,
> Y la rectitud como arroyo constante (Amós 5:23–24).

CB

5. Michael Ignatieff, *The Warrior's Honor: Ethnic War and the Modern Conscience* (Toronto: Penguin, 2006), 188–190.

Sheminí

Fuego sagrado y fuego profano

El shock es inmenso. Por varias semanas y muchos capítulos –el preludio más extenso de la Torá– leímos los preparativos del momento en que Dios llevaría Su Presencia a residir en el seno del pueblo. Cinco parshiot (Terumá, Tetzavé, Ki Tisá, Vaiakhel y Pekudei) describen las instrucciones para la construcción del Santuario. Dos adicionales (Vaikrá y Tzav) detallan las ofrendas sacrificiales a llevarse allí a cabo. Ahora todo está listo. Durante siete días los sacerdotes (Aarón y sus hijos) han sido consagrados para el cargo. Ahora viene el octavo día en el que comenzará el servicio en el Mishkán.

Todo el pueblo ha cumplido su función en la construcción de lo que sería el hogar de la Presencia Divina en la tierra. El drama llega a su clímax con un simple y emocionante versículo:

> "Moisés y Aarón fueron a la Tienda de Reunión y al salir bendijeron al pueblo. La gloria de Dios fue entonces revelada a todo el pueblo" (Levítico 9:23).

Cuando apenas pensamos que la narrativa ha llegado a su fin, se produce una escena estremecedora:

> Los hijos de Aarón, Nadav y Avihú, tomaron sus incensarios, les prendieron fuego y colocaron el incienso, ofreciendo un fuego no autorizado ante Dios, que Él no había ordenado. Un fuego partió desde Dios consumiéndolos, de manera que murieron ante Dios. Entonces, Moisés le dijo a Aarón: "Esto es lo que habló Dios cuando dijo: Entre aquellos que se Me acercan, Yo Me mostraré Santo; a la vista de todo el pueblo Seré honrado" (Levítico 10:1–3).

La celebración se transformó en tragedia ante la muerte de los dos hijos mayores de Aarón. Los sabios y los comentaristas han ofrecido muchas explicaciones. Nadav y Avihú murieron por haber entrado al *santo santorum*;[1] sin vestir el ropaje adecuado;[1] porque sacaron el fuego de la cocina y no del altar;[2] por no consultar con Moisés y Aarón;[3] porque no se consultaron entre sí.[4] Según algunos, fueron culpables de soberbia. Estaban impacientes por asumir ellos mismos los roles de liderazgo;[5] y no contrajeron matrimonio por considerarse superiores a esos menesteres.[6] Otros consideran que fue un castigo tardío por un pecado anterior, cuando en el Monte Sinaí "comieron y bebieron" ante la presencia de Dios (Éxodo 24:9–11).

Estas interpretaciones se corresponden con la lectura minuciosa de los cuatro sectores de la Torá en los que se menciona la muerte de Nadav y Avihú (Levítico 10:2, Levítico 16:1, Números 3:4 y Números 26:61), además de la referencia de su presencia en Monte Sinaí. Cada una de ellas es una meditación profunda sobre los peligros del entusiasmo excesivo en la vida religiosa. Sin embargo, la explicación más simple es la expuesta en la Torá misma. Nadav y Avihú murieron porque ofrecieron un fuego no autorizado, literalmente "extraño", o sea, "uno que no

1. Vaikrá Rabá 20:9.
2. Midrash Tanjuma, ad loc.
3. Yalkut Shimoni, I:524.
4. Midrash Tanjuma, ad loc
5. Agadá (Buber), Vaikrá 10.
6. Vaikrá Rabá 20:10.

había sido ordenado". Para comprender la significancia de esto debemos retroceder a los principios originales y recordar el significado de la palabra *kadosh*, "santo", y de ahí que el *Mikdash* es el hogar de lo santo.

Lo santo es ese segmento de tiempo y espacio que Dios reservó para Su Presencia. *La creación involucra ocultamiento*. La palabra *olam*, universo, está ligada semánticamente a la palabra *neelam*, oculto. Para dar a la humanidad alguno de Sus poderes de creación –el uso del lenguaje para pensar, comunicar, comprender, imaginar alternativas de futuro y poder elegir– Dios debe hacer algo más que crear el Homo sapiens. Se debe retirar (lo que los cabalistas llaman *tzimtzum*) para brindar el espacio necesario para la acción humana. Ningún acto indica con mayor profundidad el amor y la generosidad implícitos en la creación. Dios, como lo vemos en la Torá, es como el padre que sabe cuándo debe dar un paso al costado, dejar actuar, evitar intervenir para que los hijos puedan transformarse en personas responsables y maduras.

Pero hay un límite. Retirarse totalmente sería como desertar del mundo y abandonar a sus propios hijos. Eso, Dios no lo puede ni lo debe hacer. Entonces, ¿cómo hace Dios para dejar una huella de Su Presencia en la Tierra?

La respuesta bíblica no es filosófica. La respuesta filosófica (aclaro que me refiero a la filosofía occidental tradicional, comenzando en la antigüedad con Platón y hasta la modernidad con Descartes) sería una que resultase aplicable universalmente – o sea, en todo tiempo y lugar. Pero *no existe* una respuesta aplicable a todo tiempo y lugar. *Es por eso por lo que la filosofía no puede ni nunca podrá entender la aparente contradicción entre la creación Divina y el libre albedrío humano, o entre la Divina Presencia y el mundo empírico en el que reflexionamos, elegimos y actuamos.*

El pensamiento judío es contra–filosófico. Insiste en que las verdades están ubicadas en precisos y determinados tiempos y lugares. Hay tiempos santos (el séptimo día, el séptimo mes, el séptimo año, y el final del ciclo septuanual, el jubileo) Hay personas santas (los hijos de Israel en su totalidad, y entre ellos los leviím o levitas y los cohanim o sacerdotes). Y hay un espacio santo (Israel; dentro de él, Jerusalén; dentro de él, el Templo; en el desierto estaba el *Mishkan*, el santo y el *santo sanctorum).*

Lo santo es el punto en el tiempo y el espacio en el que la Presencia de Dios es encontrada por el *tzimtzum* – la auto retracción por parte de la humanidad. Así como Dios abre el espacio para el hombre mediante un acto de autolimitación, de igual forma el hombre abre el espacio para Dios mediante una acción semejante. Lo sagrado es el ámbito en el cual Dios es vivido como Presencia absoluta. No accidentalmente, pero sí esencialmente, esto solo puede ocurrir mediante la renuncia total a la voluntad y a la iniciativa humanas. No es que Dios no las valore. Al contrario: Dios ha empoderado a la humanidad para que los hombres sean "sus socios en la tarea de la creación".

Sin embargo, para poder cumplir con Sus propósitos, debe haber tiempos y lugares en los que la humanidad pueda vivir la experiencia de la realidad de lo divino. Esos tiempos y lugares requieren una obediencia absoluta. El error más fundamental –de Nadav y Avihú– fue haber tomado los poderes que corresponden al encuentro del hombre con el mundo y aplicarlos al encuentro del hombre con lo divino. Si Nadav y Avihú hubieran utilizado su iniciativa para combatir el mal y la injusticia, habrían sido héroes. Pero al usarla en el ámbito de lo sagrado, cometieron un error. Afirmaron su propia presencia ante la Presencia absoluta de Dios. Esta es una contradicción básica. Por eso murieron.

Nos equivocamos al pensar que Dios es caprichoso, celoso, iracundo: mito difundido por la cristiandad antigua con la intención de autodefinirse como la religión del amor, superando así al cruel/duro/retributivo Dios del "Antiguo Testamento". Cuando la Torá utiliza ese lenguaje, "habla en el lenguaje de la humanidad" (Berajot 31a), o sea, con la intención de ser comprendido.

En realidad, el Tanaj es una historia de amor del principio al fin – el apasionado amor del Creador por Sus creaturas que sobrevive a todas las decepciones y traiciones causadas por la humanidad a lo largo de su historia. Dios nos necesita para que lo encontremos, no porque Él necesite de la humanidad, sino porque nosotros lo necesitamos a Él. Si la civilización ha de ser regida por el amor, la justicia, y el respeto a la integridad de la creación, debe haber momentos en los que dejemos de lado el Yo para encontrar la plenitud del ser en toda su gloria.

Esa es la función de lo sagrado – que el punto en el que "yo soy" sea mudo en la presencia desbordante del "hay". Eso es lo que olvidaron Nadav y Avihú – que para entrar al ámbito de lo sagrado se requiere de una humildad ontológica, de una renuncia total a la iniciativa y al deseo humano.

La significación de este hecho no puede ser sobreestimada. Cuando confundimos el deseo de Dios con el nuestro, convertimos lo santo –la fuente de vida– en algo profano y fuente de muerte. El clásico ejemplo de esto es la "guerra santa", el jihad, las cruzadas, eventos en los cuales se inviste al imperialismo (el deseo de reinar sobre otro pueblo) de un manto de santidad, como si la conquista y la conversión forzada fueran un deseo de Dios.

La historia de Nadav y Avihú nos recuerda una vez más la advertencia hecha en los días de Caín y Abel. *El primer acto de veneración llevó al primer asesinato*. Como la fisión nuclear, la veneración genera poder, el cual puede ser benigno, pero también profundamente peligroso.

El episodio de Nadav y Avihú está escrito en tres tipos de fuego. Primero está el fuego del Cielo:

> Un fuego vino ante Dios y consumió la ofrenda ígnea (Levítico 9:24).

Este era el fuego ritual, consumando el servicio del Santuario. Después vino el "fuego no autorizado" ofrecido por los dos hijos.

> Los hijos de Aarón Nadav y Avihú tomaron sus inciensarios, les pusieron fuego y agregaron incienso; y ofrecieron un fuego no autorizado ante Dios, que Él no había ordenado (Levítico 10:1).

Luego, apareció el contra–fuego del Cielo:

> El fuego vino ante Dios y los consumió de tal manera que ambos murieron ante Dios (Levítico 10:2).

El mensaje es simple y fundamentalmente serio: la religión no es lo que el Iluminismo europeo pensó que iba a ser: mudo, marginal y suave. Es como el fuego, y como tal, calienta, pero también quema. Y nosotros somos los guardianes de la llama.

CB

Tazria

La circuncisión del deseo

Es difícil ubicar con precisión el momento en el que una nueva idea hace su primera aparición en el escenario humano, especialmente una idea tan amorfa como la del amor. Pero el amor tiene su historia.[1] Está en el contraste que encontramos en el pensamiento griego y luego cristiano entre *eros* y ágape, el deseo sexual y el amor abstracto por la humanidad en general.

Existe el concepto de caballerosidad que hace su aparición en la época de las cruzadas, el código de conducta que celebraba la galantería y las acciones de valentía destinadas a "conquistar el corazón de una dama". Vemos el amor romántico de las novelas de Jane Austen, con el sobreentendido de que el hombre joven, o no tan joven, destinado a la heroína, debía tener un ingreso adecuado, y una propiedad rural como ejemplo de "la verdad universalmente aceptada de que un hombre soltero en posesión de una buena fortuna, debe requerir una esposa".[2] Y está el momento del *Violinista sobre el tejado* donde, expuesto por sus

1. Ver por ejemplo C. S. Lewis, *The Four Loves*, New York: Harcourt, Brace, 1960. También, Simon May's, *Love: A History*, New Haven: Yale UP, 2011.
2. La famosa primera frase de *Orgullo y prejuicio*, de Jane Austen.

hijos a las ideas prerrevolucionarias que estaban en boga en Rusia, Tevye se dirige a su esposa Golde de la siguiente forma:

> Tevye: ¿Tú me amas?
> Golde: ¡Yo soy tu esposa!
> Tevye: ¡Ya sé! ¿Pero me amas?
> Golde: ¿Lo amo? Durante veinticinco años he vivido con él, me peleé con él, pasé hambre con él. Durante veinticinco años mi cama es la suya… Tevye: ¡Shh!
> Golde: Si eso no es amor, ¿qué es?
> Tevye: ¡Entonces me amas!
> Golde: ¡Y sí, supongo que sí!

La historia íntima de la humanidad es en parte la historia de la idea del amor. Y en algún momento una nueva idea hace su aparición en el Israel bíblico. Podemos identificarlo en un pasaje altamente sugestivo del libro de uno de los profetas de la Biblia, Oseas.

Oseas vivió en el siglo VIII a.e.c. El reino fue dividido a partir de la muerte de Salomón. El reino del norte, donde vivía Oseas, tras una época de paz y prosperidad, había caído en la anomia, la idolatría y el caos. Como resultado de intirgas y luchas sangrientas por el poder, entre los años 747 y 732 a.e.c. hubo no menos de cinco reyes. El pueblo también se había relajado.

> "No existe fidelidad ni bondad, y no hay reconocimiento de Dios en la tierra; hay insultos, mentiras, asesinatos, robos y adulterio; rompen todos los límites y hay matanza tras matanza" (Oseas 4:1–2).

Como otros profetas, Oseas sabía que el destino de Israel dependía de su sentido de misión. Fiel a Dios, el pueblo sería capaz de hacer cosas extraordinarias: sobrevivir frente a imperios y generar una sociedad única en el mundo antiguo, de igual dignidad para todos sus ciudadanos bajo la soberanía del Creador del cielo y la tierra. En cambio, la ausencia de fe los llevaría a convertirse en en un poder de menor envergadura en el

Oriente Medio, cuyas posibilidades de supervivencia frente a los más poderosos depredadores políticos sería mínima.

Lo que transforma al libro de Oseas en excepcional es el episodio con el que comienza. Dios le dice al profeta que se case con una prostituta para ver lo que se siente al tener un amor infiel. Solo entonces Oseas podrá tener una idea del sentimiento de traición a Dios por parte del pueblo de Israel. Habiéndolo liberado de la esclavitud y llevado a su tierra, Dios vio cómo olvidó el pasado, violó el pacto y adoró a dioses extraños. Sin embargo, no lo puede abandonar, pese al hecho de que el pueblo lo ha abandonado a Él. Es un pasaje muy fuerte que expone la idea de que *cuanto más ama el pueblo a Dios, más Él ama al pueblo judío*. La historia de Israel es una historia de amor entre el Dios fiel y Su pueblo, muchas veces infiel. Aunque a veces Dios se enoja, no puede hacer más que perdonar. Llevará al pueblo a una especie de luna de miel y renovará el vínculo matrimonial con él.

> "Por lo tanto, ahora habré de seducirla;
> la conduciré por el desierto
> y le hablaré tiernamente...
> Me casaré contigo para siempre;
> Me casaré con justicia y rectitud,
> con amor y compasión.
> Me casaré contigo con fidelidad,
> y conocerás al Eterno" (Oseas 2:16–22).

Es esta última frase –con la comparación explícita entre el pacto y el matrimonio– la que pronuncian los hombres judíos cuando se colocan el tefilín en la mano, poniéndolo sobre el dedo como alianza matrimonial.

Un versículo en medio de esta profecía merece un escrutinio especial. Contiene dos metáforas complejas que deben ser dilucidadas una a la vez.

> "En ese día", declara el Eterno,
> "tú me llamarás 'mi Esposo' *(ishi)*
> ya no Me llamarás 'mi Amo' (*baali*) (Oseas 2:18).

Este pasaje tiene una doble intención. Baal en hebreo significa 'mi esposo', pero en un modo altamente específico – sería 'amo, dueño, el que posee y controla'. Señala un dominio físico, legal y económico. También era el nombre del dios cananeo – a cuyos profetas desafió Elías en la famosa confrontación en el Monte Carmel. Baal (muchas veces ilustrado como un toro) era el dios de la tormenta, el que venció a Mot, el dios de la esterilidad y la muerte. Baal era la lluvia que impregnaba la tierra y la hacía fértil. La religión de Baal era la adoración del *dios del poder*.

Oseas contrasta este tipo de relación con el otro término hebreo para esposo, *ish*. Aquí reproduce las palabras del primer hombre a la primera mujer:

> "Esta es ahora hueso de mis huesos,
> y carne de mi carne;
> será llamada 'mujer' *(ishá)*,
> porque fue tomada del hombre *(ish)*" (Génesis 2:23).

Aquí la relación entre lo masculino y lo femenino se predica con algo bien distinto al poder, la dominación, posesión y control. Hombre y mujer se confrontan uno al otro en igualdad y diferencia. Cada uno es la imagen del otro, siendo sin embargo separados y distintos. La única relación capaz de unirlos sin el uso de la fuerza es el matrimonio –una suerte de pacto– un vínculo de lealtad y amor mutuo en el que cada uno jura servir al otro.

Esta no solo una manera radical de reconceptualizar la relación entre el hombre y la mujer. Según Oseas, significa también el modo en que debemos pensar la relación entre los seres humanos y Dios. Dios no se dirige a los hombres como un poder –la tormenta, el trueno, la lluvia– sino como amor, y no un amor filosófico, abstracto, sino una pasión profunda y permanente que sobrevive a todas las decepciones y traiciones. Israel puede no comportarse amorosamente con Dios, dice Oseas, pero Dios ama a Israel y nunca dejará de hacerlo.

La manera en que nos relacionamos con Dios afecta nuestra relación con otros pueblos. Ese es el mensaje de Oseas – y viceversa: el modo en cómo nos relacionamos con otros pueblos afecta la manera en que pensamos a Dios. El caos de Israel en el siglo VIII a.e.c. estaba íntimamente vinculado a su rebeldía religiosa. Era una sociedad basada en la corrupción y la explotación y en la que predominaba el poder. Eso no es judaísmo sino idolatría, adoración a Baal.

Ahora comprendemos por qué la circuncisión, la orden dada en la parashá de esta semana, es la señal del pacto. Para que la fe sea más que la veneración del poder debe afectar la relación de mayor intimidad entre el hombre y la mujer. En una sociedad fundada sobre el pacto, la relación hombre–mujer está construida sobre otra cosa, algo más amable que la dominación, el poder masculino, el deseo sexual y la voluntad de poseer, controlar y ser dueño. *Baal* debe transformarse en *ish*. El macho alfa debe convertirse en el esposo que cuida. El sexo debe ser santificado y atemperado por el respeto mutuo. El deseo sexual debe ser circuncidado y circunscripto para que en lugar de la posesión busque la satisfacción del amor.

Hay algo más que una conexión accidental entre el monoteísmo y la monogamia. Aunque la ley bíblica no exige la monogamia, sin embargo, la describe como el estado normativo en el comienzo de la narrativa humana: Adán y Eva, un hombre, una mujer. En los lugares en los que un patriarca se casa con más de una mujer, existe tensión y angustia. El compromiso con Dios es un reflejo del compromiso con una persona.

En hebreo la palabra *emuná* se traduce frecuentemente como "fe," pero en realidad equivale a fidelidad, precisamente el compromiso que uno asume cuando se casa. De la misma forma, para los profetas hay una conexión entre idolatría y adulterio. Es así como Dios describe a Israel a Oseas. Dios se casó con los israelitas, pero ellos, al servir a otros dioses, actuaron como una mujer promiscua (Oseas 1–2).

El amor entre marido y mujer –a la vez personal y moral, apasionado y responsable– es lo más cercano a la comprensión del amor de Dios por nosotros y el ideal de nuestro amor por Él. Cuando Oseas dice "tú conocerás al Eterno" no lo dice en un sentido de conocimiento abstracto. Significa el conocimiento íntimo de la relación, el contacto de dos seres que superan el abismo metafísico que separa la propia conciencia del otro. Ese es el tema del *Cantar de los cantares,* la expresión profundamente humana y a la vez mística del *eros*, el amor entre la humanidad y Dios. En este contexto, se comprende también una de las frases que definen al judaísmo:

> "Amarás al Señor tu Dios con todo tu corazón, con toda tu alma y toda tu fuerza" (Deuteronomio 6:5).

Desde el comienzo, el judaísmo estableció una conexión entre la sexualidad y la violencia por un lado y la fidelidad matrimonial y el orden social, por el otro. No es casual que el casamiento sea llamado *kidushin*, "santificación". Como el pacto mismo, el matrimonio es un juramento de lealtad entre las dos partes, cada una de de las cuales reconoce la integridad de la otra, honrando las diferencias aun cuando se unen para concretar el nacimiento de otro ser. El matrimonio es a la sociedad lo que el pacto es a la fe religiosa: una decisión de hacer del amor –no del poder, la riqueza o *force majeure*– el principio generativo de la vida.

Así como la espiritualidad constituye la relación íntima entre nosotros y Dios, de la misma forma el sexo es la relación más íntima entre nosotros y otra persona. La circuncisión es la señal eterna de la fe judía porque une a la vida del alma con las pasiones del cuerpo, recordándonos que ambos deben ser gobernados con humildad, autocontrol y amor.

El *Brit milá* ayuda a transformar al hombre de *baal* en *ish*, de socio dominador en esposo amante, tal como le dice Dios a Oseas que es eso lo que Él desea de Su relación con el pueblo del pacto. La circuncisión convierte a la biología en espiritualidad. El impulso instintivo masculino por reproducirse se convierte en cambio en un acto de alianza y afirmación mutua. Este fue un giro decisivo en la civilización humana, tanto como lo fuera el monoteísmo abrahámico. Ambos consisten en abandonar el poder como base de la relación, alineándonos a lo que Dante llamó "el amor que mueve al sol y a las otras estrellas". La circuncisión es la expresión de la fe que vive en el amor.

CB

Metzorá

El poder de la vergüenza

El 20 de diciembre de 2013, una joven llamada Justine Sacco estaba en el aeropuerto de Heathrow esperando abordar un vuelo rumbo a África. Para pasar el tiempo, envió un tweet de dudoso gusto acerca de los peligros de contagiarse con SIDA. No hubo una respuesta inmediata, y subió al avión sin tener idea del descalabro que se estaba por generar. Once horas más tarde, al aterrizar, descubrió que se había transformado en una celebridad internacional. Su tweet y las respuestas se viralizaron. En los siguientes once días su nombre fue googleado más de un millón de veces. Fue tildada de racista y la echaron del trabajo. De un día para otro se transformó en paria.[1]

Los nuevos medios de comunicación han producido la aparición de un antiguo fenómeno, la vergüenza pública. Dos libros recientes, –el de Jon Ronson, *You Have been Publicly Shamed* (Has sido avergonzado públicamente) y el de Jennifer Jacquet *Is Shame Necessary?*[2] (¿Es necesaria la vergüenza?)– lo han estudiado. Jacquet opina que es algo bueno. Puede ser, por ejemplo, una forma de lograr que las corporaciones

1. Jon Ronson, *So You've Been Publicly Shamed*, London: Picador, 2015, pp. 63–86.
2. Jennifer Jacquet, *Is Shame Necessary? New Uses for an Old Tool*, London: Allen Lane, 2015.

públicas se comporten más responsablemente. Ronson señala los peligros. Una cosa es estar avergonzado por la comunidad de la que formas parte, y otra es la red mediática global donde actúan personas desconocidas que nada saben de ti o del contexto en que el acto tuvo lugar. Eso se asemeja más a un linchamiento que a una búsqueda de justicia.

En cualquiera de las dos circunstancias, eso nos da una idea de cómo comprender un fenómeno que de otra manera parecería sorprendente: la t*sara'at,* la condición detallada extensamente en la parashá anterior y en esta. *Tsara'at* ha sido traducida como lepra, enfermedad de la piel e infección con escamas. Pero existen importantes problemas para identificarla como una enfermedad conocida. Primero, los síntomas no coinciden con los de la enfermedad de Hansen, o sea, la lepra. Segundo, la *tsara'at* descrita en la Torá afectaba no solo a los seres humanos sino también a las paredes de las casas, el mobiliario y las vestimentas. No existe condición médica que posea esas propiedades.

Además, la Torá es un libro sobre la santidad y el comportamiento correcto. No es un texto médico. Y aunque lo fuera, como señala David Hoffman en su comentario,[3] los procedimientos a realizar no corresponden a los que serían adecuados si la *tsara'at* fuera una enfermedad infecciosa. Finalmente, la *tsara'at* descrita en la Torá es una condición que no trae enfermedad sino impureza, *tumá*. La salud y la pureza son dos cosas totalmente distintas.

Los sabios decodificaron el misterio relacionando nuestra parashá con las instancias en la Torá en las cuales alguien estuvo realmente afectado por la *tsara'at*. Le ocurrió a Miriam cuando habló mal de su hermano Moisés (Números 12:1–15). Otro ejemplo se refiere a Moisés, que en el episodio de la zarza ardiente dijo que los israelitas no iban a creer en él. Su mano se tornó brevemente "leprosa como la nieve" (Éxodo 4:7). Los sabios consideraron que la *tsara'at* era un castigo por *lashon hará,* la maledicencia, hablar negativamente o denigrar a una persona.

Esto ayudó a comprender por qué los síntomas de la *tsara'at* –moho, decoloración– podía afectar a las paredes, los muebles, la vestimenta y la piel humana. Esta era una secuencia de advertencias o

3. Rabino David Zvi Hoffman, *Comentario a Sefer Vayikra* [hebreo] (Jerusalem: Mossad Harav Kook, 1972), vol. 1, pp. 253–255.

castigos. Primero, Dios advertía al causante enviando una señal de deterioro en las paredes de su casa. Si la persona se arrepentía, la condición se detenía allí. Si no, afectaba secuencialmente a sus muebles, su ropa y finalmente a su piel.

¿Cómo debemos entender esto? ¿Por qué "la maledicencia" era una ofensa tan seria que requería de estos extraños fenómenos para resaltar su existencia? ¿Y por qué castigarlo de esta manera y no de otra?

La antropóloga Ruth Benedict en su libro sobre la cultura japonesa *The Chrysanthemum and the Sword*,[4] (El crisantemo y la espada) popularizó la distinción entre los dos tipos de cultura: *la cultura de la culpa y la cultura de la vergüenza*. Tanto la antigua Grecia como el Japón eran culturas de la vergüenza. El judaísmo y las religiones influenciadas por él (el caso más obvio fue el del calvinismo) son culturas de la culpa. Las diferencias entre ambas son sustanciales.

En las culturas de la vergüenza lo que importa es el juicio de los demás. Actuar moralmente equivale a satisfacer los roles públicos, las reglas, las expectativas. Haces lo que los demás esperan que hagas. Sigues las convenciones de la sociedad. Si no lo haces, la sociedad te castigará sometiéndote a la vergüenza, al ridículo, a la desaprobación, a la humillación y al ostracismo. En las sociedades de la culpa lo que importa no es lo que piensa la otra gente sino lo que te dice la voz de tu conciencia. Vivir moralmente significa actuar en concordancia con los imperativos morales internalizados. "Harás" y "no harás". Lo que importa es saber qué es lo que está bien y qué es lo que está mal.

Las personas de la cultura de la vergüenza son *dirigidas por otros*. Importa cómo aparecen ante los ojos de los demás o como diríamos en la actualidad, les importa su "imagen". Las personas de la cultura de la culpa son *dirigidas internamente*. Les interesa lo que saben de sí mismas en momentos de honestidad absoluta. Aun si tu imagen pública no estuviera dañada, si sabes que has hecho algo estarás inquieto. Te despertarás a la noche preocupado. "¡Oh conciencia cobarde cómo me afliges!" dice Ricardo III en la obra de Shakespeare. "Mi conciencia tiene mil lenguas/Y cada lengua trae varios cuentos/ y cada cuento me

4. Boston: Houghton Mifflin, 1946.

condena por ser villano". La vergüenza es la humillación pública. La culpa, el tormento interno.

La aparición de la cultura de culpa en el judaísmo deriva de la comprensión de la relación entre Dios y la humanidad. En el judaísmo no somos actores en el escenario con la sociedad como espectador y juez. Podemos engañar a la sociedad, pero no a Dios. Toda pretensión y orgullo, cada máscara y personaje, el cultivo cosmético de la imagen pública son irrelevantes: "El Eterno no mira las cosas que mira la gente. Los humanos miran la apariencia externa, el Eterno mira el corazón"(I Samuel 16:7). Las culturas de la vergüenza son colectivas y conformistas. Como contraste, el judaísmo, arquetipo de la cultura de la culpa, hace énfasis en el individuo y su relación con Dios. Lo que importa no es conformar con la cultura de la época, sino si lo que hacemos es lo justo, lo bueno y lo correcto.

Esto hace que la ley de *tsara'at* sea especialmente fascinante, porque según la interpretación de los sabios, constituye una de las raras instancias en las que la Torá castiga por vergüenza y no por culpa. La aparición de moho o la decoloración de las paredes era una señal pública de una acción mala enrealizada en privado. Era la forma de avisar a todos los que vivían o visitaran la zona que "cosas malas han sido dichas en este lugar". Poco a poco las señales se acercaban aún más al culpable, apareciendo en la mesa o la silla, sobre la ropa y finalmente sobre la piel hasta terminar siendo diagnosticado como impuro.

Y la persona desafortunada, la de la aflicción – sus ropajes serán rasgados, el cabello de su cabeza desarreglado. Y taparán su labio superior al gritar '¡impuro!, ¡impuro!' Permanecerán en ese estado de impureza hasta la desaparición de la enfermedad; ya que impuros son. Vivirán separados; un campamento externo será su morada (Levítico 13:45–46).

Estas son por antonomasia las expresiones de vergüenza. Primero está el estigma: las señales públicas de desgracia o deshonra (la ropa rasgada, el cabello revuelto). Después viene el ostracismo: su exclusión temporal de los asuntos normales de la sociedad. Todo esto nada tiene que ver con una enfermedad y todo que ver con la desaprobación de la sociedad. Eso es lo que hace tan difícil de entender en una primera instancia la ley de la *tsara'at*: es una de las raras apariciones de vergüenza pública en una sociedad basada en la cultura de la culpa.[5] Sin embargo ocurrió, no porque la sociedad hubiera expresado su desaprobación, sino porque Dios estaba señalando que así se hiciera.

¿Por qué tratar el caso específico de *lashón hará,* la "maledicencia"? Porque el discurso es lo que mantiene unido a la sociedad. Los antropólogos debaten acerca de que el lenguaje ha evolucionado en los humanos precisamente para fortalecer los vínculos entre sí y cooperar en grupos más grandes que cualquier otro animal. Lo que sostiene esa cooperación es la *confianza.* Esta es la que permite hacer sacrificios en favor del grupo, sabiendo que se puede confiar en que otros harán lo propio. Es por eso por lo que *lashon* hará es tan destructivo. Mina la confianza. Hace que las personas sospechen unas de las otras. Debilita los lazos que mantienen unido al grupo. Si se lo deja sin control, el *lashon hará* destruirá al grupo al cual ataca: la familia, el equipo, la comunidad, hasta la misma nación. De ahí su carácter esencialmente malicioso: utiliza el poder del lenguaje para debilitar el factor esencial al que el lenguaje fue destinado: crear principalmente la confianza que sostiene el vínculo social.

Es por eso por lo que el castigo por *lashon hará* fue excluir temporalmente al transgresor de la sociedad mediante *su exposición pública* (las señales que aparecen en las paredes, los muebles, la ropa y la piel), *la estigmatización y la vergüenza* (ropa rasgada, etc.) y *el ostracismo* (ser forzado a vivir fuera del campamento). Es difícil, quizás imposible, castigar al chismoso malicioso usando las formas convencionales de la ley: cortes, juicios y luego establecer la culpabilidad. Eso se puede hacer en los casos de *motsi shem ra,* libelo o difamación, porque en estos se trata de un *falso testimonio. El lashon har'*á es más sutil. Se hace no por engaño sino por insinuación. Hay muchas maneras de dañar la reputación de una persona sin decir específicamente una mentira. La persona acusada de *lashon hará* siempre podrá decir: "Yo no lo dije, no lo quise decir, si lo hice, nada de lo que dije era falso". La mejor manera de tratar

5. Otro ejemplo de vergüenza, según Rabán Yojanán ben Zakai era la ceremonia en la cual a un esclavo que no quería ser liberado al finalizar los seis años de servicio, se le perforaba la oreja contra el marco de una puerta (Éxodo 20:6). Ver Rashi ad loc., y Kidushin 22b.

con personas que envenenan las relaciones sin decir falsedades es identificarlas, avergonzarlas y evitarlas.

Eso, según los sabios, es lo que hizo milagrosamente la *tsara'at* en los tiempos antiguos. Ya no existe en la forma descrita por la Torá. Pero el uso de internet y de las redes sociales como medio de vergüenza pública nos ilustra acerca del poder y el peligro de la cultura de la vergüenza. La Torá la invoca sólo en raras ocasiones, y en el caso del *metzorá* solo como un acto de Dios, no de la sociedad. Pero la enseñanza moral del caso del *metzorá* permanece. El chisme malicioso, el *lashon hará,* daña las relaciones, erosiona el vínculo social y quebranta la confianza. Merece ser expuesto y avergonzado.

CB

Ajarei Mot

El chivo expiatorio – la vergüenza y la culpa

El más extraño y dramático episodio del servicio de Yom Kipur expuesto en Ajarei Mot (Levítico 16:7–22) era el ritual de los dos chivos, uno ofrecido como sacrificio y el otro enviado al desierto "a Azazel". En todos los casos los animales no eran distinguibles uno del otro, y específicamente se los elegía para que fuesen lo más parecidos posible en cuanto a su tamaño y apariencia. Se los llevaba al sumo sacerdote y se echaban suertes, una con la inscripción "para el Eterno" y la otra "para Azazel". El que llevaba la inscripción de "para el Eterno" era ofrecido en sacrificio. Sobre el otro, el sumo sacerdote confesaba los pecados de la nación, y luego era llevado a las montañas del desierto en las afueras de Jerusalén, donde terminaría muriendo. La tradición nos dice que tenía un hilo escarlata atado a sus cuernos, la mitad del cual era retirado antes de que el animal fuera arrojado. Si el rito resultaba efectivo, el hilo rojo se volvía blanco.

Gran parte del ritual resulta desconcertante. Primero, ¿cuál es el significado de "a Azazel", el sitio al que sería enviado el segundo chivo? No aparece en ningún otro lado en las Escrituras. Surgieron tres teorías principales sobre su significado: según los sabios y Rashi, era "un lugar empinado, rocoso y difícil". En otras palabras, era la descripción de su destino. Según el sentido simple de la Torá, el chivo era enviado a un área desolada *(el eretz guezerá,* Levítico 16:22). Los sabios interpretan que era llevado a un desfiladero abrupto donde hallaría la muerte. De acuerdo con la primera explicación, ese sería el significado de Azazel.

La segunda, crípticamente sugerida por Ibn Ezra y explícitamente por Najmánides, es que Azalel era el nombre de un espíritu o un demonio, uno de los ángeles caídos mencionados en Génesis 6:2, similar al macho cabrío llamado 'Pan' en la mitología griega o 'Fauno' en la latina. Esta idea es problemática, razón por la cual Ibn Ezra aludió a ella, tal como lo hiciera en otras ocasiones, por medio de una adivinanza, un acertijo que solo los sabios podrían descifrar. Escribió:

> "Voy a revelarles parte del secreto por medio de una insinuación: cuando cumplas treinta y tres lo sabrás".

Najmánides revela el secreto:

> Treinta y tres versículos más tarde, la Torá ordena: "No deberán ofrecer ningún sacrificio a los ídolos cabríos *(se'irim)* tras los cuales irán por mal camino" (ver Levítico 17:7).

Azalel, según está lectura, es el nombre de un demonio o una fuerza hostil, a veces llamado Satanás o Samael. Los israelitas tenían categóricamente prohibido adorar a tal fuerza. Es más, creer en la existencia de poderes en el universo distintos o incluso hostiles a Dios era incompatible con el monoteísmo judaico. Sin embargo, algunos sabios creían que había fuerzas negativas que eran parte del séquito celestial, como en el caso de Satanás, el encargado de formular acusaciones contra los humanos y tentarlos hacia el pecado. El chivo enviado al desierto era una forma de conciliar o propiciar esas fuerzas para que los rezos de Israel pudieran elevarse al cielo sin, digamos, voces disidentes. Esta forma de comprender el rito es semejante a lo dicho por los sabios, en el sentido de que tocamos el shofar dos veces en Rosh Hashaná "para confundir a Satanás" (Rosh Hashaná 16b).

La tercera interpretación, y la más simple, indica que Azalel es un sustantivo compuesto formado por el vocablo "chivo" *(ez)* que es "enviado fuera" (*azal*)". Esto llevó al agregado de una nueva palabra al idioma inglés. En 1530 William Tyndale produjo la primera traducción de la Biblia hebrea, un acto que entonces era ilegal por lo que pagó por ello con su vida. Viendo cómo traducir Azalel al inglés, lo llamó "the *escapegoat*" (el chivo expiatorio), o sea, el chivo que se enviaba fuera y era liberado. Con el correr del tiempo la primera letra, la "e", fue eliminada y así nació la palabra "scapegoat".

Sin embargo, la verdadera pregunta es de qué se trataba realmente el ritual. Las ofrendas por los pecados y la culpa resultan familiares en la Torá y formaban parte del servicio del Templo. El servicio de Yom Kipur era distinto en un aspecto saliente: en todos los demás casos, el pecado se confesaba sobre el animal que iba a ser sacrificado. En Yom Kipur, el sumo sacerdote confesaba los pecados del pueblo sobre el animal que *no* sería sacrificado, el chivo expiatorio que era enviado a "llevar sobre sí todas las iniquidades" (Levítico 16:21–22).

La respuesta más simple y contundente fue dada por Maimónides en su *Guía* de los *perplejos:*

> No cabe duda de que los pecados no pueden ser llevados como una carga y sacados de los hombros de un ente para ser colocados sobre otro. Pero estas ceremonias son de carácter simbólico y sirven para impactar a la gente con una idea determinada e inducirlos al arrepentimiento – como diciendo, nos hemos librado de nuestros hechos anteriores, los hemos arrojado detrás de nosotros y los hemos enviado lo más lejos posible.[1]

La expiación requiere de un ritual, una representación dramática de la eliminación del pecado y de borrar el pasado. Eso está claro. Pero Maimónides no explica por qué en Yom Kipur ese ritual no era cumplido mientras que en los otros días del año, las ofrendas de pecado y culpa sí lo eran. ¿Por qué no resultaba suficiente que el primer chivo, aquel que

1. Guía de los perplejos, III:46.

resultara sorteado "para el Eterno" fuera aceptado como una ofrenda expiatoria del pecado? (Levítico 16:9)

La respuesta está en el carácter dual del día. La Torá establece que:

> Esta será una ley eterna para ti: En el décimo día del séptimo mes debes ayunar y no trabajar... Porque en ese día habrás expiado todos tus pecados *(iejaper)* de tal forma que quedarás purificado *(letaher)*. Ante Dios quedarás purificado de todos tus pecados (Levítico 16:29–30).

Dos procesos distintos entran en juego en Yom Kipur. Primero está la *kapará*, la expiación. Esta es la función normal de la ofrenda por el pecado. En segundo lugar está la *tahará*, la purificación, algo normalmente hecho en un contexto totalmente distinto, como la remoción de la *tumá*, la impureza ritual que podía sobrevenir por diferentes causas: el contacto con un muerto, con enfermedades de la piel o por una emisión nocturna. La expiación tiene que ver con la culpa. La purificación, con la contaminación o la polución. Habitualmente[2] se trata de dos mundos distintos. En Yom Kipur se juntan. ¿Por qué?

Como comentamos en la parashá de la semana pasada, Metzorá, debemos a los antropólogos como Ruth Benedict la diferenciación entre las culturas de la culpa y las de la vergüenza.[3] La vergüenza es un fenómeno social. Es lo que sentimos cuando nuestros delitos son expuestos ante otros. Puede ser incluso algo que sentimos al imaginar que otras personas pudieran ver o saber lo que hemos hecho. La vergüenza es la sensación de haber sido expuestos, y nuestra reacción instintiva es la de ocultarnos. Eso es lo que hicieron Adán y Eva en el paraíso después de haber comido del fruto del árbol prohibido. Se avergonzaron de su desnudez y se ocultaron.

2. Existían, sin embargo, excepciones. Un leproso, mas precisamente alguien que sufría de la enfermedad conocida en la Torá como *tsaarat*, debía llevar una ofrenda de culpa (*a*sham) además de realizar los ritos de purificación correspondientes (Levítico 14:12–20).
3. Ruth Benedict, *The Chrysanthemum and the Sword*, (Boston: Houghton Mifflin) 1946.

La culpa es un fenómeno personal. No tiene nada que ver con lo que otros puedan decir si supieran lo que hemos hecho, y todo que ver con lo que nos decimos a nosotros mismos. La culpa es la voz de la conciencia, y es ineludible. Se puede escapar a la vergüenza mediante el ocultamiento o evitando ser descubiertos, pero no se puede evitar la culpa. La culpa es el autoconocimiento.

Existe otra diferencia que, una vez conocida, explica por qué el judaísmo es fundamentalmente una cultura de culpa más que una de vergüenza. La vergüenza se conecta con la persona. La culpa se conecta con el acto. Es casi imposible eliminar la vergüenza una vez que uno ha sido expuesto públicamente. Es como una mácula imborrable sobre la piel. Es la marca de Caín. Shakespeare hace exclamar a Lady Macbeth luego de su crimen: "¿Nunca serán limpias estas manos?" En las culturas de la vergüenza los acusados tienden a ocultarse o a exiliarse, donde nadie sepa nada acerca de su pasado, o se suicidan. Los dramaturgos hacen que estos personajes mueran, ya que para ellos no hay redención posible.

La culpa hace una clara distinción entre el acto delictivo y la persona actuante. El acto estuvo mal, pero el actor, en principio, permanece intacto. Es por eso por lo que la culpa puede ser eliminada, "expiada" mediante la confesión, el remordimiento y la restitución. "No odies al pecador sino al pecado", es el axioma básico de la cultura de la culpa.

Normalmente las ofrendas de pecado y culpa, tal como su nombre lo indica, son sobre la culpa. Son expiables. Pero la festividad de Yom Kipur no trata solamente de nuestros pecados como individuos. También confronta nuestros pecados como integrantes de la comunidad, ligados por la responsabilidad mutua. Se ocupa, en otras palabras, de los delitos sociales, así como los personales. Yom Kipur trata tanto de la vergüenza como de la culpa. Por eso debe haber una purificación (la remoción de la mancha) así como una expiación.

La psicología de la culpa es también bastante distinta a la de la vergüenza. Podemos descargar la culpa logrando el perdón – y el perdón solo puede ser brindado por la víctima de nuestra acción, que es el motivo por el cual Yom Kipur solo expía los pecados contra Dios. Dios no puede –con toda lógica– perdonar los pecados cometidos contra nuestros congéneres hasta que ellos mismos nos perdonen.

La vergüenza no puede ser eliminada por el perdón. La víctima de nuestro delito nos puede perdonar, pero seguiremos sintiéndonos impuros por el hecho de que nuestro nombre ha sido degradado, nuestra reputación dañada y nuestro estatus herido. Todavía sentimos el estigma, el deshonor, la degradación. Es por eso por lo que precisaba tener lugar una ceremonia inmensamente poderosa y dramática , durante la cual el pueblo pudiera sentir y ver simbólicamente que sus pecados eran llevados al desierto, a una tierra de nadie. Una ceremonia similar se realizaba cuando un leproso era purificado. El sacerdote tomaba dos palomos, mataba a uno y dejaba volar al otro a través de los campos (Levítico 14: 4–7). Nuevamente, era un acto de purificación, no de expiación y tenía que ver con la vergüenza, no con la culpa.

El judaísmo es una religión de esperanza y sus grandes rituales de expiación y arrepentimiento son parte de esa esperanza. No estamos condenados a vivir interminablemente con equivocaciones y errores de nuestro pasado. Esa es la gran diferencia entre la cultura de la culpa y la de la vergüenza. Pero el judaísmo también reconoce la existencia de la vergüenza. De ahí el elaborado ritual del chivo expiatorio que parecería llevarse la *tumá*, la impurificación que es la marca de la vergüenza. Sólo era posible efectuarlo en Yom Kipur porque era el único día del año en que todos compartían en unión y en comunidad el proceso de confesión, arrepentimiento, expiación y purificación. Cuando la sociedad entera confiesa su culpa, la vergüenza puede ser redimida a nivel individual.

CB

Kedoshim

De sacerdote a pueblo

Ocurre algo fundamental al comienzo de esta parashá, y la historia narrada es una de las mayores contribuciones del juda*ísmo al mundo* aunque raramente sea reconocida,.

Hasta ahora, Vaikrá ha tratado principalmente sobre los sacrificios, la pureza, el Santuario y el sacerdocio. Ha detallado, en síntesis, temas referidos al lugar sagrado, a las ofrendas sagradas, y, también a la élite y a las personas santas (Aarón y sus descendientes) que allí oficiaban. De repente, en el capítulo 19, el texto se abre para incluir a todo el pueblo y a toda la vida:

> El Eterno le dijo a Moisés: "Habla a la totalidad de la asamblea de Israel y diles: 'Sed santos porque Yo, vuestro Dios, Soy santo'" (Levítico 19:1–2).

Esta es la primera y única instancia en el libro de Levítico en que se da una indicación tan inclusiva. Los sabios explican que esto señala que el contenido de este capítulo fue proclamado por Moisés en un encuentro formal de toda la nación (hakhel). Es al pueblo en su totalidad a quien se le ordena "ser santo", no solo a la élite de los sacerdotes. Es la vida misma la que debe ser santificada, como el mismo capítulo aclara más adelante. La santidad debe manifestarse en la forma en que la nación elabora sus vestimentas, siembra sus campos, administra justicia, paga a sus trabajadores y maneja sus negocios. Los vulnerables (los sordos, ciegos, mayores y extranjeros) deben recibir una protección apropiada. Toda la sociedad debe ser gobernada con amor, sin resentimiento ni venganza.

Somos testigos, en otras palabras, de la democratización radical de la santidad. Todas las sociedades de la antigüedad tenían sus sacerdotes. Hemos encontrado hasta el momento cuatro instancias en la Torá en las que se mencionan sacerdotes no israelitas: Melquisedec, contemporáneo de Abraham, descrito como el sacerdote del Dios Supremo; Potifar, suegro de José; todos los sacerdotes egipcios cuya tierra no fue nacionalizada por José, e Itró, sacerdote madianita y suegro de Moisés. El sacerdocio no era exclusivo de Israel, y en todas partes constituía una élite. Aquí encontramos por primera vez un código de santidad dirigido a todo el pueblo. Todos estamos llamados a ser santos.

Este concepto aparece de una forma extraña, aunque no sorprendente. La idea, aunque no los detalles, ya había sido insinuada. La instancia más explícita se encuentra en el preludio de la gran ceremonia del pacto del Monte Sinaí, en el cual Dios le dice a Moisés que hable al pueblo diciendo: "Ahora si ustedes Me obedecen plenamente y guardan Mi pacto, entonces ustedes serán Mi atesorada posesión de entre todas las naciones. Aunque toda la tierra es Mía, ustedes serán para Mí un reino de sacerdotes y una nación sagrada" (Éx. 19:5–6), o sea, un reino en el que todos sus integrantes serán en cierta forma sacerdotes, y una nación que será santa en su totalidad.

La primera indicación ocurre incluso mucho antes, en el primer capítulo de Génesis, con su afirmación monumental: "'Hagamos a la humanidad a Nuestra imagen, a Nuestra semejanza'... Así Dios creó la humanidad a Su propia imagen, a la imagen de Dios Él los creó, macho y hembra Él los creó" (Génesis 1:26–27). Lo revolucionario de esta declaración no es que el ser humano pueda ser creado a Su imagen. Precisamente, es así como se consideraba a los reyes de los países mesopotámicos y a los faraones de Egipto. Estos eran vistos como los representantes de los dioses, su imagen viviente. De ahí derivaba su autoridad. La revolución de la Torá es la declaración de que no solo algunos, sino todos los seres humanos comparten esa dignidad. Independientemente de nuestra clase, color, cultura o credo, todos fuimos creados a la imagen y semejanza de Dios.

Así fue como nació el conjunto de ideas, que, aunque tardó muchos milenios en ser reconocido, condujo a la cultura distintiva de Occidente: la dignidad no negociable del ser humano, la idea de los derechos humanos y posteriormente su expresión política y económica – la democracia liberal por un lado y la economía de mercado por el otro.

El punto central no es que estas ideas estuvieran formadas plenamente en la mentalidad de los seres humanos durante la época bíblica. Evidentemente, no fue así. El concepto de los derechos humanos es producto del siglo XVII. La democracia no fue completamente implementada hasta el siglo XX. Pero la semilla ya fue sembrada en Génesis 1. Eso es lo que quiso significar Jefferson cuando escribió: "Dios, que nos dio la vida, nos dio la libertad. ¿Y pueden las libertades de una nación considerarse seguras cuando hemos retirado su única base firme, la convicción en la mente de la gente que son el obsequio de Dios?"[1]

Lo irónico es que estos tres textos –Génesis 1, Éxodo 19:6 y Levítico 19– fueron todos enunciados por la voz sacerdotal que el judaísmo llama Torat Cohanim.[2] Aparentemente, los sacerdotes no eran igualitarios. Todos provenían de la misma tribu, la de los levitas, y de una sola familia de esa tribu, la de Aarón. La Torá nos dice que indudablemente, esa no fue la intención original de Dios. Al principio eran los primogénitos –los salvados de la última de las diez plagas– los que estaban dotados de una santidad especial como ministros de Dios. Fue después del episodio del becerro de oro, en el cual solo la tribu de Leví se negó a participar, que se efectuó el cambio. Aun así, el sacerdocio conformaría una élite, un rol reservado exclusivamente para los primogénitos varones. Tan profundo es el concepto de la igualdad grabado en el monoteísmo que emerge precisamente de la voz sacerdotal, de donde menos lo hubiéramos esperado.

1. *Notes on the State of Virginia, Query XVIII.*
2. También existe claramente un llamado de los profetas a la igualdad . De todos ellos, escuchamos críticas sobre el abuso del poder y sobre la explotación de los pobres y los desvalidos. Lo que hace la voz del profeta importante es que se trata de la voz de la ley y, por lo tanto, de las estructuras legales que alivianan la pobreza y ponen límites a la esclavitud.

La razón es la siguiente: la religión del mundo antiguo era, no accidentalmente sino esencialmente, una defensa de las jerarquías. Con el desarrollo, primero de la agricultura y después de las ciudades, lo que emergió fue una profunda estratificación de las sociedades con un gobernante a la cabeza rodeado de una corte real, bajo la cual se encontraba una élite administrativa y por encima de ella, una masa analfabeta que era usada ya sea como soldados para el ejército o como mano de obra para la construcción de edificaciones monumentales.

Lo que mantuvo a la estructura en pie fue una doctrina elaborada de jerarquía celestial cuyos orígenes fueron narrados como mito, cuyo símbolo natural más común era el sol, y cuya representación arquitectónica era la pirámide o el zigurat, una construcción monumental, ancha en la base y angosta en la cima. Los dioses habían lidiado y establecido un orden de dominio y sumisión. Rebelarse contra la jerarquía era desafiar la realidad misma. En el mundo antiguo, esa creencia era universal. Aristóteles creía que algunos habían nacido para dominar y otros para ser dominados. Platón, en su libro *La república*, construyó un mito según el cual la división de clases existía porque los dioses habían construido a algunas personas con oro, a otras con plata y a otras con bronce. Esa era la "noble mentira" que debía ser contada para proteger al orden social del disenso interno.

El monoteísmo suprime toda la base mitológica de las jerarquías. No existe un orden entre los dioses porque no hay dioses, hay un solo Dios creador de todo lo existente. Alguna forma de jerarquía siempre existirá: los ejércitos necesitan comandantes, las películas directores y las orquestas conductores. Pero estas divisiones son funcionales, no ontológicas. No están ligadas al nacimiento. Por lo tanto, es aún más impresionante detectar que los sentimientos más igualitarios provengan del mundo sacerdotal, cuyo rol religioso en sí era de origen hereditario.

El concepto de igualdad que hallamos específicamente en la Torá y en general en el judaísmo no se refiere a una igualdad en la riqueza. El judaísmo no es comunismo. Tampoco es igualitario en cuanto al poder: el judaísmo no es anarquía. Se trata fundamentalmente de una igualdad de la dignidad. Somos todos iguales en una nación cuyo soberano es Dios. De ahí la elaborada estructura, tanto política como económica desarrollada en Levítico y organizada en torno al número siete, el signo de la santidad. Cada séptimo día es día libre. Cada séptimo año lo producido de la tierra pertenece a todos; los esclavos israelitas son liberados y las deudas saldadas. Cada medio siglo la tierra ancestral es devuelta a sus dueños originales. Por lo tanto, las desigualdades inevitables resultantes de la libertad quedan mitigadas. La lógica de todas estas medidas es la percepción sacerdotal de que Dios, el Creador de todo lo existente, es el ulterior Dueño de todo: "La tierra no debe ser vendida en forma permanente, porque la tierra es Mía, y ustedes residen en Mi tierra como extranjeros y residentes temporarios" (Levítico 25:23). Por lo tanto, Dios tiene el derecho, no solo el poder, de fijar límites a la desigualdad. Nadie puede ser privado de su dignidad por pobreza total, servidumbre permanente ni endeudamiento pendiente.

Sin embargo, lo que realmente resulta impactante es lo que ocurrió después de la época bíblica y la destrucción del Segundo Templo. Enfrentados a la pérdida de toda la infraestructura de la santidad –el Templo, sus sacerdotes y sus sacrificios– el judaísmo traspasó todo el sistema de avodá, el servicio divino, a la vida diaria del judío común. En el rezo, cada judío se transforma en un sacerdote que ofrenda un sacrificio. En el arrepentimiento cada uno se transforma en un sumo sacerdote que expía por sus pecados y por los de su pueblo. Cada sinagoga, en Israel y en todas partes, se convierte en un fragmento del Templo de Jerusalén. Cada mesa es un altar, cada acto de caridad o de hospitalidad, una forma de sacrificio.

El estudio de la Torá, que alguna vez fue la especialidad del sacerdocio, se transformó en el derecho y la obligación de todos. No cualquiera podía portar la corona del sacerdocio, pero todos podían llevar la de la Torá. Un *mamzer talmid jajam*, un estudioso de la Torá de origen ilegítimo, dijeron los sabios, es más grande que un *am ha'aretz cohen gadol*, un sumo sacerdote ignorante. A partir de la tragedia de la pérdida del Templo, los sabios crearon un orden religioso y social que se acercó más al ideal de un pueblo que es un "reino de sacerdotes y una nación sagrada" que cualquier otro intentó previo. La semilla había sido sembrada mucho antes, al comienzo de Levítico 19: "Habla a la totalidad de la asamblea de Israel y diles: 'Sed santos, porque Yo, el Eterno vuestro Dios Soy santo'".

La santidad nos pertenece a todos cuando volcamos nuestras vidas al servicio de Dios y consideramos a la sociedad como un hogar para la Divina Presencia. Esa es la vida moral tal como se vive en el reino de los sacerdotes: un mundo en el que aspiramos a estar cerca de Dios y de esa forma, con justicia y amor, acercarnos a nuestros semejantes.

CB

Emor

Santificando el Nombre

En años recientes, frecuentemente nos hemos sentido atormentados ante noticias según las cuales líderes judíos e israelíes cometieron actos inmorales. Un presidente culpable de abuso sexual. Un primer ministro acusado de corrupción y soborno. Rabinos de distintos países acusados de malversación financiera, acoso sexual y abuso infantil. Que esas cosas ocurran, habla de un profundo malestar en la vida judía contemporánea.

Está en juego algo más que la moralidad. La moralidad es universal. El soborno, la corrupción y el abuso de poder están mal, independientemente de quién sea el culpable. Sin embargo, cuando los culpables son los líderes, hay algo más en cuestión: los principios de *Kidush Hashem* y *Jilul Hashem* introducidos en nuestra parashá.

> "No has de profanar Mi sagrado Nombre, para que Yo pueda ser santificado en medio de los israelitas. Yo soy el Eterno, que os hace santos..." (Levítico 22:23).

Los conceptos de *Kidush* y *Jilul Hashem* tienen su historia. Aunque son atemporales y eternos, su desarrollo ocurrió a lo largo del tiempo. En nuestra parashá, según Ibn Ezra, el versículo tiene un sentido acotado y puntual. El capítulo en que ocurre ha hablado sobre los deberes especiales del sacerdocio y el cuidado extremo que se debe tener al servir a Dios dentro del Santuario. Todo Israel es santo, pero los sacerdotes constituyen una élite santa dentro del hogar simbólico en el seno de la nación. Por lo tanto, las órdenes son una carga especial para que los sacerdotes tengan un especial cuidado en todo lo referente a lo sagrado.

Otra dimensión fue revelada por los profetas, quienes emplearon la expresión *Jilul Hashem* para describir la conducta inmoral que conduce a la deshonra de la ley de Dios como código de justicia y compasión. Amós habla de personas que pisotean la cabeza de los pobres como el polvo de la tierra y niegan la justicia a los oprimidos… y así profanan Mi Sagrado Nombre… (ver Amós 2:7).

Jeremías invoca *Jilul Hashem* cuando describe a los que eluden la ley emancipando a sus esclavos para luego capturarlos y volver a esclavizarlos (Jeremías 34:16). Malaquías, el último de los profetas dice esto de los sacerdotes corruptos de su época:

> "Desde donde el sol sale hasta donde se pone, Mi Nombre es honrado entre las naciones… pero ustedes lo profanaron" (Malaquías 1:11–12).

Los sabios[1] sugirieron que Abraham se refería a este tema cuando desafió a Dios por Su plan de destruir a Sodoma y Gomorra, si eso significaba castigar tanto a los justos como a los malvados:

> "Lejos esté de Ti (*jalila lejá*) el hacer tal cosa" (Génesis 18:25).

Dios, y el pueblo de Dios deben estar asociados a la justicia. No hacerlo constituye *Jilul Hashem.*

Una tercera dimensión aparece en el libro de Ezequiel. El pueblo judío, o por lo menos una parte significativa de él, ha sido forzado al exilio en Babilonia. La nación sufrió una derrota. El Templo estaba en ruinas. Para los exiliados era una tragedia humana. Habían perdido su hogar, su libertad y su independencia. Era también una tragedia

1. Bereshit Rabá 49:9.

espiritual: "¿Cómo podremos cantar las canciones del Eterno en un país ajeno?"[2] Pero Ezequiel vio que era también una tragedia para Dios:

> Hijo del hombre, cuando el pueblo de Israel habitaba en su propia tierra la profanaron con su conducta y sus acciones…Yo los dispersé entre las naciones y fueron diseminados; Yo los juzgué de acuerdo con su conducta y sus acciones. *Y donde quiera que estuvieran entre las naciones profanaron Mi sagrado Nombre,* pues se decía de ellos: 'Este es el pueblo del Eterno, y sin embargo debió abandonar Su tierra' (Ez. 36:17–20).

El exilio era una profanación del nombre de Dios porque el hecho de que hubiera castigado a Su pueblo dejando que fuera conquistado era interpretado por las demás naciones como la evidencia de que Dios no era capaz de protegerlo. Esto recuerda al rezo de Moshé después del becerro de oro:

> "¿Por qué, oh, Dios, habrías de descargar Tu ira contra Tu pueblo, al que sacaste de Egipto con vasto poder y gran fuerza? ¿Por qué permitir a los egipcios decir que Tú lo has sacado con intención malvada, para matarlo en las montañas y purgarlo de la faz de la tierra? Vuelve de Tu ira feroz y evita causar un desastre a Tu pueblo" (Éxodo 32:11–12).

Esta es parte del *pathos* divino. Habiendo elegido identificar Su Nombre con el pueblo de Israel, es como si Dios hubiera estado aprisionado entre las demandas de justicia por un lado, y la percepción pública por el otro. Lo que pareciera ser una retribución a los israelitas se presentaba como una debilidad ante los ojos del mundo, para los cuales los dioses nacionales se identificaban con el poder y el exilio de Israel solo podía ser interpretado como una falta de poder del Dios de Israel. Eso, dice Ezequiel, es *Jilul Hashem,* una profanación del Nombre de Dios.

El cuarto sentido quedó claro en el periodo del Segundo Templo. Israel retornó a su tierra y reconstruyó el Templo, pero fueron atacados,

2. Salmos 137:4.

La convicción de que ser judío involucra la búsqueda de justicia y la práctica de la compasión es lo que llevó a nuestros antepasados a permanecer leales al judaísmo a pesar de todas las presiones a abandonarlo. Sería una tragedia si perdiéramos esa conexión ahora, en el preciso momento que podemos enfrentar al mundo en igualdad condiciones.

Hace mucho tiempo fuimos convocados a demostrarle al mundo que la religión y la moral van de la mano. Nunca esto ha sido tan necesario como en esta era en la que la violencia, motivada por la religión, es flagrante en algunos países, y la desenfrenada secularidad predomina en otros. Ser judío es estar dedicado a la propuesta de que amar a Dios significa amar a Su imagen, la humanidad.

En el siglo XXI, no hay desafío mayor ni más urgente.

CB

Behar

La economía de la libertad

El *best seller* más sorprendente del año 2014 fue *El capital en el siglo veinte* [1] del economista francés Thomas Piketty, un denso tomo de 700 páginas de teoría económica, fundamentado por una masiva investigación estadística, algo no habitual en los éxitos literarios banales.

Gran parte de su atractivo se encuentra en la manera en la que documentó el fenómeno de la reestructuración de las sociedades a través del mundo: en la actual economía globalizada las desigualdades crecen sostenidamente. Entre los años 1979 y 2013, en los Estados Unidos, el uno por ciento de los mayores ingresos vio incrementar sus utilidades en un 240 por ciento mientras que el quinto escalón inferior lo hizo en un diez por ciento.[2] Más impactante aún es la diferencia de ingresos por la capitalización de inversiones, tales como inmuebles, acciones y bonos, donde el uno por ciento superior tuvo un crecimiento del 300 por ciento mientras que el quinto inferior sufrió una caída del 60 por ciento. En términos globales, el patrimonio de los 85 individuos más

1. Thomas Picketty, Capital in the Twenty-First Century, translation: Arthur Goldhammer, Belknap Press of Harvard University Press, 2014.
2. http://www.theatlantic.com/business/archive/2012/12/a-giant-statistical-round-up-of-the-income-inequality-crisis-in-16-charts/266074.

ricos era igual al total de los 3.500 millones más pobres: la mitad de la población mundial.[3]

La contribución principal de Piketty fue mostrar por qué ocurrió esto. La economía de mercado, argumenta, tiende a hacernos más y menos iguales al mismo tiempo: más iguales porque difunde la educación, el conocimiento y las capacidades de una manera más global que en el pasado; pero menos iguales porque con el correr del tiempo, especialmente en las economías maduras, el retorno del capital tiende a superar al crecimiento del ingreso y la producción. Los que poseen bienes de capital crecen más y más velozmente que los que se basan únicamente en sus ingresos laborales. El crecimiento de la desigualdad, dice, es "una amenaza potencial a las sociedades democráticas y a los valores de la justicia social sobre las cuales están basadas".

Este es el último capítulo de una historia ciertamente muy antigua. Isaiah Berlin señaló que no todos los valores pueden coexistir, en este caso, libertad e igualdad.[4] Se puede tener uno u otro, pero no los dos: cuanta más libertad económica, menos igualdad; cuanta más igualdad, menos libertad. Ese fue el conflicto central durante la época de la Guerra Fría entre el capitalismo y el comunismo. El comunismo perdió la batalla. En la década de los 80, bajo la conducción de Ronald Reagan en Estados Unidos y Margaret Thatcher en el Reino Unido, los mercados se liberalizaron y hacia el fin de la década la Unión Soviética se derrumbó. Pero la libertad económica sin control produce sus propios desarreglos, y el libro de Piketty da una de las señales de alarma.

Todo esto hace que la legislación social de la parashá Behar sea un texto para nuestro tiempo, porque la Torá está profundamente preocupada no solo por la economía sino también por los temas morales y humanos más fundamentales. ¿Qué tipo de sociedad queremos? ¿Qué clase de orden social hace justicia a la dignidad humana y a los delicados lazos que nos unen unos a otros y a Dios?

3. http://www.theguardian.com/business/2014/jan/20 oxfam-85-richest-people-half-of-the-world.
4. Isaiah Berlin, 'Two concepts of liberty,' in Four Essays on Liberty, Oxford University Press, 1969.

Lo que diferencia al judaísmo es su compromiso tanto con la libertad como con la igualdad, reconociendo a la vez la tensión entre ambas. Los capítulos iniciales del libro del Génesis describen las consecuencias del obsequio de Dios de dotar a los humanos de libertad individual. Pero como somos animales sociales, necesitamos asimismo la libertad colectiva. De ahí la importancia de los capítulos iniciales de Shemot, con su caracterización de Egipto como ejemplo de la sociedad que priva a su pueblo de la libertad, al esclavizar poblaciones y hacer que muchos obedezcan el deseo de unos pocos. Repetidas veces la Torá explica sus leyes y las formas de preservar la libertad, recordando cómo era vivir en Egipto sin ella.

La Torá también está comprometida con la igualdad de la dignidad humana, al ser creados a la imagen y bajo la soberanía de Dios. La lucha por la igualdad no fue lograda en la época bíblica. En ese tiempo, había jerarquías en Israel. No todos podían llegar a ser reyes; no todos podían ser sacerdotes. Pero el judaísmo no tenía un sistema de clases. No había una equivalencia con la sociedad platónica de dividir a los hombres en seres de oro, plata y bronce; o en la creencia de Aristóteles de que algunos habían nacido para gobernar y otros para ser gobernados. En la comunidad del pacto prevista por la Torá todos somos hijos de Dios, todos somos preciosos ante Su vista, cada uno con su contribución al bien común.

La visión fundamental de la parashá Behar es precisamente la formulada por Piketty, que la inequidad económica tiende a incrementarse a lo largo del tiempo y el resultado puede constituir también una pérdida de la libertad. Las personas pueden resultar esclavizadas por el peso de una deuda. En los tiempos bíblicos podían ser literalmente vendidas en esclavitud como la única forma de garantizarse el sustento y la vivienda. Las familias podían verse obligadas a vender sus tierras, la herencia ancestral desde los días de Moisés. El resultado sería una sociedad en la cual con el correr del tiempo, unos pocos serían terratenientes y muchos los empobrecidos y sin tierra.

La solución de la Torá, citada en Behar, es una restauración periódica de las libertades fundamentales de las personas. Cada séptimo año las deudas eran canceladas y los esclavos israelitas liberados. Después de siete ciclos sabáticos el año del jubileo era el tiempo en el que, con algunas excepciones, la tierra era devuelta a sus dueños originarios. La campana de la libertad de Filadelfia tiene grabadas las famosas palabras del jubileo, en palabras de la traducción bíblica de King James: "Proclamad la libertad en toda la tierra y a todos sus habitantes" (Levítico 25:10).

Tan relevante sigue siendo esta visión que el movimiento internacional de cancelación de la deuda de los países en desarrollo para el año 2000 fue llamado *Jubileo 2000*, una referencia explícita a los principios expuestos en nuestra parashá.

Hay tres aspectos que vale la pena notar sobre el programa social y económico de la Torá. El primero, hace más referencia a la libertad humana que a la igualdad económica. Perder la tierra o estar agobiado por una deuda es una limitación a la libertad.[5] Para comprender la dimensión económica del judaísmo es fundamental la idea de independencia tal como la propusiera el profeta Miqueas (4:4): "Cada persona bajo su propio viñedo e higuera". Antes de la comida rezamos: "No nos hagas dependientes de los obsequios ni de los préstamos de otras personas... para que no suframos vergüenza ni humillación". Hay algo profundamente degradante en perder la independencia y verse forzado a depender de la buena voluntad de otros. De ahí que los conceptos de Behar están dirigidos, no a la igualdad, sino a la necesidad de restablecer la capacidad de la persona de ganarse su propio sustento y ser un agente libre e independiente.

Por consiguiente, este sistema retira todo de las manos de los legisladores humanos. Yace sobre dos ideas fundamentales, la del capital y la del trabajo. En primer lugar: la tierra le pertenece a Dios:

> "Ya que la tierra es Mía, ninguna parcela debe ser vendida permanentemente. Por lo que a Mí me concierne, ustedes son extranjeros, residentes temporarios" (Levítico 25:23).

Segundo, lo mismo se aplica a las personas:

> "Dado que los israelitas son Mis servidores, a los que saqué de Egipto, no deben ser vendidos como esclavos" (Levítico 25:42).

5. Este es el argumento expuesto por el economista, ganador del Premio Nobel, Amartya Sen en su libro *Development as Freedom*, Oxford Paperbacks, 2001.

Esto significa que la libertad económica y personal no es políticamente negociable. Son derechos inalienables, otorgados por Dios. Esto es lo que estuvo implícito en la alocución de John F. Kennedy en su discurso inaugural de 1961 acerca de "las creencias revolucionarias por las cuales luchó nuestro pueblo", básicamente, "la convicción de que los derechos del hombre no provienen de la generosidad del Estado sino de la mano de Dios".

Tercero, nos dice que la economía es, y debe seguir siendo, una disciplina basada en fundamentos morales. Lo que concierne a la Torá no son meros índices técnicos, como el nivel de crecimiento o los valores absolutos de riqueza, sino la calidad y la textura de las relaciones: la independencia de la persona y su sentido de la dignidad, las formas en las que el sistema permite que la gente se recupere de sus infortunios, y el grado en el que le posibilita a los miembros de la sociedad vivir con la verdad de que "cuando comes del fruto de la labor de tus manos serás feliz, y todo lo tuyo irá bien" (Salmos 128:2).

En ninguna otra área, los judíos han sido tan dominantes. Han obtenido el 41 por ciento de los premios Nobel de economía.[6] Han desarrollado algunas de las ideas más importantes en ese campo. La teoría de David Ricardo de la ventaja comparativa; la teoría del juego de John von Neumann (desarrollo que le valió el Premio Nobel al profesor Robert Aumann); la teoría monetaria de Milton Friedman; la extensión de la teoría económica a la dinámica familiar de Gary Becker; la teoría del comportamiento en la economía de Daniel Kahneman y Amós Tversky y muchos otros. No siempre, pero en muchos casos, la dimensión moral ha sido evidente en sus trabajos.

Es algo impresionante, hasta espiritual, el hecho de que los judíos hayan buscado crear (aquí mismo en la tierra, no en el cielo ni en el más allá) sistemas que buscan maximizar la libertad y la creatividad humana. Y los fundamentos están en nuestra parashá, cuyas antiguas palabras aún hoy nos inspiran.

CB

6. Ver la lista de la Biblioteca Virtual Judía de Premios Nobel judíos: http://www.jewishvirtuallibrary.org/jsource/Judaism/nobels.html

Bejukotai

La política de la responsabilidad

El capítulo 26 del libro de Vaikrá desarrolla, con impactante claridad, los términos de la vida judía bajo el pacto. Por un lado, se trata de una descripción idílica de la bendición implícita en el favor divino: si Israel cumple los decretos de Dios y guarda Sus preceptos, habrá lluvia, la tierra brindará sus frutos, habrá paz y el pueblo florecerá; tendrán hijos y la Presencia Divina estará en su seno. Dios los hará libres.

> "Yo rompí las barras de vuestro yugo y les permití caminar con la cabeza bien erguida" (Levítico 26:13).

Sin embargo, el otro término de la ecuación detalla las maldiciones que caerán sobre la nación si los israelitas no honran su misión como nación sagrada:

> Pero si ustedes no Me escuchan y no cumplen con estos preceptos... Yo les traeré un terror súbito, enfermedades desgastantes y fiebre que les destruirá la vista y les agotará la vida. Plantarán semillas en vano, pues las aprovecharán vuestros enemigos... Si después de esto

> no Me escucharan, castigaré vuestros pecados siete veces. Quebraré vuestro obstinado orgullo y haré que el cielo sobre vosotros sea como el hierro y la tierra bajo vuestros pies como el bronce… Transformaré vuestras ciudades en ruinas y destruiré vuestros santuarios, y no obtendré Yo satisfacción alguna del aroma de las ofrendas. Inutilizaré la tierra… Y a los que hayan permanecido, haré que sus corazones sean tan temerosos en tierra de sus enemigos que el sonido de una hoja al viento los aterrorizará y les harán huir. Correrán tan velozmente como perseguidos por la espada, y caerán, aunque nadie los persiga (Levítico 26:14–36).

Al leerlo en su totalidad, este pasaje se asemeja más a la literatura del Holocausto que a cualquier otra cosa. Las frases repetidas –"Y si después de esto… y si a pesar de esto… si a pesar de todo"– aparecen como martillazos del destino. Es un pasaje demoledor por su impacto, más aún porque gran parte de todo esto se hizo realidad en varios tramos de la historia judía. Sin embargo, las maldiciones terminan con la profunda promesa de un consuelo primordial. Pese a todo, Dios no romperá Su pacto con el pueblo judío. Colectivamente, será eterno. Podrá sufrir, pero nunca será destruido. Padecerán el exilio, pero posteriormente retornarán.

Expuesta en su máximo dramatismo, esta es la lógica del pacto. A diferencia de otras concepciones de la historia o de la política, para el pacto no hay nada que sea inevitable o aun natural acerca del destino de un pueblo. Israel no seguirá las leyes habituales de ascenso y caída de las civilizaciones. El pueblo judío no habría de ver su existencia nacional en términos cosmológicos, grabados en la estructura del universo, inmutables y fijos para todos los tiempos, como era el caso de los antiguos mesopotámicos y los egipcios. Tampoco vería su historia como cíclica, de crecimiento y declinación. En vez de ello, dependería enteramente de consideraciones morales. Si Israel permanece fiel a su misión, florecerá. Si se aparta de su vocación, podrá sufrir derrota tras derrota.

Durante el curso de la historia, solo una nación ha visto su destino consistentemente en términos similares: los Estados Unidos. La influencia de la Biblia hebrea en la historia norteamericana –traída por los padres peregrinos *(Pilgrim Fathers)* y reiterada en la retórica presidencial desde entonces– fue decisiva. Así describe un autor la fe de Abraham Lincoln:

> Somos una nación formada por un pacto, por la dedicación a una serie de principios, y por un intercambio de promesas para mantener y promover ciertos compromisos entre nosotros y con todo el mundo. Esos principios y esos compromisos constituyen el núcleo de la identidad norteamericana, el alma de su cuerpo político. Hacen que la nación norteamericana sea única, y singularmente valiosa entre y para las demás naciones. Pero la otra cara de este concepto contiene una advertencia muy parecida a las de los profetas a Israel: si fallamos en nuestras promesas hacia cada uno de nosotros y perdemos los principios del pacto, entonces lo perderemos todo, porque eso somos nosotros.[1]

La política del pacto es moral, marca una conexión elemental entre el destino de una nación y su vocación. Spinoza argumentó exactamente eso. "Este, entonces, era el objeto de la ley ceremonial", escribió, "que los hombres no hagan nada por su libre voluntad sino siempre bajo autoridad externa, y que deban confesar por sus acciones y sus pensamientos de los cuales no son sus propios amos".[2] Sin embargo, en este aspecto Spinoza se equivocaba. La teología del pacto es enfáticamente una política de libertad.

Lo que está ocurriendo en Vaikrá 26 es la aplicación a toda una nación de la propuesta enunciada por Dios a los individuos en el comienzo de la historia humana:

> Entonces el Señor dijo a Caín: "¿Por qué estás enojado? ¿Por qué está decaído tu rostro? Si haces lo correcto, ¿acaso no serás aceptado? Pero si no haces lo que está bien, el pecado está detrás de tu puerta al acecho; él te desea, pero deberás dominarlo" (Génesis 4:6–7).

1. John Schaar, *Legitimacy and the Modern State,* p.291.
2. Benedict de Spinoza, *Theologico-Political Treatise,* 2004, cap. 5, p.76.

con los que finaliza no son accidentales, ni son una expresión de deseo. Son el testimonio del poder del espíritu humano cuando es convocado a la vocación más elevada. Una nación que acepta ser responsable de los males que le acontecen es también aquella que tiene un poder inextinguible de recuperación y retorno.

CB

Números

במדבר

Bemidbar

La ley como amor

Una de las escenas más divertidas de la historia anglo-judía se produjo el 14 de octubre de 1663. Habían transcurrido solo siete años desde que Oliver Cromwell decidió que no haya restricción legal alguna para que los judíos vivan en Inglaterra (de ahí el así llamado "retorno" de 1656). Una pequeña sinagoga fue construida en la calle Creechurch Lane de Londres, la antecesora de la de Bevis Marks (1701), la más antigua que aún existe en Gran Bretaña.

El famoso relator Samuel Pepys decidió visitar esa curiosa casa de culto para ver cómo se conducían los judíos al rezar. Lo que vio lo sorprendió y lo escandalizó. Dio la casualidad de que el día que fue correspondió a la festividad de Simjat Torá. Esta es su descripción:

> Y sus leyes que retiran de la prensa (el Arca) son cargadas por varios hombres, cuatro o cinco en total, y se las pasan unos a otros; si es que cada uno desea hacerlo o no, no lo puedo saber; y las pasean por todo el lugar en el medio de cánticos... ¡Pero Dios! Ver ese desorden, risotadas, diversión y ninguna atención sino confusión en todo el servicio, es cosa más de brutos que de personas que conocen al verdadero Dios; que haría jurar a uno nunca más verlo, y en realidad yo nunca contemplé nada igual ni

> podría imaginar que hubiera religión alguna en todo el mundo que se condujera en forma tan absurda.[1]

No era el tipo de comportamiento al que estaba acostumbrado Pepys en un lugar de culto.

Hay algo particular con respecto a la relación de los judíos con la Torá, la manera que nos ubicamos en su presencia, como si fuera un rey; danzamos con ella como si fuera una novia, la escuchamos contar nuestra historia, y la estudiamos, tal como decimos en nuestros rezos: "es nuestra vida por todos nuestros días". Hay pocas líneas más significativas en los rezos que la contenida en la poesía dicha en Neilá, al finalizar Yom Kipur: *Ein shiur rak ha Torah hazot* – "Nada nos queda", después de la destrucción del Templo y la pérdida de la tierra de Israel "salvo esta Torá". Un libro, un rollo, fue todo lo que quedó entre los judíos; y la desesperanza.

Lo que los no judíos (y también algunos judíos) no logran apreciar es cómo en el judaísmo la Torá representa la ley como amor, y el amor como ley. La Torá no es solamente una "legislación revelada".[2] Representa la fe de Dios en nuestros ancestros a quienes Él confió la creación de una sociedad que sería el hogar de Su Presencia y un ejemplo para el mundo.

Una de las claves para comprender cómo funciona esto está en la parashá de Bemidbar, leída siempre antes de Shavuot, la conmemoración de la entrega de la Torá. Esta nos recuerda cuán central es la idea del desierto –la tierra de nadie– para el judaísmo. Es el *midbar*, el desierto, el que da el nombre a nuestra parashá y al libro en sí. Fue en el desierto donde los israelitas hicieron el pacto con Dios y recibieron la Torá, su constitución como nación bajo la soberanía de Dios. Es el desierto el que nos provee el marco para cuatro de los cinco libros de la Torá, y fue ahí donde los israelitas experimentaron su más íntimo contacto con

1. *El diario de Samuel Pepys*, fecha 14 de octubre de 1663, ed. Richard Le Gallienne (New York: Modern Library Classics, 2003) p. 106.
2. Como lo describe Moisés Mendelssohn en *Jerusalem, or, On Religious Power and Judaism*, trad. Allan Arkush (Hanover, NH: University Press of New England, 1983), pp. 89–90, pp. 126–28.

Dios, que les sacó agua de una roca, maná del cielo y los envolvió con las Nubes de Gloria.

¿Qué historia está siendo relatada aquí? La Torá nos describe tres hechos fundamentales para la identidad judía. El primero es el fenómeno único, de que en el judaísmo la ley precedió a la tierra. Para cualquier otra nación en la historia el proceso fue inverso. Primero vino la tierra, después los asentamientos humanos, inicialmente en grupos pequeños, después en colonias, pueblos y ciudades. Posteriormente, las formas de orden y gobierno y el sistema legal: primero la tierra, después la ley.

El hecho de que la Torá fue dada *bemidbar,* en el desierto, aun antes de que hubieran entrado a la tierra prometida, significó principalmente que los judíos y el judaísmo eran capaces de sobrevivir con su identidad intacta aun en el exilio. *Dado que la ley vino antes que la tierra, incluso cuando los judíos perdieran su suelo patrio, todavía tendrían la ley.* Eso significó que aun estando en el exilio, los judíos constituían una nación. Dios siguió siendo su soberano. El pacto permanecía. Aún sin geografía, tenían una historia en marcha. Aun antes de entrar a la tierra de Israel, los judíos tenían la capacidad de sobrevivir fuera de la misma.

En segundo lugar, existe una tentadora conexión entre *midbar,* 'desierto' y *davar,* 'palabra'. Mientras otras naciones encontraron a sus dioses en la naturaleza –la lluvia, la tierra, la fertilidad, las estaciones del año agrícola– los judíos descubrieron a Dios en la trascendencia, más allá de la naturaleza, un Dios que podía ser escuchado, pero no visto. En el desierto no hay naturaleza. En su lugar hay vacío y silencio, un silencio que permite oír la voz no terrenal del que-está-más-allá-del-mundo. Como lo expresó Edmond Jabés: "La palabra no puede sobrevivir salvo en el silencio de otras palabras. De acuerdo con esto, hablar es apoyarse en la metáfora del desierto".[3]

El experto en ciencias políticas germano-americano Eric Voegelin vio esto como el fundamento de una forma de espiritualidad completamente novedosa, nacida de la experiencia de los israelitas:

> Cuando emprendemos el éxodo deambulamos por el mundo para fundar una sociedad nueva en otro lado, descubrimos al mundo

3. Edmond Jabès, *Du Desert au Libre,* Paris, Pierre Belford, 1980, p. 101.

> como un desierto. La huida no nos conduce a ningún lado, hasta que nos detenemos para buscar nuestra orientación más allá del mundo. Cuando el mundo se ha convertido en desierto, el hombre al fin está en la soledad que le permite oír la voz estruendosa del espíritu que con su urgente susurrar ya lo ha conducido y salvado del *Sheol* (el dominio de la muerte). En el desierto, Dios habló al líder y a sus tribus; en el desierto, al oír Su voz, al aceptar el ofrecimiento y al someterse a su orden, arribaron finalmente a la vida y se convirtieron en el pueblo elegido por Dios.[4]

En el silencio del desierto Israel se transformó en el pueblo cuya principal experiencia religiosa era no ver, sino escuchar y oír: *Shemá Israel.* El Dios de Israel se reveló en el discurso. El judaísmo es una religión de palabras santas, en la que el objeto más sagrado es un libro, un rollo, un texto.

El tercer punto, y el más destacable, es la interpretación que los profetas hicieron de esos años iniciales en los que los israelitas, habiendo partido de Egipto y sin haber llegado aún a la tierra de Israel, estaban solos con Dios. Oseas, prediciendo el segundo éxodo, dice de los israelitas, en nombre de Dios:

> Yo la guiaré por el desierto y le hablaré tiernamente…
> Ella responderá como en sus años de juventud,
> como en el día que salió de Egipto (Oseas 2:14–15).

Jeremías dice en nombre de Dios:

> Recuerdo la devoción de tu juventud, cuando, como novia Me amabas y Me seguías por el desierto, a través de una tierra no cultivada (Jeremías 2:2).

Shir HaShirim, el Cantar de los Cantares contiene esta línea: "¿Quién es el que sube desde el desierto apoyándose en su amado?" (8:5).

El factor común de estos textos es la idea del desierto como una luna de miel en la cual Dios y el pueblo, imaginados como novio y novia

4. Eric Voegelin, *Israel and Revelation*, Louisiana State University Press, 1956, p. 153.

están a solas consumando su unión en amor. Es cierto que en la Torá vemos a los israelitas como recalcitrantes, un pueblo obstinado en quejarse y rebelarse contra Dios. Pero retrospectivamente los profetas vieron las cosas de manera distinta. El desierto era una especie de *yijud*, un estar juntos a solas, en el que el pueblo y Dios estaban unidos en amor.

En este contexto resulta sumamente significativo el trabajo del antropólogo Arnold Van Gennep que centró su atención en la importancia de los *ritos de pasaje.*[5] Las sociedades desarrollan rituales para marcar la transición de un estado al siguiente –de niño a adulto, por ejemplo, o de soltero a casado– que involucran tres etapas. La primera es la *separación,* un quiebre simbólico con el pasado. El último es la *incorporación,* el reingreso a la sociedad con una identidad nueva. Entre medio de las dos está la etapa crucial de la *transición,* cuando habiendo descartado una identidad y no asumido aún la otra, la persona se está rehaciendo, renaciendo, remodelando.

Van Gennep usó el término *liminal,* de la palabra latina "umbral", para describir este estado de transición en el que se está en una especie de tierra de nadie entre lo viejo y lo nuevo.

Eso es lo que significa el *desierto* para Israel: el espacio liminal entre la esclavitud y la libertad, entre el pasado y el futuro, el exilio y el retorno. Egipto y la tierra prometida. El desierto fue el espacio que hizo que la transición y la transformación fueran posibles. Allí, en tierra de nadie, a solas con Dios y con ellos mismos, los israelitas pudieron descartar una identidad y asumir otra. Ahí pudieron renacer, ya no como esclavos de Faraón sino como servidores de Dios, convocados para ser "un reino de sacerdotes y una nación sagrada" (Éxodo 19:6).

Ver al desierto como un espacio "entre" nos ayuda a ver la conexión entre los israelitas de los tiempos de Moisés y el ancestro cuyo nombre los identifica. Porque fue Jacob aquel que de entre los patriarcas tuvo las experiencias más intensas en el espacio liminal, entre el lugar que estaba dejando y aquel al cual se dirigía, solo y de noche. Fue allí, huyendo de su hermano Esaú pero no habiendo arribado aún a la casa de Labán, cuando tuvo la visión de una escalera que unía la tierra con el cielo, con ángeles subiendo y bajando, y que al volver luchó con un

5. Arnold Van Gennep, *The Rites of Passage* (Chicago: University of Chicago) 1960.

desconocido desde la noche hasta el atardecer, recibiendo el nombre de Israel.

Estos episodios ahora pueden verse como un precedente de lo que más adelante ocurriría a sus descendientes (*maase avot siman lebanim,* "las acciones de los padres son una señal de lo que les podría ocurrir luego a sus hijos").[6]

Así, el desierto se transformó en el lugar de nacimiento de una relación totalmente nueva entre Dios y la humanidad, una relación construida sobre la base del pacto, la palabra y el amor concretado en la Torá. Distante de los grandes centros de la civilización, un pueblo se encontró a solas con Dios y allí consumó una unión que ni el exilio ni la tragedia pudieron quebrantar. Esa es la verdad moral del corazón latiente de nuestra fe: no son el poder ni la política los que nos unen a Dios, sino el amor.

La alegría por la celebración de ese amor llevó al rey David a "saltar y bailar" cuando el Arca fue llevada a Jerusalén, lo cual provocó la desaprobación de la hija del rey Saúl, Mijal (II Samuel 6:16). Muchos siglos más tarde, el baile de los anglo-judíos en la sinagoga de Creechurch Lane en Simjat Torá, provocó el mismo efecto en Samuel Pepys. Cuando el amor derrota a la dignidad, es señal de que la fe está sana y viva.

CB

6. Ver el comentario del Rambán a Génesis 12:6.

Nasó

Dos versiones de la vida moral

La parashá Nasó contiene las leyes referidas a los nazareos, aquellos que tomaron la decisión de observar reglas especiales de santidad y abstinencia: no beber vino, ni nada semejante (incluyendo cualquier bebida derivada de la uva), no cortarse el cabello y no impurificarse por contacto con muertos (Números 6:1–2). Ese estado se observaba habitualmente por un tiempo limitado, generalmente treinta días. Hubo excepciones a esta regla, los casos más famosos fueron los de Samuel y Sansón, que por la naturaleza milagrosa de su nacimiento fueron consagrados, antes de nacer, nazareos de por vida.[1]

Sin embargo, lo que no aclara la Torá es, primero, por qué una persona querría adoptar esa forma de abstinencia, y segundo, si esa elección era considerada elogiable, o meramente permisible. Por un lado, la Torá llama al nazareo "santo para Dios" (Números 6:8) y por

1. Ver Jueces 13:1–7; y I Sam. 1:11. El Talmud diferencia estos tipos de casos del voto estándar por un período fijo. El nazareo más conocido de los últimos tiempos fue el Rabino David Cohen (1887–1972), discípulo del Rav Kuk y padre del Gran Rabino de Haifa Rabino Sheár Yshuv Cohen (1927–2016).

el otro requiere que al final del período lleve una ofrenda de expiación por haber incurrido en un pecado (Números 6:13–14).

Esto llevó a un desacuerdo permanente entre los rabinos de las épocas mishnaica, talmúdica y medieval.

Según Rabí Elazar y luego Maimónides, el nazareo era digno de elogio. Ha elegido voluntariamente llegar a un nivel más elevado de santidad. El profeta Amós (2:11) dijo: "Yo eduqué a algunos de vuestros hijos para ser profetas y algunos para ser nazareos", lo cual sugiere que tanto el nazareo como el profeta son personas especialmente cercanas a Dios. El motivo por el cual debía llevar una ofrenda expiatoria por haber incurrido en un pecado era porque estaba retornando a su vida habitual. El pecado era *haber dejado* de ser nazareo.

Eliezer HaKapar y Shmuel tuvieron una opinión contraria. Para ellos el pecado estaba en *haber elegido* el nazareato y por lo tanto rechazar algunos de los placeres del mundo creados por Dios y que Él declaró como buenos. Rabí Eliezer agregó:

> "De aquí podemos inferir que si uno decide abstenerse de la satisfacción del vino es llamado pecador, y aún más aquel que decide no gozar de otros placeres de la vida" (Taanit 11a; Nedarim 10a).

Está claro que el argumento no es meramente textual. Es substantivo. Se trata del ascetismo, una vida de auto negación. Casi todas las religiones registran el fenómeno de personas que, en busca de la pureza espiritual, se abstienen de los placeres y de las tentaciones del mundo. Viven en cuevas, retiros, ermitas, monasterios. La secta de Qumrán que conocemos por los rollos del Mar Muerto pudo haber estado involucrada en este tipo de prácticas.

En la Edad Media hubo judíos que adoptaron prácticas semejantes de auto negación, entre ellos encontramos a los jasidei Ashkenaz, los pietistas del norte de Europa, y a muchos judíos de los países islámicos. Retrospectivamente es difícil no ver en este comportamiento cuanto menos alguna influencia del ambiente no judío. Los jasidei Ashkenaz, movimiento que floreció en el tiempo de las Cruzadas, se trataba de judíos que vivían en medio de cristianos y, entre otras cosas, llevaban a cabo prácticas de auto mortificación. En la contraparte austral puede haber ocurrido algo similar bajo la influencia del sufismo, el movimiento místico del islam.

La ambivalencia de los judíos respecto a las prácticas ascéticas puede deberse a la sospecha de que obedecieran a influencias externas. Hubo movimientos ascéticos en los primeros siglos de la era común tanto en Occidente (Grecia) como en Oriente (Persia) que vieron que el mundo físico era un lugar de corrupción y de lucha. En realidad, eran dualistas, y sostenían que el verdadero Dios no fue el creador del universo. El mundo físico era obra de una deidad menor y maligna. Por lo tanto, Dios (el verdadero Dios) no sería hallado en el mundo físico asociado a los placeres sino más bien en la desconexión de ellos.

Los dos movimientos más conocidos que sostenían esta visión fueron el gnosticismo en Occidente y el maniqueísmo en Oriente. Por lo tanto, algunas de las evaluaciones negativas de los nazareos pueden haber surgido del deseo de desalentar prácticas no judías entre los judíos. El judaísmo sostiene firmemente que Dios ha de ser hallado en el mundo físico que Él creó, el cual es calificado siete veces como "bueno" en el primer capítulo del Génesis. El judaísmo no cree en la negación del placer sino en su santificación.

La que resulta mucho más desconcertante es la visión de Maimónides, quien detenta ambas posturas, la positiva y la negativa en un mismo libro, el código legal *Mishné Torá*. En *Hiljot Deot,* adopta la posición negativa de Rabí Eliezer HaKapar:

> Una persona puede decir: "El deseo, el honor y demás, son malos caminos para transitar y pueden remover a una persona del mundo; por lo tanto, yo me separo completamente de ellos y voy al extremo opuesto". Como resultado, no come carne ni bebe vino, no toma una esposa ni vive en una casa adecuada ni viste una indumentaria decente… Esto también está mal y está prohibido elegir ese camino (Maimónides, *Mishné Torá, Hiljot Deot* 3:1).

Sin embargo, en *Hiljot Nezirut* dictamina de acuerdo con la evaluación positiva de Rabí Elazar: "Quien asume votos ante Dios (volverse nazareo) por el camino de la santidad, hace bien y es digno de elogio…

Efectivamente, las Escrituras lo consideran igual que un profeta".[2] ¿Cómo puede un autor adoptar dos posturas contradictorias en un mismo libro, sobre todo alguien tan apegado a la lógica como Maimónides?

La respuesta tiene que ver con la extraordinaria percepción de Maimónides en lo referente a la vida moral tal como es entendida por el judaísmo. Lo que vio Maimónides fue que no hay un solo modelo de vida virtuosa. Él identifica dos, llamándolos respectivamente el camino del santo *(jasid)* y el camino del sabio *(jajam)*.

El sabio se conduce por "la regla de oro", el "camino medio". La vida moral es una cuestión de moderación y equilibrio, de marcar una senda entre el exceso y el defecto. El coraje, por ejemplo, es el punto medio entre la cobardía por un lado y la temeridad por el otro. La generosidad se encuentra entre la avaricia y la prodigalidad. Esta visión es muy similar a la de Aristóteles en su Ética Nicomáquea.

El santo, en contraste, no sigue la senda del medio. Es una persona que tiende a los extremos, ayunando en lugar de comer con moderación, abrazando la pobreza en lugar de adquirir una fortuna modesta, y así sucesivamente. En varias partes de sus escritos, Rambám explica por qué las personas pueden adoptar los extremos. Una razón es el arrepentimiento y la transformación del carácter.[3] En ese caso, una persona se puede curar de su orgullo al practicar por un tiempo la auto humillación. Otro motivo es la asimetría de la personalidad humana. Los extremos no tienen la misma fuerza. La cobardía es mucho más común que la temeridad, y la miseria que la prodigalidad, que es el motivo por el cual el *jasid* se inclina hacia el lado opuesto. Una tercera razón es la tentación de la cultura circundante. Esta puede oponerse a tal grado a los valores religiosos, que las personas piadosas eligen separarse de la sociedad en general, "vistiéndose de lana y con ropas rústicas, viviendo en las montañas y errando en el desierto,"[4] diferenciándose así a través de su comportamiento extremo.

2. Maimónides, *Mishné Torá, Hiljot Nezirut* 10:14.
3. Ver sus *Ocho Capítulos* (la introducción a su comentario de la Mishná Avot), cap. 4 y *Mishné Torá,* Hiljot Deot, capítulos 1, 2, 5 y 6.
4. *Ocho Capítulos,* cap. 4.

Esta es una presentación sumamente matizada. Para Rambám, hay momentos en los cuales la autonegación resulta terapéutica, y otros en los que esta es intrínseca a la ley de la Torá, e incluso otras en las que ofrece una respuesta a una época excesivamente hedonista. Sin embargo, en general, Maimónides dictamina que se nos ha *ordenado* seguir el camino del medio, mientras que el camino del santo es *lifnim mishurat hadin*, más allá del estricto requerimiento de la ley.[5]

Moshé Halbertal, en su reciente e impresionante estudio sobre Maimónides,[6] lo percibe como refinando la tensión fundamental entre el ideal cívico de la tradición política griega y el ideal espiritual del extremista religioso para quien, como dijera el Kotzker Rebe, "el camino del medio es para los caballos". Para el *jasid*, el sabio de Maimónides puede parecer un "burgués satisfecho".

Estas no son meramente dos clases de personas sino *dos maneras de entender la vida moral en sí*. ¿Acaso el objetivo de la vida moral es el de alcanzar la perfección, o el de crear relaciones afectuosas y una sociedad decente, justa y misericordiosa? La respuesta intuitiva de la mayoría de las personas sería: las dos. Lo que hace que Maimónides sea un pensador tan agudo es que percibe que no es posible tener ambas cosas, ya que son situaciones totalmente diferentes.

Un santo puede donar todo su dinero a los pobres. Pero ¿qué pasaría con los integrantes de su familia? Podrían sufrir por su extrema auto negación. Un santo puede negarse a luchar en una batalla. Pero ¿qué pasaría con la defensa del país en el que vive? Un santo puede perdonar todos los crímenes cometidos contra él. Pero ¿qué pasaría entonces con el imperio de la ley y la justicia? Los santos son personas sumamente virtuosas, tomadas a nivel individual. *Pero no se puede construir una sociedad solamente con santos.* En realidad, a ellos no les interesa la sociedad.

Fue la profunda intuición de Maimónides la que lo llevó a sostener las dos evaluaciones aparentemente contradictorias del nazareo. El nazareo ha elegido, por lo menos por un período, llevar a cabo una vida

5. *Mishné Torá, Hiljot Deot* 1:5
6. Moshé Halbertal, *Maimonides: Life and Thought* (Princeton, NJ: Princeton University Press, 2014), 154–163.

de extrema autonegación. Es un santo, un *jasid*. Ha elegido el camino de la perfección personal. Eso es noble, elogiable y ejemplar.

Pero no es el camino del sabio, y *los sabios son necesarios para conseguir una sociedad perfecta*. El sabio no es extremista porque se da cuenta de que hay otras personas en juego. Están los miembros de su propia familia, como así también los otros integrantes de la comunidad. Hay colegas que trabajan. Hay un país que defender y una sociedad que ayudar a construir. El sabio sabe que no puede dejar todos estos compromisos de lado para buscar una vida de soledad virtuosa. Hemos sido llamados por Dios para vivir en el mundo, no para huir de él; en sociedad, no en reclusión; para luchar en aras de crear un equilibrio entre las presiones en conflicto, no para concentrarnos en algunos y dejando de lado a otros.

Por lo tanto, mientras que desde una perspectiva personal el nazareo es un santo, desde la social es, por lo menos figurativamente, un "pecador" que debe ofrecer una expiación por su pecado.

Maimónides vivió la vida tal como la predicó. Sabemos por sus escritos que ansiaba estar recluido. Hubo años en los que trabajaba día y noche para escribir su *Comentario a la Mishná* y después su *Mishné Torá*. Pero también tuvo en cuenta su responsabilidad hacia su familia y la comunidad. En su famosa carta al supuesto traductor Ibn Tibón[7] relata cómo eran sus días y semanas típicos de trabajo, en los que debía soportar el doble peso de ser un médico de fama mundial y un sabio y halajista internacionalmente reconocido y requerido. Trabajaba hasta quedar extenuado.[8]

Maimónides fue un sabio que ansiaba ser santo, pero sabía que no podía serlo si además debía honrar su responsabilidad para con su pueblo. Ese es un juicio emocionante y profundo que aún hoy tiene el poder de inspirarnos.

CB

7. Hubo sabios que creían que en un mundo ideal, las tareas como ganar dinero para vivir o criar hijos podían ser realizadas "por otros" (ver Berajot 35a, para comprender el punto de vista de R. Shimon B. Iojai; y 63b para comprender el de Ben Azai). Estas son actitudes elitistas que han surgido en el judaísmo oportunamente, pero que son analizadas por el Talmud.
8. Ver Rabi Itzjak Shilat, Letters of Maimonides [Hebrew] (Jerusalem: Miskal, 1987–88), 2:530–554.

Behaalotejá

Del dolor a la humildad

David Brooks, en su bestseller *The Road to Character*[1] (El camino a la personalidad), traza una marcada distinción entre lo que él llama las virtudes acumuladas en la vida (los logros y las habilidades que generan éxitos) y las virtudes de las elegías, las que se pronuncian en los funerales: las virtudes y fortalezas que hacen que seas la persona que eres, sin máscaras ni falsas apariencias, la persona íntima que tus amigos y familiares reconocen como verdadera.

Brooks asocia esta distinción a la propuesta por el Rabí Joseph Soloveitchik en su famoso ensayo *The Lonely Man of Faith*[2] (El solitario hombre de fe). El texto habla de "Adán I" – el ser humano creador, constructor, amo de la naturaleza que impone su voluntad sobre el mundo; y "Adán II" – la persona del pacto que vive obedeciendo a la verdad trascendental, guiada por un sentido del deber y la verdad y con voluntad de servir.

Adán I busca el éxito. Adán II, la caridad, el amor y la redención. Adán I vive según la lógica de la economía, la búsqueda del interés propio y el provecho máximo.

1. David Brooks, *The Road to Character*, Random House, 2015.
2. Rabbi Joseph Soloveitchik, *The Lonely Man of Faith*, Doubleday, 1992.

Adán II vive según una lógica muy diferente de la moralidad, en la que dar significa más que recibir, y conquistar el deseo más importante que satisfacerlo. En el mundo moral, el éxito, cuando conduce al orgullo, se transforma en fracaso. El fracaso, cuando conduce a la humildad, puede ser un éxito.

En ese ensayo, originalmente publicado en 1965, el Rab Soloveitchik se pregunta si Adán II tiene un lugar en la Norteamérica de su tiempo, tan dispuesta a celebrar el poderío del ser humano y el avance económico. Cincuenta años más tarde, Brooks replantea esa duda. "Vivimos", dice, "en una sociedad que nos estimula a pensar en cómo lograr una carrera exitosa pero que nos deja desarticulados en cuanto a cultivar nuestra vida interior".[3]

Ese es el tema central de Behaalotejá. Hasta ahora hemos visto al Moisés externo, el hacedor de milagros, vocero de la Palabra Divina, sin temor de confrontar a Faraón y a su propio pueblo; el hombre que quebró las Tablas grabadas por Dios mismo, y que lo desafió a que perdone a su pueblo, "y si no, bórrame del libro que Tú has escrito" (Éxodo 32:32). Este es el Moisés público, la figura de fortaleza extrema. En la terminología de Soloveitchik, sería Moisés I.

En Behalotejá vemos a Moisés II, el hombre solitario de la fe. Es una visión muy diferente. En la primera escena lo vemos desfallecer. El pueblo se está quejando nuevamente por la comida. Tiene maná, pero no carne. Cae en una falsa nostalgia:

> ¡Cómo recordamos los peces que comíamos gratuitamente en Egipto! ¡Y los pepinos, los melones, las coles, las cebollas y los ajos! (Números 11:5).

Este acto de ingratitud es demasiado para Moisés, que expresa su profunda desesperanza:

> ¿Por qué has traído todos estos problemas a Tu servidor? ¿Por qué no he hallado favor en Tus ojos, que estás colocando todo el peso de este pueblo sobre mí? ¿Acaso he sido yo el que concibió a

3. David Brooks, *The Road to Character*, xiii.

> este pueblo o les di la vida, que Tú me dices que los cargue sobre mi falda como una niñera lleva a un niño...? ¡Yo no puedo cargar con toda esta nación! ¡El peso es demasiado para mí! Si esta es la forma en que Tú me tratarás, ¡por favor mátame ahora si he hallado favor en Tus ojos, porque no puedo tolerar ver toda esta miseria! (Números 11:11–15).

Entonces sobreviene la gran transformación. Dios le dice que nombre setenta ancianos que soportarán el peso junto a él. Dios toma el espíritu de Moisés y lo extiende a los setenta ancianos. Dos de ellos, Eldad y Medad, de entre los seis elegidos de cada tribu pero que quedaron excluidos del cómputo final, comenzaron a profetizar dentro del campamento. Ellos también captaron el espíritu de Moisés. Josué teme que esto pueda llevar a que ellos desafíen el liderazgo de Moisés y le pide que los detenga. Moisés responde con una generosidad inigualable:

> ¿Estás celoso por mí? Sería bueno que todos los del pueblo de Dios fueran profetas y que Él colocara Su espíritu sobre cada uno de ellos (Números 11:29).

El simple hecho de que ahora Moisés sabía que no estaba solo y ver que los setenta ancianos compartían su espíritu lo cura de su depresión por lo que ahora transmite una gentil y generosa confianza que es inesperada y conmovedora.

En el tercer acto vemos finalmente hacia dónde nos lleva este drama. Ahora sus propios hermanos, Aarón y Miriam, comienzan a enfrentarlo. El motivo de su queja (la "mujer etíope" que él tomó como esposa) no está claro y existen muchas interpretaciones. Sin embargo, el tema es para Moisés un momento de "*¿et tu, Brutus?*" Ha sido traicionado, o por lo menos difamado, por las personas más cercanas a él. Sin embargo, a Moisés no le afectó, y es aquí donde la Torá hace su gran declaración:

> He aquí que el hombre Moisés era muy humilde, más que cualquier otra persona sobre la faz de la tierra (Números 12:3).

Esta es una novedad histórica. La idea de que en el mundo antiguo la virtud más elevada de un líder sea la humildad debe haber resultado absurda, casi contradictoria. Los líderes eran orgullosos, magníficos, distinguibles por su vestimenta, su apariencia y sus modalidades monárquicas. Se hacían construir templos en su honor e inscripciones triunfales para la posteridad. Su rol no era el de servir, sino el de ser servidos. Todos los demás debían ser humildes, salvo ellos. Humildad y majestad no podían coexistir.

En el judaísmo, toda esta configuración fue revertida. Los líderes estaban para servir, no para ser servidos. El título más elevado de Moisés fue ser llamado *Eved Hashem*, servidor de Dios. Solo otra persona, su sucesor Josué mereció tal honor en el Tanaj. El simbolismo arquitectónico de los dos grandes imperios de la época, el mesopotámico con el zigurat (la "torre de Babel") y las pirámides de los egipcios representan visualmente el orden jerárquico de esas sociedades: amplios en la base y estrechos en la cima. El símbolo del judaísmo, la menorá, era lo opuesto: ancho en la parte superior y angosto en la base, como diciendo que en el judaísmo el líder sirve a su pueblo y no a la inversa. La respuesta de Moisés, al llamado de Dios en la zarza ardiente fue humilde: "¿Quién soy yo para ser el conductor?" (Éxodo 3:11). Fue precisamente esa virtud de la humildad la que lo calificó para la conducción.

En Behaalotejá se registra el proceso psicológico a través del cual Moisés adquiere un nivel aún más profundo de humildad. Bajo la presión de las permanentes actitudes recalcitrantes de Israel, Moisés se vuelve hacia sí mismo. Escuchemos nuevamente lo que dice: "¿Por qué has traído todos estos problemas a tu servidor?... ¿Fui yo el que concibió a este pueblo?... ¿Yo les di a luz?... ¿Dónde puedo conseguir carne para esta gente? Yo solo no puedo cargar con todo este pueblo, el peso es demasiado para mí". Las palabras en cuestión aquí son "yo", "yo solo" y "para mí". Moisés ha recaído en la primera persona del singular. Ve el comportamiento de los israelitas como un desafío a su persona, no a Dios. Dios debe recordarle: "¿Acaso el brazo del Eterno es demasiado corto?" Todo esto no se trata de Moisés sino de lo que él representa.

Durante mucho tiempo Moisés había estado solo. No es que necesitara ayuda de otros para suministrarle alimento al pueblo, eso era algo que podía hacer sin la necesidad de intervención humana. Pero sí necesitaba el acompañamiento de otros para terminar con el casi insoportable aislamiento. Como he señalado anteriormente, la Torá sólo emplea en dos instancias la frase *lo tov*, "no es bueno", la primera cuando al comienzo de la historia humana Dios dice: "No es bueno que el hombre esté solo" (Génesis 2:8), y la segunda cuando Ytró ve a Moisés liderando en soledad y dice: "Lo que tú estás haciendo no es bueno" (Éxodo 18:7). No se puede vivir en soledad. No se puede liderar en soledad.

Apenas vio Moisés que los setenta ancianos compartían su espíritu, su depresión desaparece. Puede decirle a Josué: "¿Acaso estás celoso por mí?" Y no le perturban las quejas de su hermano y hermana, rogándole a Dios por ella cuando es castigada con la lepra. Ha recuperado su humildad.

Ahora comprendemos lo que es la humildad. No es una auto denigración, frase atribuida con frecuencia a C. S. Lewis que lo expresa mejor: "La humildad no consiste en considerarse menos. Es pensar menos en uno mismo".

La verdadera humildad significa silenciar el "Yo". Para los seres genuinamente humildes, es Dios y el otro los que realmente cuentan, no yo. Como se dijo de un gran líder religioso: "Fue un hombre que tomó tan en serio a Dios que no tuvo que tomarse en serio a sí mismo para nada".

Rabí Iojanán dijo: "Donde quiera que halles la grandeza del Santo Bendito Sea, allí encontrarás Su humildad" (Meguilá 31a). Grandeza es humildad, para Dios y para los que transitan Su camino. Es también la fuente primaria de fortaleza, porque si no pensamos en el "Yo", podremos no resultar lastimados por los que nos critican o denigran. Están tirando a un blanco que ya no existe.

> Lo que nos está diciendo Behaalotejá por medio de estas tres escenas de la vida de Moisés es que a veces logramos la humildad solo después de una crisis psicológica. Fue solo después de que Moisés sufriera su crisis y rogara morir que escuchamos las palabras: "El hombre, Moisés, era muy humilde, más que cualquier otra persona en la tierra". Sufrir el quiebre del caparazón del ser nos permite darnos cuenta de que lo que importa no es la autoestima sino lo que nos convoca a un esquema mucho más grande

> que nosotros mismos. *Lehavdil,* (dejando de lado las obvias diferencias) Brooks nos recuerda que Abraham Lincoln, que sufría de depresión, salió de la crisis de la guerra civil con el sentimiento de que "la Providencia había asumido el control de su vida, que él era un pequeño instrumento en una tarea trascendental".[4]

La respuesta correcta al dolor existencial –dice Brooks– no es el placer sino la santidad, que para él significa "ver el dolor como parte de la narrativa moral y tratar de redimir algo malo transformándolo en algo sagrado, un acto de servicio sacrificial que coloca a uno en modo fraternal con la comunidad más amplia y sus demandas morales eternas". Esto, para mí, fue lo realizado por los padres de los tres adolescentes asesinados en el verano de 2014, que en respuesta a su pérdida crearon una serie de distinciones para aquellas personas que más trabajaran para la unidad del pueblo judío, sacando su dolor hacia afuera, y utilizándolo para sanar otras heridas de la nación.

Crisis, fracaso, pérdida o dolor pueden movernos de Adán I a Adán II, de estar orientado a uno mismo a estar dirigido al otro, y de la vulnerabilidad del "Yo" a la humildad que recuerda que "no eres el centro del universo", sino, más bien un "servidor de un orden superior".[5]

Los que poseen humildad están abiertos a cosas más grandes que ellos mismos, mientras que los que carecen de ella no lo estarán. Es por eso por lo que éstos últimos te hacen sentir más pequeño, mientras que los que sí la tienen, te hacen sentir lo contrario. Su humildad inspira grandeza en los demás.

CB

4. Ibid., 93.
5. Brooks, ibid., p. 261.

Shelaj Lejá

Juntando recordatorios

Imagina lo siguiente: estás manejando un auto a una velocidad que apenas sobrepasa el límite. Observas un móvil policial a través del espejo retrovisor. Bajas la velocidad. Sabes perfectamente que está mal superar la velocidad permitida ya sea que alguien te vea o no, pero, siendo un ser humano, la probabilidad de que seas visto y penalizado hace diferencia.

Recientemente un grupo de psicólogos realizó una serie de experimentos para medir el impacto de la sensación de ser observado en relación al comportamiento social. Chembo Zhong, Vanessa Brown y Francesca Gino prepararon un test para determinar si la sensación de anonimato hacía alguna diferencia en el comportamiento. Agruparon en forma aleatoria a un conjunto de estudiantes con anteojos claros y oscuros diciéndoles que iban a medir su reacción ante una nueva línea de productos. En un agregado aparentemente sin conexión con lo anterior, se le dio seis dólares a cada uno dándoles la posibilidad de compartirlos con un desconocido. Los que usaron anteojos claros dieron un promedio de $2.71, mientras que los de anteojos oscuros lo hicieron por $1.81. El mero hecho de usar lentes oscuros y por lo tanto no ser reconocidos ni reconocibles, disminuyó su generosidad. En otro experimento, vieron que estudiantes a los que se les había dado la posibilidad de hacer trampa en un examen, resultó más probable que lo hicieran en una sala semi oscura que en una iluminada.[1] Cuanto más pensamos que seremos observados, más morales y generosos nos volvemos.

Kevin Haley y Dan Fessler probaron a los alumnos en el así llamado "juego del dictador" en el cual se les da, digamos, diez dólares y la oportunidad de compartirlos o no con un anónimo desconocido. De antemano, y sin que se supiera que era parte del experimento, a algunos se les mostró un par de ojos como fondo de pantalla de la computadora, y a otros una imagen común. Los de los ojos en la computadora dieron un 55% más que los demás. En otro estudio, los investigadores pusieron una máquina de café en el hall de la universidad, para que pudieran hacerse un café y dejar algo de dinero en una caja adjunta. Durante varias semanas se colocó un póster con una imagen de ojos, y en la siguiente otro con una imagen de flores. Cuando estaban los ojos, los estudiantes dejaron 2.76 veces más dinero que con la otra imagen[2].

Ara Norenzayan, autor del libro *Big Gods (Grandes dioses)*, del cual fueron extraídos estos estudios, concluye que "personas vigiladas son personas buenas".[3] Esto es lo que hace que la religión sea un factor importante para el comportamiento honesto y altruista: la creencia de que Dios ve lo que hacemos. No es coincidencia de que la disminución de la creencia en un Dios personal hizo que en Occidente se incrementaran los sistemas de monitoreo y otros métodos de control. Voltaire dijo alguna vez que cualquiera que fueran sus opiniones sobre el tema, quería que su mayordomo y demás sirvientes fueran creyentes, porque así lo engañarían menos.[4]

Menos obvio es el hallazgo experimental de que lo que hace la diferencia en cómo nos comportamos no es simplemente aquello en lo que creemos sino el hecho de que se nos lo *recuerde*. En un experimento

1. Chen–Bo Zhong, Vanessa K. Bohns, and Francesca Gino, *Good Lamps Are the Best Police: Darkness Increases Dishonesty and Self-Interested Behavior*, Psychological Science 21 (2009), pp. 311–314.
2. Este párrafo y el siguiente fueron extraídos de Ara Norenzayan, *Big Gods: How religion transformed cooperation and conflict*, Princeton University Press, 2013, pp. 13–54.
3. Ibid., p. 19.
4. Voltaire, *Political Writings*, ed. David Williams (Cambridge, NY: Cambridge University Press, 1994), p. 190.

conducido por Brandon Randolph–Seng y Michael Nielsen, los participantes fueron expuestos a una serie de palabras, como destellos, con una duración de menos de 100 milisegundos, o sea, lo suficiente como para ser detectado por el cerebro pero no por la percepción consciente. Les tomaron un examen, dándoles la oportunidad de hacer trampa. Los que vieron palabras vinculadas con Dios lo hicieron significativamente menos que los que vieron palabras neutras. Igual resultado se obtuvo en otro estudio en el que a algunos de los participantes se les pidió que recordaran los Diez Mandamientos mientras que a los demás se les pidió que hicieran una lista de los últimos diez libros que habían leído. El mero hecho de recordar los Diez Mandamientos redujo la tendencia al engaño.

Otro investigador, Deepak Malhotra, analizó la disposición que tienen los cristianos para hacer donaciones online frente a pedidos de caridad. La respuesta fue de un 300 por ciento más efectiva en un domingo que en cualquier otro día de la semana. Naturalmente, los participantes no cambiaron de parecer respecto a sus creencias religiosas o de la importancia de donar un día de la semana o un domingo. Simplemente, en un domingo era más probable que pensaran en Dios. Una prueba similar se llevó a cabo con musulmanes en Marruecos en el que se comprobó que los residentes que vivían cerca de un lugar dónde se llamaba a rezar desde un minarete eran más propensos a realizar donativos generosos.

La conclusión de Nazorayan fue que 'la religión reside más en la situación que en la persona',[5] o expresado de otra forma, lo que hace la diferencia en nuestra persona es menos lo que creemos y más el hecho de que se *nos recuerde*, aun inconscientemente, aquello en lo que creemos.

Este es precisamente, el fundamento psicológico de la mitzvá de los *tzitzit* en la parashá de Shelaj Lejá de esta semana:

> Este será vuestro *tzitzit,* y al verlos recordarás todos los preceptos que te ordenó cumplir el Señor, no desviándote en pos de tu corazón y de tus ojos siguiendo tus deseos pecaminosos. Así recordarás guardar todos Mis preceptos, y ser santo ante tu Dios (Números 15:39).

5. Norenzayan, *Big Gods,* p. 39.

El Talmud (Menajot 44a) cuenta la historia de un hombre que, en un momento de debilidad moral, decidió visitar a cierta cortesana. Estaba por sacarse la ropa cuando vio a sus *tzitzit* y quedó paralizado. La cortesana le preguntó qué le pasaba, y él le contó lo de los *tzitzit*, diciendo que los cuatro bordes se habían vuelto testigos acusadores del pecado que estaba por cometer. La mujer quedó tan impresionada por el poder de este simple precepto que se convirtió al judaísmo.

Algunas veces no logramos comprender la conexión entre religión y moralidad. Se dice que Dostoievski habría afirmado que si Dios no existiera todo estaría permitido.[6] Esta no es la visión central del judaísmo. Según el Rabí Nissim Gaón, los imperativos morales accesibles a la razón han estado ligados a la humanidad desde sus comienzos.[7] Poseemos un sentido moral. Sabemos que ciertas cosas están mal. Pero también tenemos deseos conflictivos. Nos atraen las cosas que sabemos que no debemos hacer, y frecuentemente cedemos ante la tentación. Cualquiera que haya intentado bajar de peso sabe exactamente lo que esto significa. En el terreno moral, es lo que quiere decir la Torá cuando habla de "desviarte en pos de tu corazón y de tus ojos, siguiendo tus deseos pecaminosos" (Números 15:39).

El sentido moral, escribió James Q. Wilson, "no es un intenso haz de luz que ilumina externamente para marcar con bordes nítidos todo lo que toca". Más bien "es la pequeña llama de una vela, que arroja múltiples y vagas sombras, parpadeando y oscilando.... ante los fuertes vientos del poder y la pasión, del egoísmo y la ideología". Y agregó: "Pero llevado cerca del corazón, disipa la oscuridad y calienta el alma".[8]

Wittgenstein dijo alguna vez que "el trabajo del filósofo consiste en juntar recordatorios".[9] En el caso del judaísmo la razón de los signos externos –*tzitzit, mezuzá y tefilín*– es precisamente esa: la reunión de recordatorios –en nuestra vestimenta, en nuestras casas, en nuestra cabeza y en nuestros brazos– de que ciertas cosas están mal y aunque

6. No dijo estas palabras exactamente, pero dijo algo similar en *Los hermanos Karamazov* (1880).
7. Introduction a su comentario al tratado de Berajot.
8. James Q. Wilson, *The Moral Sense*, Free Press, 1993, p. 251.
9. *Philosophical Investigations*, §127.

otras personas no las vean Dios sí nos ve y nos juzgará. Como resultado de investigaciones recientes, tenemos ahora la evidencia empírica de que los recordatorios hacen una diferencia significativa en cuanto a la forma en la que actuamos.

> "El corazón es, sobre todas las cosas, engañoso y desesperadamente malvado; ¿quién lo sabrá?" dijo Jeremías (17:9).

Una de las bendiciones y maldiciones de la naturaleza humana es que no siempre usamos el poder de la razón para actuar solamente de manera racional, sino que también racionalizamos y buscamos excusas para las cosas que hacemos, aun sabiendo que no deberíamos haberlas hecho. Esa es quizás una de las lecciones que la Torá quiere que recojamos de la historia de los espías. Si hubieran recordado lo que Dios había hecho en Egipto, el imperio más poderoso del mundo antiguo, no habrían dicho: "No podemos atacar a este pueblo; son mucho más fuertes que nosotros" (Números 13:31). Pero fueron asaltados por el miedo. Las emociones poderosas, especialmente el miedo, distorsionan nuestra percepción. Activan la amígdala, la fuente de nuestras reacciones más primitivas, haciendo que superen la corteza prefrontal, que es la que nos permite pensar racionalmente sobre las consecuencias de nuestras decisiones.

Los *tzitzit*, con su hilo azul que nos recuerda el cielo, son lo que más necesitamos si deseamos actuar en consistencia y concordancia con los mejores ángeles de nuestra naturaleza.

CB

Koraj

Cuando la verdad es sacrificada al poder

¿Qué tuvieron de malo las acciones de Koraj y sus secuaces? En principio, lo que dijeron era tanto cierto como recto. "Han ido demasiado lejos", le dijeron a Moisés y a Aarón. "Toda la comunidad es santa, cada uno de sus integrantes, y el Eterno está con ellos. ¿Por qué entonces se colocan ustedes por encima del pueblo del Eterno?" (Números 16:3–4).

En un punto tenían razón. Dios había convocado al pueblo para ser "un reino de sacerdotes y una nación sagrada" (Éxodo 19:6), o sea, un reino en el que cada uno de sus miembros era en cierto sentido un sacerdote, y una nación en la que cada uno era santo. Moisés mismo había dicho: "¡Ojalá que todo el pueblo del Eterno fuera profeta, que el Eterno colocara Su espíritu sobre todos ellos!" (Números 11:29). Estos resultan ser sentimientos radicalmente igualitarios. ¿Por qué entonces las jerarquías, con Moisés como líder y Aarón como sumo sacerdote?

Lo malo de la declaración de Koraj, es que desde el principio resultaba obvio que era engañosa. Había una clara desconexión entre lo que manifestaba desear y lo que realmente ambicionaba. Koraj no buscaba una sociedad en la que todos fueran iguales, todos fueran sacerdotes.

No era lo que aparentaba, un anarquista utópico que buscaba la abolición total de las jerarquías. En realidad, estaba preparando un acto de desafío al liderazgo. Como señalarían más adelante las palabras de Moisés, él quería el puesto de sumo sacerdote para sí. Él era el primo de Moisés y Aarón, hijo de Ytzhar, el hermano de Amram, padre de Moisés y Aarón, y por lo tanto sintió que era injusto que ambas posiciones de liderazgo estuvieran destinadas a una sola familia dentro del clan. Decía que quería la igualdad, pero en realidad lo que quería era el poder.

Esa era la postura de Koraj, el levita. Pero lo que estaba ocurriendo era más complejo que eso. Había otros dos grupos involucrados: los rubenitas, Datán y Abiram, que formaban un grupo, y los "250 israelitas, personas de alto rango dentro de la comunidad, representantes de la asamblea e individuos de renombre" que integraban el otro. Ellos también tenían sus rencores. Los rubenitas, porque como descendientes del primogénito de Jacob, no tenían ningún rol especial de liderazgo. Según Ibn Ezra las 250 "personas de alto rango" estaban ofendidas porque después del pecado del becerro de oro el liderazgo había pasado enteramente de los primogénitos de cada tribu a la tribu de Leví.

Todos estos constituyeron una alianza *non sancta* que estaba destinada al fracaso, ya que sus demandas estaban en conflicto entre sí. Si Koraj lograba su objetivo de ser sumo sacerdote, los rubenitas y las "personas de alto rango" estarían decepcionadas. A la inversa, si las "personas de alto rango" hubieran ganado los Koraj y los rubenitas habrían quedado insatisfechos. La secuencia narrativa desordenada y fragmentada en este capítulo es un caso de estilo que denota sustancia. Esta era una rebelión desordenada y confusa, cuyos protagonistas estaban unidos por el solo deseo de derrocar al liderazgo vigente.

Sin embargo, nada de esto turbó a Moisés. Lo que le produjo la mayor frustración fue algo totalmente distinto: las palabras de Datán y Abiram:

> ¿Acaso no es suficiente que nos hayas traído de una tierra en la que fluía la leche y la miel para matarnos en el desierto, y que además ahora quieras reinar sobre nosotros? Más aún, no nos has traído a una tierra en la que fluye la leche y la miel, ni nos has concedido la heredad de tierras y viñedos. ¿Acaso crees que

> nos puedes engañar? ¡Nosotros definitivamente no iremos! (Números 16;13–14).

La monumental falsedad de esa afirmación –Egipto, donde los israelitas eran esclavos y clamaron a Dios para ser socorridos, no era "una tierra de la cual fluían la leche y la miel"– fue el tema central para Moisés.

¿Qué está pasando aquí? Los sabios lo definieron en una de sus declaraciones más famosas:

> Cualquier disputa por el bien del Cielo tendrá un valor perdurable, pero cualquier disputa que no sea por el bien del Cielo no lo tendrá. ¿Cuál es el ejemplo de una disputa por el bien del Cielo? La que ocurrió entre Hilel y Shamai. ¿Cuál es el ejemplo de la que no fue por el bien del Cielo? La de Koraj y sus acompañantes (Mishná Avot 5:21).

Los rabinos no llegaron a la conclusión de que la disputa de Koraj estaba equivocada, que los líderes debían obedecer sin cuestionar, que el valor supremo del judaísmo debe ser –como en otras religiones– la sumisión. Al contrario: la discusión es la fuente de vida del judaísmo, siempre que esté correctamente motivada y tenga una finalidad esencialmente constructiva.

El judaísmo es un fenómeno único: una civilización en la que todos los textos canónicos son antologías de discusiones. En el Tanaj, los héroes de la fe –Abraham, Moisés, Jeremías, Job– discuten con Dios. El Midrash está fundado sobre la premisa de que hay "setenta caras" –setenta legítimas interpretaciones– de la Torá. La Mishná está construida principalmente en base al modelo de que el "Rabí X dice esto, y el Rabí Y dice esto otro". El Talmud, lejos de resolver estas argumentaciones, generalmente las profundiza considerablemente. La discusión en el judaísmo es una actividad sagrada, un dialogo interno continuo del pueblo judío tal como se ve reflejado en su destino y en las demandas de la fe.

¿Qué fue entonces lo que hizo que la discusión de Koraj y sus coconspiradores fuera diferente de las de las escuelas de Hilel y Shamai? Rabenu Yoná nos ofrece una explicación simple. Una discusión por el bien del Cielo es una que trata sobre la *verdad.* La discusión que no es por el bien del Cielo es sobre el *poder*. La diferencia es inmensa. En la pugna por el poder, si pierdo, pierdo. Pero si gano, también pierdo, porque al degradar a mis oponentes, me degrado a mí mismo. Si la discusión es en aras de la verdad, si gano, gano. Pero *si pierdo, también gano,* porque ser derrotado por la verdad es la única derrota que es también una victoria. He crecido. He aprendido algo que antes desconocía.

Moisés no pudo haber tenido una reivindicación más decisiva que el milagro que pidió y le fue concedido: que se abra la tierra y trague a sus contrincantes. Pero esto no sólo no terminó con la discusión, sino que disminuyó el respeto que se tenía por Moisés:

> Al día siguiente, toda la comunidad israelita protestó contra Moisés y Aarón. 'Han matado al pueblo del Señor' dijeron (Números 17:6).

Que Moisés haya tenido que recurrir a la fuerza ya era una señal de que había descendido al nivel de los rebeldes. Eso es lo que ocurre cuando de lo que se trata es el poder, no la verdad.

Una de las consecuencias del marxismo, que persiste en movimientos tales como el posmodernismo y el post-colonialismo, es la idea de que no hay tal cosa como la verdad. Existe solamente el poder. El "discurso" prevalente en una sociedad representa, no las cosas como son, sino la manera en la que el poder dominante *(hegemónico)* desea que estas sean. Toda realidad es "construida socialmente" para hacer avanzar los intereses de un grupo por sobre los de otro. El resultado es una "hermenéutica de la sospecha" mediante la cual ya no escuchamos lo que alguien dice sino que nos preguntamos qué intereses está tratando de promover. La verdad, dicen, es una mera máscara para ocultar el deseo de poder. Para derrocar un poder "colonial" es necesario inventar tu propio "discurso", tu propia "narrativa", sin importar si es verdadera o falsa. Lo que cuenta es que la gente la crea.

Eso es lo que está pasando ahora en la campaña contra Israel en los campus universitarios de todo el mundo, y del movimiento BDS (boicot, desinversión, sanciones) en particular.[1] Al igual que la rebelión

1. Un recordatorio del contexto: este texto fue escrito por el Rabino Sacks en el año 2015, sin embargo, sus palabras son atemporales y continúan siendo vigentes en lo que respecta a este tipo de movimientos y su potencial impacto.

de Koraj, atrae a personas que nada tienen en común entre sí. Algunos pertenecen a la ultraizquierda, otros a la ultraderecha; algunos están en contra de la globalización, otros están sinceramente preocupados por el drama de los palestinos. Comandando todo esto, sin embargo, están las personas que por razones teológicas o políticas se oponen a la existencia de Israel, independiente del tema de sus límites, y también se oponen a la democracia, a la libertad de expresión y de información, a los derechos humanos, a la libertad religiosa y a la santidad de la vida. Lo que tienen en común es negar a los defensores de Israel el derecho a la réplica vulnerando de esa forma el principio fundamental de la justicia expresado en la frase del derecho romano *Audi alteram partem*, "escucha a la otra parte".

Las flagrantes falsedades que a veces pronuncian – que Israel no fue el lugar de nacimiento del pueblo judío, que nunca existió el Templo de Jerusalén, que Israel es un poder "colonial", un trasplante foráneo ajeno al Medio Oriente– rivalizan con las expresiones de Datán y Abiram sobre el hecho de que Egipto era una tierra en la que fluían la leche y la miel y que Moisés sacó de allí a su pueblo solo para matarlo en el desierto. ¿Por qué preocuparse por la verdad si lo que cuenta es el poder? Así, el espíritu de Koraj se mantiene vigente.

Todo esto es sumamente penoso, ya que se opone al principio fundamental de la universidad como sede de la búsqueda colaborativa de la verdad. Tampoco hace un aporte por la causa de la paz en el Medio Oriente, por el futuro de los palestinos, por la libertad, la democracia, la libertad religiosa y los derechos humanos. Sin duda hay temas reales y sustantivos en cuestión que deben ser abordados por ambas partes con coraje y honestidad. Nada se logra sacrificando la verdad en procura de la obtención del poder – el método Koraj a través de las épocas.

CB

Jukat

El manejo de la ira

El Talmud dice que hay quienes obtienen su mundo en una hora y otros que lo pierden en una hora. Ningún ejemplo es más impactante y sorprendente que el famoso episodio de la parashá de esta semana. El pueblo pidió agua. Dios le dice a Moisés que tome su vara, le hable a la roca y así el agua fluirá. Después ocurre lo siguiente:

> Él y Aarón reunieron a la asamblea frente a la roca y Moisés les dijo: 'Oigan, rebeldes, ¿acaso debemos sacar agua de esta roca para ustedes?' Entonces Moisés alzó su brazo y golpeó la roca dos veces con su vara. El agua brotó y así la comunidad y el ganado bebieron.
>
> Pero el Eterno les dijo a Moisés y a Aarón: 'Ya que no confiaron en Mí lo suficiente para consagrarme ante los israelitas, ustedes no llevarán a esta comunidad a la tierra que Yo les otorgaré' (Números 20:10–12).

Estamos tentados a decir: "¿acaso esta es la Torá y esta su recompensa?" ¿Cuál fue el pecado de Moisés para merecer semejante castigo? En años anteriores he expresado mi opinión de que Moisés no pecó ni fue castigado. Simplemente, cada generación necesita sus propios líderes. Moisés

utilizamos cuando reflexionamos y tomamos decisiones sobre una base racional. Atrapados por una ira incontrolable, perdemos la capacidad de dar un paso hacia atrás y juzgar las posibles consecuencias de nuestras acciones. El resultado es que por un instante de ira podemos decir cosas que sean objeto de arrepentimiento por el resto de nuestra vida.

Por ese motivo, dictamina Maimónides, cuando se trata de la cólera no hay un "camino medio" (*Hiljot Deot* 2:3). En su defecto, debemos evitarla bajo cualquier circunstancia. Debemos ir aún hasta el extremo opuesto. Incluso cuando el enojo podría estar justificado, debemos evitarlo. Hay casos en los que *debemos aparentar* que estamos enojados. Eso es lo que hizo Moisés cuando vio a los israelitas adorando al becerro de oro, y procedió a romper las Tablas. Pero aun cuando mostramos ese enojo, internamente debemos mantenernos calmos.

El *Orjot Tzadikim* (un comentario del siglo XV) señala que la ira destruye las relaciones personales.[2] Las personas temperamentales atemorizan a los demás, que por lo tanto evitan acercarse a ellas. La ira rechaza los sentimientos positivos: el perdón, la compasión, la empatía y la sensibilidad. Como resultado, las personas temperamentales terminan solas, despreciadas y decepcionadas. Las personas malhumoradas no consiguen otra cosa que su mal humor (*Kidushin* 40b). Pierden todo lo demás.

El modelo clásico de paciencia frente a las provocaciones es el de Hilel. El Talmud nos dice que dos personas hicieron una apuesta: "El que logre que Hilel se enoje recibirá cuatrocientos *zuz*". Uno de ellos dijo: "Iré a provocarlo". Era *Erev Shabat* y Hilel estaba lavándose el cabello. El hombre se paró en la puerta y dijo: "¿Está Hilel aquí? ¿Está Hilel aquí?" Hilel se vistió y salió diciendo: "¿Hijo mío, ¿qué deseas?"

> "Tengo una pregunta para hacerte", dijo.
> "Pregunta, hijo mío", contestó Hilel.
> Preguntó: "¿Por qué las cabezas de los babilonios son redondas?"
> "Mi hijo, has hecho una buena pregunta", dijo Hilel. "El motivo es que no tienen parteras habilidosas".

2. *Orjot Tzadikim, Shaar Kaas,* "El pórtico del enojo".

El hombre partió, se detuvo y volvió gritando: "¿Está Hilel aquí? ¿Está Hilel aquí?"

Nuevamente Hilel dejó su baño, se vistió y preguntó: "Hijo mío ¿qué buscas?"

"Tengo otra pregunta".

"Pregunta, hijo mío".

"¿Por qué los habitantes de Palmira tienen los ojos borrosos?"

Hilel contestó: "Hijo mío, has hecho una muy buena pregunta. El motivo es porque habitan lugares muy arenosos".

Se retiró y volvió por tercera vez diciendo: "¿Está Hilel aquí? ¿Está Hilel aquí?"

Nuevamente Hilel se vistió y preguntó:

"Hijo mío, ¿que deseas?"

"Tengo otra pregunta".

"Pregunta, hijo".

"¿Por qué los pies de los africanos son tan anchos?"

"Hijo mío, has hecho una buena pregunta. Porque viven en pantanos acuosos".

"Tengo muchas preguntas para hacer" dijo el hombre, "pero temo que pueda enojarse".

Hilel entonces se sentó y le dijo: "Haz todas las preguntas que tengas que hacer".

"¿Es usted Hilel, aquello aquien llaman el *nasí* (líder, príncipe) de Israel?"

"Si" dijo Hilel.

"En ese caso, dijo el hombre, ojalá no haya muchos como usted en Israel".

"¿Por qué, hijo mío?"

"¡Porque por culpa suya acabo de perder cuatrocientos *zuz*!"

"Ten cuidado con tus humores" dijo Hilel. "Puedes perder otros cuatrocientos *zuz* y aún cuatrocientos más, pero Hilel no se enfadará".[3]

3. Shabat 30b–31a.

Fue la cualidad de la paciencia ante la provocación la que, entre otros factores, hizo que según el Talmud (Eruvín 13b) los sabios hayan decidido mayoritariamente a favor de la Escuela de Hilel en lugar de la de Shamai.

La mejor manera de conquistar el enojo es mediante la pausa, el freno, la reflexión, contar hasta diez y respirar profundamente. De ser necesario, es preferible dejar la habitación, caminar, meditar o ventilar los sentimientos tóxicos en soledad. Se dice de uno de los Rebes de Lubavitch, que cuando sentía enojo tomaba el Shulján Aruj para determinar si en esas condiciones su enojo estaba permitido. Cuando terminaba de estudiar, el enojo ya había desaparecido.

Una vida moral es aquella en la cual luchamos contra el enojo, pero nunca dejamos que nos venza. El veredicto del judaísmo es simple: o vencemos al enojo o el enojo nos vencerá a nosotros.

CB

Balak

La maldición de la soledad

En el transcurso de la bendición al pueblo judío, Balam dijo unas palabras que a muchos les podría parecer que sintetizan la historia judía:

> ¿Cómo puedo maldecir a quien Dios no ha maldecido?
> ¿Cómo puedo denunciar a quien Dios no ha denunciado?
> De la cima del peñasco los veo,
> desde los montes miro hacia abajo.
> Un pueblo que vive solo,[1]
> no reconociéndose entre las naciones (Números 23:8–9).

Así es como se veía durante las persecuciones y los pogromos en Europa. Así también es como se veía durante el Holocausto. Así es como se percibe en la actualidad a Israel y a sus defensores. Nos encontramos solos.

1. *A People that Dwells Alone* es el título que se le otorgó a la colección de los ensayos escritos por el difunto Jacob Herzog. También fue el tema de la autobiografía del diplomático israelí, y hermano del ex Gran Rabino de Israel, Israel Meir Lau, el difunto Naftali Lau-Lavie (*Balaam's Prophecy: Eyewitness to History* [Jerusalem: Toby Press, 2015]).

Pinjás

Eliahu y la voz suave y apacible

Entonces la voz del Eterno se dirigió hacia él: '¿Por qué estás aquí, Eliahu?' Él le respondió: Estoy aquí por mi fervor por el Eterno, Dios de la Huestes ...'. El Eterno le dijo: Ve y párate en la montaña en presencia del Eterno, pues el Eterno está por pasar por allí'. Entonces, un viento grande y poderoso partió la montaña y quebró las rocas ante el Eterno. Pero el Eterno no estaba en el viento. Después del viento vino un terremoto, pero el Eterno no estaba en el terremoto. Después del terremoto vino el fuego, pero el Eterno no estaba en el fuego. Después del fuego – vino una voz suave y apacible (I Reyes 19:9–12).

En 1165, los judíos de Marruecos se hallaron frente a una situación agonizante. Una secta musulmana fanática, la de los almohades, había tomado el poder en el país y estaba por iniciar una campaña de conversión forzada al islam. La comunidad judía se encontró ante una terrible elección: asimilarse a la fe islámica o morir. Algunos eligieron el martirio. Otros, el exilio. Pero algunos accedieron a la propuesta del terror y aceptaron la fe islámica, aunque muchos de los 'conversos' siguieron practicando el judaísmo en forma oculta. Eran los *anusim, conversos,* criptojudíos, o como los llamaron más adelante los españoles, los *marranos.*

Esto planteó un tremendo problema moral a los demás judíos: ¿Cómo debían ser considerados? En apariencia, habían traicionado a su comunidad y a su herencia religiosa. Además, el ejemplo era desmoralizante. Debilitaba la voluntad de los judíos que estaban dispuestos a resistir sea lo que fuere. Pero muchos de los criptojudíos aun deseaban seguir siendo judíos en secreto, cumplir con los preceptos y cuando fuera posible, asistir a la sinagoga y rezar.

Uno de los conversos le planteó el problema a un rabino. Dijo que él se había convertido bajo presión, pero en su corazón seguía siendo un judío fiel. ¿Podía tener ese mérito por observar en privado la mayor cantidad posible de preceptos? La respuesta del rabino fue rotunda. El judío que ha aceptado el islam ha renunciado a su inclusión en la comunidad. Ya no formará parte de la casa de Israel. Que esa persona cumpla los preceptos carecería de sentido. Peor aún, sería un pecado. La elección era brutal y absoluta: ser o no ser judío. Si eliges ser judío, debes estar preparado para morir antes que ceder. Si eliges no serlo, no debes intentar ingresar a la casa que has abandonado.

Podemos respetar la firmeza de la postura del rabino. Desarrolló en forma inequívoca la elección moral. Hay circunstancias en las que el heroísmo por la fe es un imperativo categórico. Nada menos que ello resulta posible. Su respuesta, aun dura, no está exenta de coraje. Pero otro rabino estuvo en desacuerdo.

El nombre del primer rabino se ha perdido, pero no el del segundo. Se trata de Moisés Maimónides, el más grande de los rabinos de la Edad Media. Maimónides no desconocía la persecución religiosa. Nacido en Córdoba en 1135, trece años más tarde fue obligado a huir junto a su familia cuando la ciudad fuera conquistada por los almohades. Pasó doce años errando. En 1160 una ley almohade liberal permitió a la familia asentarse en Marruecos. Cinco años más tarde debió partir nuevamente, instalándose primero en la tierra de Israel y luego en Egipto.

Maimónides se indignó tanto por la respuesta del rabino que escribió su propia responsa, la cual rechaza rotundamente la regla anterior y critica a su autor, al que describe como un 'sabio de estilo particular', que nunca ha experimentado lo que tantas comunidades judías habían sufrido a raíz de la persecución.

La respuesta de Maimónides, la *Igueret ha-Shmad,* (Epístola de conversión forzada) es un tratado sustancial en sí mismo.[1] Lo impactante, dada la vehemencia con la que comienza, es que las conclusiones a las que llega son apenas menos exigentes que las de la responsa anterior. Si te enfrentas con una persecución religiosa, dice Maimónides, debes huir y asentarte en otro lugar. 'Si estás forzado a violar aunque fuera un solo precepto – está prohibido quedarse en ese sitio. Debes dejar todo y viajar día y noche hasta encontrar el lugar donde poder practicar tu religión'.[2] Eso es preferible al martirio.

Sin embargo, el que elige la muerte antes de renunciar a su fe 'ha hecho lo que es bueno y correcto'[3] pues ha dado su vida por la santificación del nombre de Dios. Lo que resulta inaceptable es quedarse, con la excusa de que si uno peca lo hace solo por estar bajo presión. Hacer eso es profanar el nombre de Dios, 'no exactamente de forma voluntaria, pero casi'.[4]

Estas son las conclusiones de Maimónides. Pero analizándolas y profundizando el motivo central de su argumentación, hay una sostenida defensa de los que hacen lo contrario a lo que ordena Maimónides. La carta da esperanza a los criptojudíos. Hicieron algo malo. Pero es un mal perdonable. Actuaron bajo coerción y peligro de muerte. Siguen siendo judíos. Sus actos como judíos aún gozarán de favor ante los ojos de Dios. En realidad, doblemente, porque cuando cumplen con un precepto no lo hacen para ganarse el favor ante los ojos de los demás. Saben que si actúan como judíos, corren el peligro de ser descubiertos y de morir. Su fidelidad secreta es en sí una forma de heroísmo.

Lo que estuvo mal en la reglamentación del primer rabino fue su insistencia de que un judío que cede ante el terror ha traicionado su fe, y por lo tanto debe ser excluido de la comunidad. Maimónides insiste

1. En Abraham S. Halkin, and David Hartman. *Crisis and Leadership: Epistles of Maimonides* (Philadelphia: Jewish Publication Society of America, 1985) pp. 15–35, se encuentran un comentario y una traducción al inglés.
2. Ibid., 32.
3. Ibid., 30.
4. Ibid.

en que esto no es así. 'No corresponde expulsar, despreciar ni odiar a las personas que profanan el Shabat. Nuestro deber consiste en amigarnos y alentarlos a cumplir los preceptos'.[5] En un gesto audaz de interpretación, cita el versículo: 'No desprecies al ladrón que roba para satisfacer su necesidad cuando está hambriento' (Prov. 6:30). Los criptojudíos que vienen a la sinagoga están hambrientos de rezo judío. 'Roban' momentos de pertenencia. No deben ser despreciados sino bienvenidos.

Esta epístola es una demostración ejemplar del más difícil de los desafíos morales: cómo combinar la proscripción con la compasión. Maimónides no deja duda alguna de lo que piensa que deben hacer los judíos. Pero al mismo tiempo es inflexible en su defensa de los que no lo hacen. No aprueba lo que han hecho. Pero defiende lo que son. Nos pide que comprendamos su situación. Les da una base para ser respetados. Deja abiertas las puertas de la comunidad.

La argumentación alcanza su punto culminante cuando Maimónides cita una notable secuencia de pasajes *midráshicos* cuyo tema central es que los profetas no deben condenar a su pueblo sino defenderlo ante Dios. Cuando Moisés –a quien se le otorgó la responsabilidad de sacar al pueblo de Egipto– respondió: 'Pero ellos no me creerán' (Éxodo 4:1) en ese caso estaba, aparentemente, en lo correcto. La narrativa bíblica posterior sugiere que las dudas de Moisés estaban bien justificadas. El israelita era un pueblo difícil de liderar. Pero el *midrash* dice que Dios le contestó: 'Ellos son creyentes e hijos de creyentes, pero tú (Moisés) finalmente no creerás' (Shabat 97a).

Maimónides cita una serie de pasajes similares y luego dice: Si este es el castigo destinado a los pilares del universo, al más grande de los profetas, por haber criticado brevemente al pueblo (aun cuando eran culpables de los pecados de los cuales habían sido acusados) ¿podemos entonces imaginar el castigo que les aguarda a los que critican a los *conversos* que bajo la amenaza de muerte y sin abandonar su fe profesan una religión en la cual no creen?

En el transcurso de su análisis Maimónides cita al profeta Eliahu y el texto forma parte de la haftará de esta semana. Bajo el reino de Acab y Jezabel la adoración de Baal se había vuelto el culto oficial. Los profetas

5. Ibid., 33.

de Dios estaban siendo asesinados. Los que sobrevivieron estaban ocultos. Eliahu respondió mediante un desafío público en el Monte Carmel. Enfrentado a cuatrocientos representantes de Baal, estaba dispuesto a resolver la cuestión religiosa de una vez por todas. Les dijo a los congregados que debían elegir por uno u otro: Dios o Baal. No era posible 'continuar oscilando entre las dos opiniones'. La verdad debía decidirse por medio de una prueba. Si resultaba en favor de Baal, la ofrenda preparada por los sacerdotes sería consumida por el fuego. En cambio, si fuera en favor de la ofrenda de Eliahu, la verdad estaría del lado de Dios.

Eliahu ganó la confrontación. El pueblo clamó: 'El Eterno, es Dios'. Los sacerdotes de Baal fueron derrotados. Pero la historia no termina aquí. Jezabel emite una orden judicial contra Eliahu, que escapa al Monte Horeb. Allí recibe una extraña visión como la registrada al comienzo del ensayo de esta semana. Se le da a entender que Dios habla solo mediante 'una voz suave y apacible'.

El episodio es enigmático, aún más por la extraña característica del texto. Apenas *antes* de la visión, Dios pregunta: '¿Qué estás haciendo aquí, Eliahu?' a lo cual este responde: 'Estoy movilizado por mi fervor por el Eterno, el Dios de las Huestes...' (I Reyes 19:9–10). Inmediatamente *después* de la visión, Dios hace la misma pregunta y Eliahu responde de la misma manera que antes (I Reyes 19:13–14). El *Midrash* transforma el texto en un diálogo:

> Eliahu: Los israelitas han roto el pacto de Dios.
> Dios: ¿Entonces es tu pacto?
> Eliahu: Ellos han destrozado tus altares.
> Dios: ¿Acaso eran tus altares?
> Eliahu: Han sometido a Tus profetas a la espada.
> Dios: Pero tú estás vivo.
> Eliahu: Sólo yo quedé. Dios: En lugar de formular acusaciones contra Israel, ¿no deberías haber defendido su causa?[6]

El significado del *midrash* es claro. El fanático se pone de parte de Dios. Pero Dios espera que sus profetas sean defensores, no acusadores. La

6. Shir ha-Shirim Rabá 1:6.

pregunta se repite y la respuesta debe ser comprendida en su trágica profundidad. Eliahu se declara celoso de Dios. Se le ha demostrado que Dios no se presenta en forma dramática: no en el viento, en el terremoto o en el fuego. Dios le pregunta nuevamente: '¿Qué estás haciendo aquí, Eliahu? Eliahu repite que siente celo por Dios. Él no ha comprendido que el liderazgo religioso requiere otro tipo de virtud, una una voz suave y apacible. Ahora, Dios indica que otra persona debe liderar, y que Eliahu debe entregar el manto a Eliseo.

En tiempos de turbulencia, hay una casi incontenible tentación de los líderes religiosos de elegir la confrontación. Entienden que no solo deben proclamar la verdad, sino que además deben denunciar la falsedad. Las elecciones deben plantearse como opciones severas. No condenar es consentir. El rabino que condenó a los conversos tenía fe en su corazón, la lógica de su lado y a Eliahu como precedente.

Pero el *Midrash* y Maimónides nos presentan otro modelo. Un profeta escucha no solamente un imperativo sino dos: guiar y tener compasión, el amor por la verdad y una solidaridad duradera para con aquellos en los que la verdad se ha eclipsado. Preservar la tradición y al mismo tiempo defender a aquellos que son condenados por los demás es la difícil y necesaria tarea del líder religioso en una era de carencia de religiosidad.

CB

Matot

Juramentos y votos

La parashá de Matot comienza con un pasaje sobre votos y juramentos, y su anulación. Usa un vocabulario que más adelante sería adoptado y adaptado para el *Kol Nidrei,* la anulación de los votos en la víspera de Yom Kipur. Sin embargo, su aparición aquí cerca del final del libro de Números resulta extraña.

La Torá ha estado describiendo las últimas etapas de la travesía de los israelitas hacia la tierra prometida. Se había dado la orden de dividir la tierra entre las tribus. Dios le ha dicho a Moisés que se prepare para su deceso. Le pide a Dios que nombre un sucesor, cosa que Él hace. El rol le corresponde a Josué, aprendiz de Moisés durante años. La narrativa entonces se interrumpe para dar lugar a una extensa descripción de los sacrificios que debían ser ofrecidos en distintos días del año. En la sección siguiente, comienza la parashá de Matot con los juramentos y los votos.

¿Por qué está puesta aquí? Hay una respuesta superficial: existe un vínculo verbal con el penúltimo versículo de la parashá anterior: "Esto ofrecerás al Eterno en vuestras festividades, además de *vuestros votos* y ofrendas voluntarias" (Números 29:39). Habiendo mencionado a los votos, la Torá establece ahora las leyes que se aplican a ellas. Esa es una explicación posible.

Sin embargo, existe otra respuesta que va directamente al corazón del proyecto: el que los israelitas se están por embarcar una vez cruzado el Jordán y conquistada la tierra. Un problema, quizás *el* problema al que responde la Torá es el siguiente: ¿Pueden *coexistir la libertad y el orden en la esfera humana?* ¿Puede existir, al mismo tiempo, una sociedad justa y libre? La Torá nos propone alternativas. Puede haber libertad y caos. Así era el mundo, plagado de violencia antes del diluvio. También puede haber orden sin libertad. Así era Egipto, de donde fueron liberados los israelitas. ¿Hay una tercera alternativa? Si es así, ¿cómo se crea?

La respuesta de la Torá tiene que ver con el *lenguaje.* Recordemos que fue mediante el lenguaje que Dios creó el mundo: "Y Dios dijo, que sea ... y así fue..." Uno de los primeros dones que Dios le otorgó a la humanidad fue el lenguaje. Cuando la Torá dice "Dios creó al hombre del polvo de la tierra y sopló el hálito de vida en sus fosas nasales, y el hombre se convirtió en un ser viviente"(Gén. 2:7), el Targum traduce esa frase como "y el hombre se convirtió en un ser hablante". Para el judaísmo, hablar es la vida misma.

Sin embargo, al judaísmo le interesa especialmente el uso extraordinario del lenguaje. El filósofo de Oxford J.L. Austin lo llamó "expresión performativa".[1] Eso ocurre cuando usamos el lenguaje, no para *describir* algo sino para *hacer* algo. Así, por ejemplo, cuando el novio le dice a su prometida bajo la *jupá* "Tú estás consagrada para mí" no está describiendo un casamiento, *se está casando.* Cuando en tiempos antiguos el Beit Din declaraba la luna nueva (el día de *Rosh Jodesh*), no estaba describiendo un hecho. *Estaba creándolo,* estaba *transformando el día* en *Rosh Jodesh.*

El ejemplo clave de una expresión performativa es la promesa. Cuando prometo que voy a hacer algo estoy creando una situación que antes no existía, específicamente, una obligación. Este hecho, por más pequeño que parezca, es la base del judaísmo.

Esta promesa mutua (X se compromete a hacer algo para Y, e Y hace lo propio con X) se llama pacto, y el judaísmo está basado en el pacto, específicamente el llevado a cabo entre Dios y los israelitas en el Monte Sinaí, que los unió en ese entonces y nos une hasta hoy en día.

1. J. L. Austin, *How to Do Things with Words* (Oxford: Clarendon Press, 1975).

En la historia de la humanidad, se trata del caso supremo de expresión performativa.

Dos filósofos comprendieron la significación del acto de prometer para la vida moral. Uno fue Nietzsche. Esto es lo que dijo:

> Criar un animal con la prerrogativa de *prometer* – ¿acaso no es una tarea paradójica que la naturaleza se ha planteado con respecto a la humanidad? ¿Acaso no es el verdadero problema de la especie humana? El hombre debe ser realmente *confiable, ordenado, necesario* incluso en su propia imagen, de forma tal que, como persona que hace una promesa, sea responsable de su propio *futuro*. Eso es precisamente lo que constituye la larga historia de los orígenes de la *responsabilidad*.[2]

La otra, fue Hannah Arendt, quien esencialmente explicó lo que Nietzsche quiso decir. Los temas humanos están plenos de incertidumbre. Eso ocurre porque somos libres. No sabemos cómo se comportarán otras personas o cómo reaccionarán ante una acción nuestra. Por lo tanto, nunca podemos estar seguros de la consecuencia de nuestras decisiones. La libertad parecería sustraer el orden del mundo de los seres humanos. Sabemos cómo se comportarán objetos inanimados en diferentes circunstancias. Podemos estar razonablemente seguros de cómo lo harán los animales. Pero no podemos saber de antemano cómo reaccionarán los humanos. ¿Cómo entonces podemos crear una sociedad ordenada sin quitarle la libertad a las personas?

La respuesta es la acción de prometer. Cuando prometo hacer algo, estoy asumiendo libremente una obligación de cumplirlo en el futuro. Si soy una persona conocida por respetar su palabra, he eliminado un elemento de incertidumbre de la palabra humana. Puedes confiar en mí, ya que he dado mi palabra. Cuando hago una promesa, me comprometo voluntariamente a cumplirla. Es esta capacidad de los humanos de asumir plenamente el compromiso de hacer, o dejar de hacer ciertos actos,

2. Friedrich Nietzsche, *On the Genealogy of Morality*, trans. Carol Diethe and ed. Keith Ansell-Pearson (Cambridge, UK: Cambridge University Press, 2007), pp. 35–36.

lo que genera el orden en las relaciones entre seres humanos sin el uso coercitivo de la fuerza.[3]

"Cuando un hombre hace un voto al Eterno o toma un juramento comprometiéndose a una obligación, no debe incumplir su palabra: cualquiera sea lo que haya expresado, lo debe cumplir" (Números 30:3). No es casual que este, el segundo versículo de Matot, esté ubicado poco antes de que los israelitas estén por aproximarse a la tierra prometida. La institución de la promesa, de la cual los votos y juramentos a Dios son el supremo ejemplo, es esencial para la existencia de una sociedad libre. *La libertad depende de que las personas cumplan con su palabra.*

Otra instancia de cómo se traduce esto en la vida real aparece más adelante en la parashá. Dos tribus, las de Gad y Rubén, deciden que prefieren quedarse al este del Jordán dado que allí la tierra es más apropiada para su ganado. Después de una tensa discusión con Moshé que los acusa de faltar a sus responsabilidades para con el resto del grupo, aceptan combatir en la primera línea del ejército hasta que la conquista de la tierra se haya completado. Todo depende de que cumplan con su palabra.

Toda sociedad libre depende de la confianza, lo cual significa honrar las promesas, hacer lo que decimos que haremos. Cuando esto se quiebra, el futuro de la libertad está en riesgo. Hay un ejemplo clásico de esto en el Tanaj. Aparece en el libro de Jeremías donde el profeta describe la sociedad de su época, en la que no se podía confiar en que las personas cumplieran con su palabra:

> Doblan sus lenguas como arcos;
> son valientes en la tierra por falsedad, no por honestidad;
> avanzan de mal en mal.
> No Me hacen caso – declara el Eterno.
> Ten cuidado de tus amigos,
> no confíes ni en tu hermano,
> pues cada uno de ellos es un impostor, y cada amigo un difamador.
> El amigo engaña al amigo, y nadie dice la verdad.

3. Hannah Arendt, *The Human Condition* (Chicago: University of Chicago Press, 1958), pp. 243–44.

> Han enseñado a las lenguas a mentir; se cansan de pecar.
> Vives en medio del engaño, en el engaño se niegan a hacerme caso a Mí – declara el Eterno (Jer. 9:2–5).

Esta es la situación de una sociedad que estaba por perder su libertad a manos de los babilonios, y nunca fue plenamente recuperada.

Si cae la confianza, se derrumban las relaciones sociales. La sociedad dependerá entonces de los que ejercen el poder o alguna forma del uso de la fuerza. Cuando la misma se emplea ampliamente la sociedad ya no es libre. La única forma en que los seres humanos puedan formar relaciones colaborativas y de cooperación sin recurrir a la fuerza, es mediante compromisos verbales que sean honrados por quienes los contraigan.

La libertad requiere de confianza. La confianza hace que las personas cumplan con su palabra, y cumplir con la palabra significa considerar a las palabras como sagradas, y a los votos y juramentos como sacrosantos. Solo en circunstancias muy especiales y precisamente formuladas puedes liberarte de un compromiso. Es por eso por lo que cuando los israelitas se hallaban próximos a Tierra Santa, donde estaban por crear una sociedad libre, era necesario recordarles el carácter sagrado de los votos y de los juramentos.

La tentación de faltar a la palabra cuando ello significa una ventaja es a veces abrumadora. Es por eso por lo que creer en Dios –un Dios que registra todo lo que pensamos, decimos y hacemos y que hace que seamos responsables de nuestros compromisos– resulta tan fundamental. Aunque ahora nos resulte extraño, John Locke, el padre de la tolerancia y el liberalismo, sostuvo que no se debía incluir a los ateos entre los ciudadanos, porque al no creer en Dios no se podía confiar en que honrasen su palabra.[4]

Al comprender esto, podemos ahora entender que la aparición de las leyes de los votos y los juramentos al final del libro de Números, al aproximarse los israelitas a la tierra de Israel, no es casual, y la moraleja de esta historia es relevante aún hoy en día. Una sociedad libre depende de la confianza. La confianza depende de honrar la palabra. Esa es la

4. John Locke, *A Letter Concerning Toleration* (1689).

forma en que los humanos imitan a Dios, al usar el lenguaje para crear. Las palabras crean obligaciones morales, las que, tomadas responsablemente y honradas fielmente, permiten la creación de una sociedad libre. Por lo tanto, nunca dejes de cumplir una promesa. Haz siempre lo que has dicho que harás. Si dejamos de cumplir la palabra, inevitablemente dejaremos de ser libres.

CB

Masei

Retribución y venganza

Sobre el final de Bemidbar, nos encontramos con la ley de las ciudades de refugio: tres ciudades al este del Jordán y más tarde tres en la tierra de Israel misma. Las personas que habían cometido un homicidio podían huir allí y protegerse hasta que su caso fuera resuelto por un tribunal. Si lo declaraban culpable, era sentenciado a muerte. Si resultara inocente, ya sea por tratarse de un accidente o de una muerte involuntaria, o sea, sin premeditación ni malicia, entonces quedaban en la ciudad-refugio "hasta la muerte del sumo sacerdote" (cohen gadol) (ver Números 35:28). Allí, estaban protegidos de la venganza de los *goel ha-dam,* los redentores de la sangre, generalmente el pariente sanguíneo más cercano del difunto.

El homicidio es muy importante en la ley judía. Pero hay una diferencia fundamental entre el asesinato (muerte deliberada) y el homicidio involuntario, la muerte accidental. Matar a alguien que no es culpable de un asesinato, como acto de venganza por una muerte accidental, no es un acto de justicia, sino más bien un derramamiento de sangre y esto debe evitarse. De ahí, la necesidad de que existan refugios seguros en donde las personas estén protegidas por los vigilantes.

La prevención de la violencia injusta es fundamental en la Torá. El pacto de Dios con Noaj y la humanidad después del diluvio identifica al asesinato como el crimen máximo:

> El que derrama la sangre del hombre, por el hombre, su sangre será derramada, pues en la imagen de Dios, Dios creó al hombre (Génesis 6:6).

La sangre derramada injustamente clama al mismo Cielo. Dios le dijo a Caín, después de que hubiera ultimado a Abel:

> La sangre de tu hermano Me llora desde la tierra (Génesis 4:10).

Aquí también en Bemidbar, encontramos un sentimiento similar:

> No contaminarás la tierra en la que vives, ya que la sangre contamina la tierra, pues la tierra no puede tener expiación alguna por la sangre derramada en ella, salvo por la sangre del que la derramó (Números 35:13).

El verbo *j-n-f* que aparece dos veces en esta sección sector en ningún otro lugar de la Biblia, significa contaminar, ensuciar, enlodar, profanar. Hay algo que está muy mal en un mundo en el cual el asesinato no tiene castigo. Aún en casos justificados de derramamiento de sangre, como lo es el caso de la guerra, se transmite impureza. Un cohen que ha derramado sangre no puede bendecir al pueblo.[1] A David le dijeron que no podía construir el Templo "porque has derramado mucha sangre".[2] La muerte impurifica.

Es esto lo que subyace a la idea de la venganza. Y si bien la Torá rechaza la venganza salvo que esté ordenada por Dios,[3] algo de esta sobrevive en el término *goel ha–dam,* erróneamente traducido como

1. Berajot 32b, Rambám, Hiljot Tefilá 15:3.
2. I Crónicas 22:8.
3. Solo Dios, el Portador de vida, puede ordenarnos a que tomemos la vida, y, a menudo, solo sobre las bases de hechos que solo Dios conoce y no nosotros.

`vengador de la sangre´ cuando en realidad lo correcto sería `redentor de la sangre´. Un redentor es alguien que corrige el desequilibrio del mundo, que rescata algo o a alguien y lo repone en su lugar correcto. Así, Boaz redime la tierra que pertenece a Noemí.[4] El redentor es aquel que restituye a la libertad, a alguien que se ha visto forzado a venderse como esclavo.[5] Dios redime a Su pueblo de la esclavitud en Egipto. Un redentor de la sangre es aquel que asegura que un crimen no quede impune.

Sin embargo, no todas las muertes son asesinatos. Algunas son *bi–shgagá,* o sea, no intencionales, accidentales o por error y son las que llevan al exilio en las ciudades-refugio. Sin embargo, hay una cierta ambigüedad en esta ley. El exilio en esas ciudades era un medio de *protección* del posible asesino, o una forma de *castigo*; no la pena capital que se hubiera aplicado en caso de culpabilidad, pero un castigo al fin. Recordemos que el exilio es una forma de castigo, como en el caso de Adán y Eva que después de su pecado fueron exiliados del Edén. Después de matar a Abel, a Caín le fue dicho: "Serás un viajero errante por toda la superficie de la tierra". En nuestras plegarias decimos "debido a nuestros pecados fuimos exiliados de nuestra tierra".

En realidad, los dos elementos están presentes. Por un lado, la Torá dice: "La asamblea debe proteger al acusado de asesinato del redentor de la sangre y mandar al acusado de vuelta a la ciudad refugio de donde partió" (Núm. 35:25). En este caso, el énfasis está en la protección. Pero por el otro lado, si el exiliado "sale alguna vez de los límites de la ciudad refugio y el redentor de sangre lo encuentra, puede matarlo sin que lo acusen de asesinato" (Núm. 35:26–27). En este caso se presume la culpabilidad, si no ¿por qué el redentor de sangre podría suponerse no culpable de asesinato?[6].

Analicemos esta diferencia leyendo el Talmud y los textos de Maimónides que explican la regla que el exiliado debe permanecer en la ciudad refugio hasta la muerte del supremo sacerdote. ¿Qué tiene que ver el sumo sacerdote con la muerte accidental? Según el Talmud,

4. Ver Rut, capítulos 3–4.
5. Ver Levítico. 25, en donde el verbo aparece 19 veces.
6. Ver Amnon Bazak, '*Cities of Refuge and Cities of Flight,*' in Torá MiEtzion, Devarim, Maggid, Jerusalem, 2012, pp. 229–236.

el cohen gadol "debería haber pedido clemencia (o sea, debería haber rezado para que no hubiera muertes accidentales en el pueblo) y no lo hizo".[7] La suposición es que si él hubiera rezado más fervientemente, Dios no habría permitido que ocurriera este accidente. Hubiera o no culpabilidad moral, algo malo ocurrió y existe la necesidad de la expiación, lacual es por una parte lograda por el exilio, y por la otra, con la muerte del sumo sacerdote, ya que su desaparición física expía al pueblo en general y a quien murió accidentalmente.

En cambio, en la *Guía para los perplejos* (III:40) Maimónides ofrece una explicación totalmente distinta. Para él, el tema en cuestión no es la expiación sino la protección. El motivo por el cual el exiliado huye a la ciudad refugio es para permitir que se enfríen las pasiones del familiar de la víctima, el redentor de la sangre. El exiliado permanece allí hasta la muerte del cohen gadol porque en esa instancia se produce un sentimiento de duelo nacional que aplaca la sed de venganza, "porque es un fenómeno natural encontrar consuelo por nuestro infortunio cuando una desgracia igual o mayor le sucede a otra persona. Entre nosotros, ninguna muerte genera mayor dolor que la muerte del sumo sacerdote".

El deseo de venganza es elemental, existe en todas las sociedades. Ha generado ciclos de represalias (los Montescos contra los Capuletos en *Romeo y Julieta,* los Corleone y Tattaglia en *El padrino*) que no tienen fin. Las guerras entre clanes eran capaces de destruir a sociedades enteras[8].

La Torá, al comprender que el deseo de venganza es un sentimiento natural, lo aplaca convirtiéndolo en una cosa totalmente distinta. Reconoce la pena, la pérdida y la indignación moral de la familia de la víctima. Éste es el significado de la frase *goel ha-dam,* el redentor de la sangre, que representa la sed de venganza. La Torá rige para seres con pasiones, no para santos. Es un código realista, no utópico.

La Torá inserta un elemento vital *entre* el asesino y los familiares de la víctima: el principio de justicia. No debe haber una acción directa de venganza. El homicida debe ser protegido hasta que su caso sea tratado en la corte judicial. Si es culpable, deberá hacerse cargo, si fuera

7. Macot 11a.
8. Ver Amnon Bazak, `Ciudades refugio y ciudades de huida *Torah Mi-Etzion, Devarim* Maggid, Jerusalem, 2012,229–236.

inocente, se le debe dar refugio. *Este simple acto convierte a la revancha en retribución*, y es lo que hace toda la diferencia.

Frecuentemente, se presentan dificultades en diferenciar retribución de venganza y, sin embargo, son conceptos totalmente distintos. La venganza es una relación yo-tú: mataste a un miembro de mi familia, ahora te mataré a ti. Es estrictamente personal. Por el contrario, la retribución es *im*personal.

Ya no son más los Montescos contra los Capuletos, ya que ambos están sometidos a la imparcialidad de la ley. En realidad, la denominación más precisa de la sociedad que busca crear la Torá es la *nomocracia*, el imperio de la ley, no de los hombres.

La retribución es el rechazo reglamentado de la venganza. Indica que no tenemos la libertad de hacer justicia por mano propia. La pasión no debe pasar por encima del debido proceso legal, ya que de esto resultaría un tránsito seguro a la anarquía y al derramamiento de sangre. El mal debe castigarse, pero solo después de un proceso justo y en representación, no solo de la víctima sino de la sociedad en su totalidad. Fue éste el principio que guio a Simon Wiesenthal a llevar a los criminales nazis a juicio. El llamó a su autobiografía *Justice, not Vengeance.*[9] Las ciudades refugios eran parte de este proceso por el cual la venganza fue subordinada a y sustituida por la justicia retributiva.

Esto no es solo historia antigua. Apenas cayó el muro de Berlín y finalizó la Guerra Fría en 1989 se desató una brutal guerra étnica en la ex Yugoslavia, primero en Bosnia y luego en Kosovo. Ahora se ha extendido a Siria, Iraq y muchas otras partes del mundo. En su libro *The Warrior´s Honor: Ethnic War and the Modern Conscience*, Michael Ignatieff se preguntó cómo era que estas regiones entraron tan rápidamente en el caos, y esta fue su conclusión:

> El principal obstáculo moral en el camino de la reconciliación es el deseo de venganza. En la actualidad, la venganza es considerada como una pasión baja e indigna, y por tal motivo su profunda conexión moral con la gente es raramente comprendida. Pero la venganza –moralmente considerada– es el deseo de mantener la

9. New York: Grove Weidenfeld, 1989.

> lealtad a los difuntos, de honrar su memoria tomando su causa en el lugar en que fue interrumpida. La venganza mantiene el compromiso entre las generaciones; la violencia que engendra es una forma ritual de respeto hacia los muertos de la comunidad – y ahí radica su legitimidad. La reconciliación es difícil, precisamente porque debe competir con la poderosa alternativa moral de la violencia. El terror político es tenaz porque es una práctica ética, una expresión extrema y absoluta del culto a los muertos, y de ahí su legitimidad.[10]

Sería tonto actuar como si la venganza no existiera. Existe. Pero darle rienda suelta llevaría a la sociedad a la violencia y a un derramamiento de sangre sin fin. La única alternativa posible es canalizarla a través del funcionamiento de la ley, el juicio equitativo, y luego el castigo o la protección. Eso fue lo que introdujo la ley de las ciudades de refugio a la civilización, permitiendo la retribución en lugar de la venganza, y la justicia en vez de la represalia.

10. Michael Ignatieff, *The Warrior's Honor*, New York: Henry Holt, 2000. p. 188.

Deuteronomio
דברים

Devarim

¿Por qué hay tantos abogados judíos?

En el comienzo de Devarim, Moisés recorre la historia de los israelitas en el desierto, comenzando con el nombramiento de los líderes del pueblo, jefes de miles, centenas, cincuentenas y decenas. Continúa diciendo:

> Y encargué a los jueces de esa época: "Escuchen las disputas de vuestra gente y juzguen ecuánimemente, ya sea entre dos israelitas o entre uno de ellos y un extranjero que resida en entre vosotros. No muestren parcialidad al juzgar; atiendan a grandes y pequeños de la misma manera. No teman a nadie porque el juicio pertenece a Dios. Tráiganme cualquier caso difícil que yo lo analizaré" (Deut. 1:16–17).

De esta forma, ya al comienzo del libro en el que sintetiza toda la historia de Israel y de su destino como pueblo sagrado, Moisés le da prioridad a la administración de la justicia: algo que sintetizará memorablemente en un capítulo posterior (Deut. 16:20) con la frase "justicia, justicia perseguirás". Las palabras de justicia en hebreo *tzedek* y *mishpat* son temas recurrentes en el libro. La raíz *tz-d-k* aparece dieciocho veces en Devarim; la raíz *sh-f-t* cuarenta y ocho.

A través de las generaciones, la justicia parece grabada en el corazón palpitante de la fe judía. Albert Einstein remarcó que "la búsqueda del conocimiento por el valor en sí mismo, el cuasi fanático amor por la justicia y el afán de independencia personal – son rasgos de la tradición judía que me llevan a agradecer a los cielos que yo pertenezca a ella". En el transcurso de un programa de televisión que hice para la BBC, entrevisté a Hazel Cosgrove, la primera mujer elegida como jueza de la Suprema Corte de Justicia de Escocia y miembro activo de la comunidad judía de Edimburgo, y le pregunté qué fue lo que la impulsó a seguir la carrera de derecho, a lo cual me contestó, como si fuera evidente: "Porque el judaísmo te enseña que 'justicia, justicia perseguirás'".

Uno de los abogados más grandes de nuestro tiempo, Alan Dershowitz, está por publicar un libro sobre Abraham[1] a quien señala como el primer abogado judío, "el patriarca de la profesión legal: un abogado defensor de los condenados que estaba dispuesto a arriesgar todo, aun a someterse a la ira de Dios, por defender a sus clientes",[2] el fundador no sólo del monoteísmo, sino también el primero de una larga serie de abogados judíos. Dershowitz describe vívidamente el ruego de Abraham por los habitantes de Sodoma ("¿Puede el Juez de toda la tierra no hacer justicia?" [Gén. 18:25]) como si fuera la escena de una obra de teatro con Abraham como abogado defensor de los habitantes de la ciudad y Dios, como el acusado. Este es el episodio precursor de muchos otros similares de la Torá y del Tanaj donde los profetas discuten temas jurídicos con el pueblo y con Dios.

En épocas actuales, jueces de origen judío en los Estados Unidos alcanzaron granprominencia: Brandeis, Cardozo y Felix Frankfurter entre ellos. Ruth Bader Ginsburg fue la primera mujer judía elegida para la Corte Suprema. En Gran Bretaña entre 1996 y 2008 dos de los tres jueces supremos de los lores[3] fueron judíos: Peter Taylor y Harry

1. Alan Derschowitz, *Abraham: the world's first (but certainly not the last) Jewish lawyer*, New York, Schoken, 2015.
2. Ibid., 11.
3. N. del T.: Lord Chief Justices

Woolf. En Alemania, en los comienzos de los años 30 los judíos, que constituían el 0.7 de la población, representaron el 16.6 por ciento de los jueces y los abogados.

Vale la pena señalar una característica del Tanaj al respecto. A lo largo de la Biblia hebrea algunos de los diálogos más intensos entre los profetas y Dios se asemejan a una representación teatral. En algunos casos, como los de Moisés, Jeremías y Habacuc, los demandantes son la raza humana o el pueblo judío. En el caso de Job, se trata de un individuo que ha sufrido injustamente, y el acusado es Dios mismo. Elie Wiesel cuenta la historia del juicio hecho contra Dios en un campo de concentración por los prisioneros judíos durante el Holocausto.[4] En otras instancias, es Dios el que acciona contra los hijos de Israel.

La palabra que emplea la Biblia hebrea para estos diálogos singulares entre el cielo y la tierra[5] es *riv* que significa juicio[6] y deriva del concepto de que en el corazón de la relación entre Dios y el ser humano –tanto en general como específicamente en relación con el pueblo judío– se encuentra el pacto, o sea, un acuerdo vinculante, un compromiso mutuo basado en la obediencia humana de la ley divina y en la promesa de Dios del amor y la lealtad celestial. De esa forma cualquiera de las dos partes podría llevar a la otra a juicio por incumplimiento de su responsabilidad.

Tres características señalan al judaísmo como una fe distinta. La primera es la idea revolucionaria de que cuando Dios se revela a los humanos lo hace en forma de ley. En el mundo antiguo, Dios era poder. En el judaísmo, Dios es orden, y el orden presupone la existencia de ley. En el mundo natural de causa y efecto el orden toma la forma de ley científica. Pero en el mundo humano donde existe el libre albedrío, el orden toma la forma de ley moral. De ahí el nombre de los libros mosaicos: Torá significa 'dirección, guía, enseñanza' pero sobre todo 'ley'. El sentido básico[7] del principio fundamental del judaísmo *Torá*

4. Elie Wiesel, *The trial of God*, Schoken, 1995. El relato es ficticio, pero en una ocasión Wiesel dijo que ocurrió y que él estaba presente.
5. Sobre este tema ver Anson Laytner, *Arguing with God: A Jewish Tradition*, Jason Aronson, 1977.
6. N. del T.: En el sentido jurídico del término.
7. No es el único significado, por cierto. Ver Rambám Hiljot Teshuvá 3:5.

min ha-Shamayim 'Torá del cielo' es que Dios, no el ser humano, es la fuente de la ley vinculante.

La segunda, es que nos han encargado ser los intérpretes de la ley. Esa es nuestra responsabilidad como herederos y guardianes de la *Torá she-be-al pe,* la Tradición Oral. La frase en la que Moisés describe la voz que escuchó el pueblo en la ceremonia de la revelación en el Sinaí –*kol gadol velo yasaf*– es comprendida por los exégetas de dos formas aparentemente contradictorias. Por una parte, significa 'la voz que nunca más se oyó', y por la otra, 'la voz que nunca cesó de oírse'.[8] Sin embargo, no hay contradicción porque la voz que nunca más se volvió a escuchar es la de la Torá Escrita, mientras que la que nunca cesó de escucharse es la de la Torá Oral.

La Torá Escrita es *min ha-shamayim,* "del cielo", pero la Torá Oral, el Talmud, insiste en que *lo ba-shamayim hi* "no está en el cielo".[9] Por tal motivo el judaísmo es una conversación entre el Dador de la ley y sus intérpretes. Esa es una parte de lo que significa el Talmud cuando dice que "cada juez que dicta un juicio verdadero se transforma en socio del Santo Bendito Sea en la tarea de la creación" (Shabat 10a).

En tercer lugar, lo fundamental para el judaísmo es la educación, y lo que es fundamental para la educación es el estudio de la Torá, o sea, de la ley. Eso es lo que quiso decir el profeta Isaías al expresar: "Escúchenme ustedes que conocen la justicia, el pueblo en cuyo corazón está Mi ley; no teman el reproche de los hombres ni se asusten de sus insultos" (Isaías 51:7). Es lo que quiso decir Jeremías cuando exclamó: "Este es el pacto que haré con la casa de Israel después de esos días, dice el Eterno: 'Instalaré mi ley entre ellos y la escribiré sobre sus corazones; y Yo seré su Dios, y ellos serán Mi pueblo'" (Jeremías 31:33). Es lo que quiso expresar Flavio Josefo cuando hace mil novecientos años dijera: "Si se le preguntara a alguno de nuestra nación acerca de nuestras leyes, las enunciará como si fuera su propio nombre. La consecuencia de la minuciosa enseñanza de las leyes desde los albores de nuestra inteligencia es

8. Deut. 5: 19 y ver Rashi ut supra que da ambas interpretaciones.
9. Baba Metzia 59b.

que estén grabadas en nuestras almas".[10] Ser un niño judío es ser, como dice la expresión inglesa, "conocedor de la ley".[11]

El judaísmo no trata solo sobre la espiritualidad, ni es simplemente un código para la salvación del alma. Es una serie de instrucciones para lo que el Rabino Aaron Lichtenstein llamó "la beatitud de la sociedad". Consiste en traer a Dios a los espacios comunes de nuestra vida colectiva. Eso requiere de ley: la ley que representa la justicia, que honra a todos los seres humanos sin distinción de clase o color; que juzga imparcialmente a ricos y pobres, poderosos y débiles, aun in extremis, entre la humanidad y Dios; la ley que liga a Dios, su Dador, con nosotros, sus intérpretes; la ley que que es la única en permitir la coexistencia de la libertad con el orden para que mi libertad no se consiga a costa de la tuya.

No resulta sorprendente, entonces, que haya tantos abogados judíos.

CB

10. Contra Apión 2.178.
11. N. del T.: Learned in law.

Vaetjanán

Lo recto y lo bueno

Perdido entre los pasajes épicos de Vaetjanán –entre ellos, el Shemá y los Diez Mandamientos– aparece un párrafo breve de grandes implicancias para la moral de la vida judía. He aquí los dos versículos:

> Habrás de cumplir diligentemente los mandamientos del Eterno tu Dios, Sus testimonios y Sus estatutos que Él te ha ordenado. *Y habrás de hacer lo que es recto y bueno a la vista del* Eterno, para que te vaya bien a ti y para que puedas entrar y poseer la buena tierra que el Eterno prometió dar a tus padres (Deut. 6:17–18).

La dificultad es obvia. El versículo precedente hace referencia a mandatos, testimonios y estatutos. Esto, a simple vista, en lo que concierne a la conducta, es la totalidad del judaísmo. ¿Qué se agrega a lo anterior con la frase "lo recto y lo bueno" que no esté incluido en el versículo anterior?

Según Rashi, se refiere al "compromiso (o sea, no en la insistencia estricta de tus derechos) y a la acción dentro y más allá de la letra de la ley *(lifnit mi-shurat ha-din)*". La ley, como fuere, establece un umbral mínimo: esto es lo que debemos hacer. Pero la vida moral aspira a que hagamos más de lo debido.[1] Las personas que más nos impactan por su bondad y rectitud no son las que simplemente cumplen las leyes aplicadas a todo el mundo. Los santos y los héroes de la vida moral van más allá, hacen más de lo ordenado, dan un paso más. De acuerdo con Rashi, eso es lo que la Torá entiende por "lo recto y lo bueno".

> En un principio Moisés dijo que debes cuidar Sus estatutos, y los testimonios que Él te ordenó. Y ahora está diciendo que aun en lo que no ordenó, debes pensar en hacer lo que es bueno y recto a Sus ojos, puesto que Él ama lo recto y lo bueno.
>
> Éste es un principio fundamental, ya que es imposible que la Torá pueda mencionar todos los aspectos de la conducta del hombre con sus amigos y con el prójimo, todas sus transacciones, y las ordenanzas de las sociedades y los países. Pero dado que Él mencionó a alguno de ellos, por ejemplo: "No deberás difundir chismes", "No serás vengativo ni guardarás rencor", "No permanecerás indiferente ante la sangre de tu prójimo", "No insultarás al sordo", "Te pondrás de pie ante el anciano", y similares, Él dispuso en forma general que uno debe hacer lo recto y lo que está bien, incluyendo el compromiso y la acción de ir más allá de lo que establece la ley... Así es como, uno debe comportarse en toda esfera de su actividad hasta merecer ser considerado "bueno y honrado".

Rambán va más allá de Rashi, en el sentido de que lo recto y lo bueno exceden lo requerido estrictamente por la ley. Parecería que Rambán dijera que hay aspectos de la vida moral para nada comprendidos dentro del concepto de la ley. Eso es lo que querría decir al expresar que "es imposible que la Torá mencione todos los aspectos de la conducta del hombre con sus amigos y el prójimo". La ley trata de temas universales, principios que se aplican en todo tiempo y lugar. No asesinarás. No

1. Ver Lon Fuller, *The Morality of Law* Yale University Press, 1969, y del muy reproducido artículo de Aharon Lichtenstein '¿Hay una ética independiente de la Halajá?' en *Modern Jewish Ethics*, ed. Marvin Fox (Columbus: Ohio State University Press, 1975), pp. 62–88.

robarás. No mentirás. Sin embargo, hay algunos factores importantes de la vida moral que no son nada universales. Tiene que ver con circunstancias específicas y cómo respondemos a ellas. ¿Qué significa ser un buen marido o una buena esposa, un buen padre, un buen maestro, un buen amigo? ¿Qué es ser un gran líder, un seguidor, un miembro del equipo? ¿Cuándo corresponde elogiar y cuando debe decirse: "Podrías haberlo hecho mejor"? Hay aspectos de la vida moral que no se pueden reducir a reglas de conducta porque lo que importa no es sólo lo que hacemos sino cómo lo hacemos: con humildad, gentileza, sensibilidad y tacto.

La moralidad es de las personas, y no hay dos personas iguales. Cuando Moisés le pidió a Dios que nombrara un sucesor, comenzó con estas palabras: "Eterno, Dios de los espíritus de toda carne" (Números 27:16). Los rabinos comentaron al respecto: Lo que dijo Moisés se debe a que como cada persona es diferente, debía elegir un líder que pudiera relacionarse con cada individuo como individuo, sabiendo que lo que es útil para uno puede ser perjudicial para otro.[2] Esta habilidad para elegir la respuesta justa para la persona justa en el tiempo justo, es una característica no sólo del liderazgo sino de la bondad humana en general.

Rashi comienza el comentario de Bereshit con una pregunta: Si la Torá es un libro de ley, ¿por qué no comienza desde el principio con la primera ley dada al pueblo de Israel en su totalidad, lo que recién aparece en Éxodo 12? ¿Por qué incluye la narrativa de Adán y Eva, Caín y Abel, los patriarcas, las matriarcas y sus hijos? Rashi responde algo que no tiene nada que ver con la moralidad – dice que tiene que ver con el derecho del pueblo judío a su tierra. Pero el Netziv (R. Naftali Tzví Yehudá Berlin) dice que las historias del Génesis están para enseñarnos cuán rectos eran los patriarcas en sus tratativas, aun con personas extranjeras e idólatras. Es por eso, dice, que a Génesis se lo llama "el libro de los rectos".[3]

La moralidad no es solo una serie de reglas, ni aun el elaborado código de los 613 preceptos y sus extensiones rabínicas. Además, se trata de cómo respondemos a la gente como personas. La historia de Adán y Eva en el paraíso trata en parte de lo que no anduvo bien en la relación

2. Sifrei Zuta Midrash Tanjuma y Rashi a Núm. ad loc.
3. *Ha-amek Davar* a Génesis, introducción.

cuando el hombre llamó a su esposa *Ishá*, 'mujer', una descripción de tipo genérico. Recién cuando le dio su nombre propio, *Javá*, Eva, pudo relacionarse con ella como individuo en su individualidad (la de ella), y solo después Dios "les dio ropajes y cueros para tapar su desnudez" (Génesis 3:21).

Ésta es también la diferencia entre el Dios de Aristóteles y el Dios de Abraham. Aristóteles creyó que Dios era solo el de lo universal y no de lo particular. Es el Dios de la ciencia, del Iluminismo, de Spinoza. El Dios de Abraham es el Dios que se relaciona con nuestra singularidad, en lo que nos hace distintos a los demás y a la vez semejantes.

Ésta es finalmente la diferencia entre los dos grandes principios de la ética judaica: la justicia y el amor. La justicia es universal, trata a todo el mundo de la misma manera, débiles y poderosos, sin distinciones de clase o color. Pero el amor es particular. Un padre o una madre ama a su hijo o hija por lo que tiene de único/a. Y la vida moral es una combinación de los dos, por lo cual no puede reducirse meramente a leyes universales. Es eso lo que la Torá quiere significar cuando menciona "lo recto y lo bueno" por encima de los mandamientos, estatutos y testimonios.

Un buen maestro sabe qué decirle a un estudiante poco dotado que, con gran esfuerzo, logra más de lo esperado, y a otro brillante que es el mejor del grado pero cuyos logros están por debajo de su potencial. Un buen empleador sabe cuándo elogiar y cuándo criticar. Todos tenemos que saber cuándo insistir en lo justo y cuándo ejercer el perdón. Las personas que han tenido una influencia decisiva en nuestras vidas son las que en casi todos los casos, han comprendido nuestra singularidad. No fuimos, para ellos, una mera cara en la multitud. Es por eso por lo que aun cuando la moralidad implica reglas universales y no puede funcionar sin ellas, también comprende interacciones que no pueden reducirse a reglas.

El Rav Israel de Ruzhin le preguntó en una ocasión a un alumno cuántas secciones había en el Shulján Aruj (código de ley judía). "Cuatro", le contestó. "¿Qué sabes" –preguntó el Ruzhiner– "de la quinta sección?"

"Pero no hay una quinta sección" dijo el alumno. "Sí que la hay", exclamó el Ruzhiner. "Dice que siempre trates a una persona como un *mensch*".[4]

La quinta sección del código legal es la conducta que no puede reducirse a lo legal. Eso es lo que se necesita para hacer lo recto y lo bueno.

CB

4. *N. de T.:* persona íntegra, en idish.

Ekev

El poder de la gratitud

En los comienzos de los años noventa se desarrolló uno de los grandes programas de investigación médica de nuestros tiempos que se conoció con el nombre de "Estudio de las monjas". Unas 700 monjas norteamericanas, todas pertenecientes a la Escuela de Hermanas de Notre Dame de los EE. UU., accedieron a someterse a estudios de un equipo de investigación de la enfermedad de Alzheimer y de envejecimiento. Cuando se inició el estudio, la edad de las participantes era entre los 75 y 102 años.[1]

Lo que hizo que este trabajo fuera inusualmente profundo, fue que, en el año 1930 a las monjas, que en ese entonces tenían alrededor de veinte años, la madre superiora les pidió que elaboraran un informe autobiográfico incluyendo las razones que las impulsaron a entrar en el convento. Estos documentos fueron analizados por los investigadores que usaron un método especial para codificar y registrar, entre otros factores, las emociones positivas y negativas. Al revisar anualmente sus estados clínicos, los científicos indagaron si el estado emocional registrado en los años 30 tuvo algún efecto sobre su salud sesenta años más

1. Ver: Robert Emmons, *Thanks! How The New Science of Gratitude Can Make You Happier*, Boston: Houghton Miffin, 2007.

tarde. Por haber llevado un estilo de vida muy uniforme durante seis décadas, constituían una muestra ideal para analizar la relación entre los eventos emocionales y su estado de salud.

Los resultados publicados en 2001 fueron sorprendentes.[2] Cuanto mayor era la cantidad de emociones positivas –alegría, gratitud, felicidad, amor y esperanza– mayor era la probabilidad de que sesenta años más tarde estuvieran vivas y en buen estado de salud. La diferencia en ese sentido era de hasta de 7 años de sobrevida. Tan impactante fue este hallazgo que generó el nuevo campo de investigación de la gratificación, así como la profundización del impacto de las emociones en la salud física.

Lo que la medicina entiende ahora acerca de los individuos, Moisés lo sabía respecto de las naciones. La gratitud –*hakarat ha-tov*– está en el corazón de sus afirmaciones sobre los israelitas y la tierra prometida. La gratitud no fue la virtud más observada por el pueblo durante la travesía por el desierto. Se quejó por la falta de comida y bebida, por el maná y la falta de carne y verduras, por los peligros cuando huían de los egipcios y por los habitantes de las tierras a las que estaban destinados. Careció de gratitud durante los tiempos difíciles, pero el peligro de esta misma carencia sería aún mayor en los buenos. Por eso advirtió:

> Cuando hayas comido hasta saciarte y hayas construido hermosas casas para vivir en ellas, cuando tus rebaños y tu ganado se hayan multiplicado, y cuando tu plata y oro se hayan multiplicado, no te exaltes, olvidando al Eterno tu Dios, el que te sacó de la tierra de Egipto, de la esclavitud... No te digas 'Mi poder y la fuerza de mi mano me han generado esta riqueza' (Deut. 8:11–17).

Lo peor que le podría pasar al pueblo, advirtió Moisés, es que se olvidase cómo llegó a la tierra, cómo Dios se la había prometido a sus ancestros y cómo los sacó de la esclavitud a la libertad, sosteniéndolos durante cuarenta años en el desierto. Esta fue una idea revolucionaria: que la

2. Danner, Debora D. David A. Snowdon y Wallace V. Friesen "Positive Emotions in Early Life and Longevity: Findings from the Nun Study "*Journal of Personality and Social Psychology*" 80.5 (2001) 804–13.

historia de la nación estuviera grabada en el alma del pueblo, que se volviera a representar en el ciclo anual de festividades, y que la nación como tal, nunca se atribuyese sus logros a sí misma –"mi poder y el poder de mi mano"– sino que siempre atribuyera sus victorias, aun su existencia misma, a algo más alto que sí mismo: a Dios. Este es el tema principal de Deuteronomio, que resuena en el libro una y otra vez.

A raíz de la publicación del estudio de las monjas y de la serie de investigaciones que inspiró, ahora conocemos los múltiples efectos que produce el desarrollo de la cualidad de la gratitud. Mejora la salud física y la inmunidad frente a enfermedades. Las personas agradecidas son más propensas a la actividad física regular y a los chequeos médicos preventivos. La gratitud disminuye las emociones tóxicas como el resentimiento, la frustración y los lamentos, al hacer menos probable la depresión. Evita la respuesta exagerada a experiencias negativas, buscando venganza. Hasta favorece el sueño. Incrementa la autoestima, lo que hace que sea menos esperable la envidia por el éxito o logros ajenos, y tendiendo a generar mejores relaciones personales. Decir "gracias" refuerza las amistades y mejora la respuesta de los empleados y es un factor positivo para fortalecer la resiliencia. Un estudio realizado con veteranos de la guerra de Vietnam demostró que los soldados que tenían una mayor práctica de la gratitud tuvieron una menor incidencia del síndrome de estrés post traumático. El recordar eventos que merecen nuestro agradecimiento nos permite superar situaciones penosas, como un duelo o la pérdida de un empleo.[3]

El rezo judío es un seminario continuo de gratitud. El *Birkot ha-Shajar* ‵las Bendiciones del Amanecer′ pronunciadas al amanecer de cada día, constituyen una letanía de agradecimientos por la vida misma: el cuerpo humano, el mundo físico, la tierra que nos sostiene y los ojos que nos permiten verla. Las primeras palabras que decimos cada mañana –*Modé/Modá aní,* "yo te agradezco"– indica que comenzamos cada día diciendo gracias.

La gratitud también yace tras una característica fascinante de la *Amidá.* Cuando el que dirige la plegaria repite la Amidá en voz alta,

3. Gran parte del material de este párrafo se encuentra en artículos publicados en Greater Good: The Science of Meaningful Life. http://greatergood.berkeley.edu

esquinas del campo sembrado. Estaba también lo producido el séptimo año, que pertenecía a todos y a nadie, y el *maaser ani,* el diezmo para los pobres que se daba el tercer y sexto año del ciclo de siete. La *shmitá* y *el yovel,* el séptimo y quincuagésimo año con la cancelación de deudas, la emancipación de los esclavos, y la devolución de la propiedad a sus antiguos dueños, eran elementos esenciales para retornar la economía a una situación de equidad. O sea que el primer principio era que nadie debía ser desesperadamente pobre.

El segundo principio incluía la *terumá* y *maaser rishón,* la porción sacerdotal y el primer diezmo, que eran para los sacerdotes y a los levitas respectivamente. Constituían la élite religiosa en la nación de los tiempos bíblicos, cuya misión era asegurar que el servicio a Dios, específicamente en el Templo, continuara estando en el corazón de la entidad nacional. También tenían otras funciones: la educación y la justicia, actuando como maestros y jueces.

El tercer principio era más personal y espiritual. Había leyes tales como la de llevar los primeros frutos a Jerusalén, y la de los tres festivales de peregrinación: Pesaj, Shavuot y Sucot, que coincidían con los ciclos agrícolas y tenían que ver con la afirmación de una lección de gratitud y humildad. Enseñaban que la tierra le pertenecía a Dios y que el hombre era meramente inquilino o huésped. La lluvia, el sol y la tierra conducen a la cosecha gracias a Su bendición. Sin este recordatorio periódico, las sociedades se tornan inexorablemente materialistas y autosatisfechas. Los dirigentes y las élites se olvidan de que su misión es servir a la gente, y en cambio, esperan que sea a la inversa. Es así como las naciones en el apogeo de su éxito comienzan a declinar, preparando inconscientemente el terreno para su derrota.

Todo esto hace que una de las leyes de nuestra parashá –la ley del segundo diezmo– sea de difícil comprensión. Como notamos anteriormente, en el tercer y sexto año del ciclo de siete, se daba el diezmo a los pobres. Sin embargo, en el primero, segundo, cuarto y quinto año el diezmo era llevado por el campesino a Jerusalén y comido allí en un estado de pureza:

> Y habrás de comer ante el Señor tu Dios, en el lugar que habrá elegido para hacer morar Su Nombre allí, el diezmo de tu cereal,

> tu mosto y tu aceite, y los primogénitos de tus vacunos y ovinos, para que aprendas a venerar al Eterno tu Dios, todos los días (Deut. 14:23).

Y si el campesino vivía a gran distancia de Jerusalén, se le permitía otra alternativa:

> Cambiarás el diezmo por dinero; atarás el dinero en tu mano y te encaminarás al lugar que habrá de elegir el Eterno tu Dios. Y podrás trocar el dinero por todo lo que desee tu ser: vacunos, ovinos, vino, licor y por todo lo que te pida tu ser (ídem 25–26).

El problema es evidente. El segundo diezmo no iba destinado a los pobres, a los sacerdotes ni a los levitas, por lo cual no era parte de ninguno de los dos primeros principios. Podría ser parte del tercero, para recordarle al agricultor que la tierra le pertenecía a Dios, pero esto también parece improbable. No había declaración alguna, como en el caso de los primeros frutos, ni ningún servicio religioso específico como en el caso de las otras fiestas. Salvo por estar en Jerusalén, la institución del segundo diezmo no tenía contenido perceptible ni espiritual alguno. ¿Dónde está entonces la lógica del segundo diezmo?

Enfocándose en la frase "*para que aprendas* a venerar al Eterno tu Dios", los sabios[2] afirmaron que era una forma de alentar a la gente al estudio. Al estar un tiempo en Jerusalén mientras consumían el diezmo o el alimento comprado con el sustituto monetario, podrían estar sometidos a la influencia de la ciudad sagrada, con su gente abocada al servicio divino o al estudio de los textos sagrados.[2] Esto se asemejaría a los grupos de las comunidades religiosas que en la actualidad organizan viajes de estudio a Israel.

Maimónides, sin embargo, ofrece una explicación completamente distinta.

El mandamiento de consumir el segundo diezmo comiéndolo en Jerusalén obligaba a la persona a donar una parte como caridad. Como no podía hacer otra cosa con el diezmo que usarlo solamente para comer o

2. Ver también Tosafot, Baba Batra 21a, s.v. *Ki Mi Tzion*.

beber, estaba obligado a ceder una parte gradualmente. Esta regla atrajo a multitudes a congregarse en el lugar, y a fortalecer el vínculo de amor y hermandad entre los hijos de los hombres.[3]

Para Maimónides el segundo diezmo cumplía una función social. Fortalecía la sociedad civil, creaba vínculos de unión y amistad entre la gente y alentaba a los visitantes a compartir la bendición de la cosecha con otros. Desconocidos podían encontrarse y generar amistades en un ambiente de camaradería entre peregrinos, al generar un sentido de pertenencia, ciudadanía compartida e identidad colectiva. En efecto, Maimónides menciona algo parecido acerca de las festividades mismas:

El sentido de cumplir con las festividades es simple. El hombre obtiene beneficios de estas reuniones: las emociones generadas renuevan la adhesión a la religión; conducen a un intercambio social y amistoso entre el pueblo.[4]

La atmósfera de Jerusalén –dice Maimónides– incitaba a la espiritualidad pública. La comida era siempre abundante ya que los frutos del cuarto año, los diezmos del ganado, del trigo, del vino y del aceite del segundo diezmo estaban presentes. No se podían vender ni guardar para el año siguiente, por lo cual una gran parte debía donarse especialmente (como lo indica la Torá) "al levita, al extranjero, a la viuda y al huérfano".

Al escribir sobre Norteamérica en 1830, Alexis de Tocqueville acuñó una nueva palabra para describir el fenómeno que encontró allí y que consideró uno de los peligros de la sociedad democrática. La palabra era *individualismo*. La definió como "un sentimiento maduro y calmo que induce a cada miembro de la comunidad a aislarse de la sociedad y separarse con su familia y amigos", dejando "a la sociedad consigo misma".[5] Tocqueville creía que la democracia fomentaba el individualismo, dejando la actividad del bien común enteramente en manos del gobierno, que por lo tanto sería cada vez más poderoso, eventualmente amenazando a la libertad misma.

Fue una reflexión brillante y dos ejemplos recientes lo confirman. El primero fue descrito por Robert Putnam, el gran sociólogo de

3. *Guía para los perplejos* III: 39.
4. *Ibid* III: 46.
5. Alexis de Tocqueville, *Democracy in America*, Book II ch.2.

Harvard, en su estudio sobre las ciudades italianas en 1990.[6] Durante los años setenta todas las regiones italianas tuvieron gobiernos regionales semejantes, pero a lo largo de los siguientes veinte años, algunas prosperaron, otras se estancaron; algunas tuvieron gobiernos capaces y crecimiento económico, mientras que otras estuvieron plagadas de corrupción e ineficacia. Putnam encontró que el principal factor era el nivel de actividad pública de la ciudadanía.

El otro ejemplo es el experimento conocido como "el juego del viajante gratuito" diseñado para medir el grado de civismo dentro de un grupo. Existe siempre el conflicto potencial entre el interés propio y el bien común. Resulta tentador aprovecharse de los servicios públicos sin pagar la parte que a uno le corresponde (por ejemplo, viajar en el transporte público sin pagar el boleto, de ahí el término "viajante gratuito"). Mencionamos este estudio en un ensayo previo de este año, en la parashá Ki Tisá.

Como recordarán, el juego consiste en otorgar a cada uno de los participantes $10 e invitarlos a contribuir a un pozo común. El monto total se multiplica por, digamos, tres, y el monto se divide en partes iguales para cada uno de los jugadores. Si cada uno coloca $10, recibirá $30, pero si alguno decide no contribuir nada y hay seis jugadores, habrá $50 en el pozo y $150 después de la multiplicación. Cada uno de los jugadores recibirá entonces $25 pero uno tendrá $35: los 25 del pozo más los 10 originales.

Después de varias rondas, los otros jugadores notarán que no todos contribuyen equitativamente, lo cual los induce a aportar menos al pozo común. El grupo pierde y nadie gana. Sin embargo, si los otros jugadores tienen la posibilidad de castigar al que hace trampa pagando un dólar para hacerlo perder tres dólares, lo harán, y el que viaja gratis dejará de hacerlo, ganando todos.

Mientras escribía estas líneas, la economía griega entraba en un estado de colapso. Años antes, en 2008, el economista Benedikt Hermann hizo la prueba de analizar, en determinadas zonas geográficas y distintas culturas, cómo reaccionaban distintas personas en distintas

6. Putnam, Robert D., Robert Leonardi and Raffaella Nanetti. *Making Democracy Work: Civic Traditions in Modern Italy.* Princeton UP,1993.

impactante se presenta en la parashá de esta semana. Se refiere a la conducta durante un sitio en tiempo de guerra. La Torá establece que:

> Cuando prepares un sitio prolongado a una ciudad con la intención de capturarla, no destruirás los árboles por medio del hacha porque puedes comer de su fruto. No los cortarás. ¿Acaso los árboles son personas a las que debes sitiar? Sin embargo, puedes talar árboles que sabes que no darán frutos y usarlos para construir rampas para el sitio hasta que caiga la ciudad que está en guerra contigo (Deut. 20:19–20).

La prohibición de destruir árboles frutales se conocía como la regla de *bal tashjit*, "no destruyas". En una primera instancia, su alcance es altamente limitado. No hace otra cosa que prohibir la acción de dejar "tierra arrasada" durante la guerra. Parece no tener aplicación alguna en tiempos de paz. Sin embargo, los sabios la comprendieron de manera mucho más amplia, incluyendo en esta cualquier acto de destrucción innecesaria. Maimónides establece esta ley de la siguiente manera: "No solo es aplicable a los árboles sino a cualquiera que rompa utensilios o vestiduras, destruya un edificio, bloquee una fuente de agua o descarte alimentos, ya que transgrede el precepto de *bal tashjit*".[2] Este es el fundamento halájico de la ética de la responsabilidad ambiental.

¿Por qué motivo la Tradición Oral o al menos algunos de sus exponentes, limitaron el alcance de la ley en ciertos casos y lo ampliaron en otros? La respuesta real es que no sabemos. La literatura rabínica no nos dice nada al respecto. Pero podemos especular. Un *posek* que busca interpretar la ley divina en casos específicos tratará de hacerlo en forma consistente con la estructura integral de las enseñanzas bíblicas. Si un texto entra en conflicto con los principios básicos de la ley judía, será comprendido en forma restrictiva, por lo menos por algunos. Si en cambio, sirve como ejemplo de tal principio, será comprendido ampliamente.

La ley de la ciudad condenada en la que todos los habitantes serían condenados a muerte, parecería entrar en conflicto con el principio de la justicia individual. Cuando Sodoma fue amenazada con ese

2. Hiljot Melajim 6:10.

destino, Abraham planteó que si hubiera solo diez personas inocentes, la destrucción de toda la ciudad sería decididamente injusta. "¿Podrá ser posible que el juez de toda la tierra no imparta justicia?"

La ley del hijo rebelde y testarudo fue explicada en el Talmud por R. José el Galileo sobre la base de que "la Torá previó su destino ulterior". Había comenzado robando. Era probable que terminara con actos de violencia y luego de asesinato. "Por lo tanto, la Torá ordenó: es preferible que muera inocente y no culpable".[3] Se trata de un castigo preventivo. El niño era castigado no tanto por lo hecho sino por lo que estaría por hacer. Rabí Shimon bar Yojai, que dijo que esa ley nunca fue ni sería aplicada, pudo haber pensado que en el judaísmo hay un principio opuesto, que las personas son juzgadas solamente por lo que han hecho, no por lo que harán. El castigo retributivo es justicia, el preventivo, no.

Repito: todo esto es especulativo. Es posible que existieran otras razones. Pero tiene sentido suponer que los sabios buscaron al máximo que sus dictámenes fueran coherentes con la estructura de valor de la ley judía tal como ellos la entendían. Según esta visión, la ley condenatoria de la ciudad existía para enseñarnos que la idolatría, una vez aceptada públicamente, es contagiosa, como puede verse en la historia de los reyes de Israel. La ley del niño rebelde y testarudo está para enseñarnos cuán fácil es el descenso de la delincuencia juvenil a la acción criminal del adulto. La ley existe no solo para regular sino también para educar.

Sin embargo, en el caso del *bel tashjit* hay algo que constituye una obvia coincidencia con más elementos del pensamiento y de la ley judía. La Torá se ocupa de lo que hoy llamaríamos la 'sustentabilidad'. Esto es particularmente cierto con los tres preceptos de descansos regulares: el Shabat, el año sabático y el año del jubileo.

En Shabat, todo trabajo vinculado a lo agrícola está prohibido, 'para que vuestro buey y vuestro asno puedan descansar' (Éx. 23:12). Esto constituye un límite a nuestra intervención sobre la naturaleza en busca de crecimiento económico. Tomamos conciencia de que somos creaciones, no solo creadores. La tierra no es nuestra, sino de Dios. Durante seis días nos es entregada, pero en el último día renunciamos simbólicamente a ese poder. No podemos hacer ningún 'trabajo' o sea,

3. Mishná Sanedrín 8:5.

ningún acto que altere el estado de algo con fines humanos. El Shabat es un recordatorio de la integridad de la naturaleza y del límite de la voluntad humana.

Lo que hace el Shabat para humanos y animales, lo hacen el año sabático y el del jubileo para la tierra. También la tierra es merecedora de un descanso periódico. La Torá advierte que si los israelitas no respetan esto, sufrirán el exilio: "Entonces la tierra se apaciguará por sus años sabáticos por el tiempo que estuvo desolada mientras ustedes estén en la tierra de los enemigos; entonces la tierra descansará y se repondrá y se apaciguará por sus Shabatot" (Lev. 26:34).

Detrás de este tema existen dos preocupaciones. Una es ambiental. Tal como lo señalara Maimónides, la tierra explotada en exceso eventualmente se erosiona y pierde fertilidad. A los israelitas les fue ordenado conservar el suelo dejándolo inactivo por determinados períodos, evitando generar ganancias a corto plazo a costa de una desolación a largo plazo.[4] El segundo, no menos importante, es teológico: "la tierra", dice Dios, "es Mía; ustedes son extranjeros, meramente Mis residentes temporarios" (Lev. 25:23).

Nosotros somos huéspedes en la tierra.

Otro conjunto de preceptos está dirigido a evitar que intervengamos en forma excesiva sobre la naturaleza. La Torá prohíbe la cruza genética del ganado; sembrar la tierra con mezcla de semillas y usar vestimentas con mezcla de lana y lino. Najmánides entendió que este término correspondía a leyes que *respetan la integridad de la naturaleza*. Mezclar diferentes especies, argumentó, sería presumir que sería posible mejorar la creación, siendo por lo tanto una afrenta contra el Creador. Cada especie tiene sus propias leyes internas de desarrollo y reproducción, con las que no debe haber interferencias: el que combina dos especies diferentes produce cambios y desafía el trabajo de la creación como si creyera que el Santo Bendito Sea, no hubiera completado el mundo a la perfección y quisiera ahora mejorarlo creando nuevos tipos de criaturas.[5]

El libro de Deuteronomio contiene también una ley que prohíbe tomar a un pájaro junto con su madre. Najmánides sostiene que es como

4. Rambám, *La guía de los perplejos,* III:39.
5. Rambán, Comentario aLev. 19:19.

tener la misma consideración que con el cuidado de las especies. Aunque la Torá nos permite la matanza de algunos animales para que sirvan como alimento, ello no debe ser a costa de su extinción.

Shimshon Rafael Hirsch, en el siglo XIX, planteó la interpretación más rigurosa de la ley bíblica. Los estatutos relacionados con la protección ambiental, dijo, representan el principio de que 'la misma mirada que otorgas a la humanidad debes mostrarla a cada ser inferior, a la tierra que brinda y sostiene todo, y al mundo de las plantas y los animales'. Constituye una especie de justicia social aplicada al mundo natural: 'Te piden que veas todo ser viviente como propiedad de Dios. No destruyas a ninguno; no abuses de ninguno; no descartes nada; utiliza todas las cosas sabiamente... Considera a todas las criaturas como servidoras de la casa de la creación'.[6]

Hirsch también brindó una original interpretación a la frase en Génesis 1: 'Hagamos al hombre a Nuestra imagen y semejanza'. El pasaje es desconcertante pues en esa etapa, antes de la creación del hombre, Dios estaba solo. El 'nosotros' dice Hirsch, se refiere al resto de la creación. Como solo el hombre podría desarrollar una capacidad de cambio y posiblemente poner en peligro el mundo natural, la naturaleza misma fue consultada para ver si aprobaba tal cosa. La condición implícita era que los humanos pudieran utilizar la naturaleza para realzarla, no para ponerla en riesgo. Cualquier otra cosa es *ultra vires,* fuera de nuestro control del planeta.

En este contexto, una frase de Génesis 2 es decisiva. El hombre fue ubicado en el jardín del Edén (paraíso) "para trabajarlo y cuidarlo" (Gén. 2:15). Los dos verbos son significativos. El primero –*le-ovdá*– literalmente significa 'para servirle'. El hombre no es solo el amo sino también el servidor de la naturaleza. El segundo –*leshomrá*– significa 'cuidarlo'. Este es el verbo utilizado más adelante en las leyes de la Torá para describir las responsabilidades del guardián de una propiedad que no le pertenece. Debe ejercer la vigilancia para su protección y será culpable por la pérdida debido a su negligencia. Esta es quizás la mejor definición que resume la responsabilidad de la humanidad por la naturaleza como es concebida por la Torá.

6. S. R. Hirsch, *The Nineteen Letters,* Letter 11.

El dominio del hombre sobre la naturaleza está, por lo tanto, limitado por el requisito de servir y conservar. La famosa historia de Génesis 2–3 –comer del fruto prohibido, y como consecuencia, el exilio del Edén– confirma este punto. No todo lo que podemos hacer está permitido. Transgredir los límites lleva al desastre. Todo esto está resumido en un simple midrash:

> Cuando Dios creó al hombre, le mostró la panoplia de la creación y le dijo: "Contempla todas Mis obras, cuán hermosas son. Todo esto que he hecho lo hice por ti. Por lo tanto, ten cuidado de no destruir todo Mi mundo, pues si lo haces, no habrá nadie que repare lo que tú hayas destruido".[7]

Sabemos ahora mucho más que antes acerca de los peligros de la ecología terrestre por la búsqueda incesante de utilidad económica. La guía de la Tradición Oral al interpretar el 'no destruyas' de manera expansiva y no restrictiva, nos debería servir ahora de inspiración. Debemos expandir nuestros horizontes de responsabilidad ambiental para beneficio de las generaciones que aún no han nacido y por el bien de Dios, cuyos huéspedes en la tierra somos todos nosotros.

CB

7. Kohelet Rabá 7:13.

Ki Tetzé

Hasta la tercera y la cuarta generación

Existe en principio una contradicción fundamental en la Torá. Por un lado, en el pasaje conocido como "Los Trece Atributos de la Misericordia", escuchamos lo siguiente:

> Eterno, Eterno, Dios compasivo y lleno de gracia, tardío en la ira, lleno de amorosa bondad y verdad... pero que no absuelve al culpable *porque caerá sobre los descendientes por los pecados de los padres, hijos y nietos hasta la tercera y la cuarta generación* (Éx. 34:7).

La consecuencia es clara. Los hijos sufrirán por los pecados de los padres. Por el otro lado, leemos en la parashá de esta semana:

> Los padres no serán ejecutados por sus hijos, ni los hijos serán ajusticiados por sus padres. La persona será ejecutada solamente por sus propios pecados (Deut. 24:16).

El libro de Reyes registra un episodio histórico en el que este principio resultó decisivo.

> Cuando Amasías fue confirmado como rey, ejecutó a los funcionarios que habían asesinado a su padre. Sin embargo, no ultimó a los hijos de los asesinos, ya que obedeció la orden de Dios, tal como fuera escrita por Moisés en el libro de la Ley: "Los padres no serán ajusticiados junto a sus hijos, ni serán ejecutados los hijos por causa de los padres. Cada persona morirá por sus propios pecados" (II Reyes 14:5–6).

Hay una resolución que es obvia. La primera afirmación se refiere a la justicia Divina, "en las manos del Cielo". La segunda, en Deuteronomio, tiene que ver con la justicia humana administrada por una corte legal. ¿Cómo podrían simples mortales decidir la duración de la pena de una persona que pudiera haber sido inducida al crimen por la influencia de otros? Claramente, el proceso judicial debe limitarse a los hechos visibles. La persona que cometió el crimen es culpable. Los que podrían haber modelado su carácter no lo son.

Pero el tema no es tan simple, porque encontramos a Jeremías y a Ezequiel, dos grandes profetas del exilio del siglo VI a.e.c. reafirmando el principio de la responsabilidad individual en fuertes términos y además impactantemente similares. Jeremías dice:

> En esos días el pueblo ya no dirá: 'Los padres han comido uvas agrias, y los dientes de los hijos se cariaron'. En cambio, cada uno morirá por su propio pecado y quienes coman uvas agrias tendrán sus dientes dañados (Jer. 31:29–30).

Ezequiel dice:

> La palabra del Eterno vino hacia mí: "¿Qué es lo que ustedes quieren decir citando este proverbio sobre la tierra de Israel? '¿Los padres comen uvas amargas y se dañarán los dientes de los hijos'? Con certeza mientras Yo viva, declara el Eterno Soberano, 'ustedes ya no citarán este proverbio en Israel. Pues todos Me

> pertenecen a Mí, tanto el padre como el hijo – ambos Me pertenecen. El que peque será quien morirá" (Eze. 18:1–4).

En este caso, los profetas no hablaban de un proceso judicial ni de responsabilidades legales. Estaban hablando del juicio divino y de justicia. Le estaban brindando al pueblo esperanza en uno de los momentos más críticos de la historia judía: la conquista de Babilonia y la destrucción del Primer Templo. El pueblo, postrado y llorando ante las aguas de Babilonia, pudo haber perdido totalmente la esperanza. Estaban siendo juzgados por las falencias de sus antecesores que llevaron a la nación a esa situación desesperante y el exilio parecería extenderse hacia el futuro sin fin. Ezequiel, y su visión del valle de los huesos secos, oye a Dios comentando lo que el pueblo está diciendo: "Nuestros huesos se han secado y nuestra esperanza se ha perdido"(Eze. 37:11). Él y Jeremías estaban luchando contra la desesperación. El futuro del pueblo estaba en sus propias manos. Si retornaban a Dios, Él volvería a ellos y los retornaría a su tierra. La culpa de las generaciones anteriores no estaría asociada a ellos.

Pero si esto es así, entonces las palabras de Jeremías y Ezequiel realmente entran en conflicto con la idea de que Dios castiga los pecados de hasta la tercera y cuarta generación. Reconociendo esto, el Talmud hace una impactante declaración:

> Dijo el R. Yose b. Hanina: Nuestro maestro Moisés pronunció cuatro frases adversas para Israel, pero vinieron cuatro profetas y las revocaron… Moisés dijo: "*el Eterno castiga a los hijos y a sus hijos por el pecado de los padres hasta la tercera y la cuarta generación*". Vino Ezequiel y declaró: "El que peque será quien morirá" (Macot 24b).

En términos generales, los sabios rechazaron la idea de que los hijos pudieran ser castigados, aún por el Cielo, por los pecados de los padres. Como resultado de ello, sistemáticamente reinterpretaron cada pasaje que daba la impresión opuesta, de que los hijos realmente estaban siendo castigados por los pecados de los padres. Su posición en general es la siguiente:

> ¿Entonces los hijos no serán ajusticiados por los pecados cometidos por los padres? Acaso no está escrito: "Carga las iniquidades

de los padres sobre los hijos?" – Ahí la referencia corresponde a los hijos que siguen los pasos de los padres (literalmente "toman los hechos de los padres en sus manos", o sea, cometen los mismos pecados) (Berajot 7a, Sanedrín 27b).

Explicaron específicamente los episodios bíblicos en los que los hijos fueron castigados junto con sus padres diciendo que esos fueron los casos en los que los hijos "tuvieron la posibilidad de protestar o prevenir que sus padres pecaran y no lo hicieron". (Sanedrín 27b, Yalkut Shimoní 1:290). Tal como dice Maimónides: Aquel que tiene la capacidad de evitar que alguien cometa un pecado y no lo hace, también debe ser aprehendido (castigado, hecho responsable) por ese pecado.[1]

Entonces, ¿la idea de la responsabilidad individual llegó tarde al judaísmo como afirman algunos estudiosos? Es altamente improbable. Durante la rebelión de Koraj cuando Dios amenazó con destruir al pueblo, Moisés dijo: "¿Será que por el pecado de un solo hombre estarás enojado con toda la congregación?" (Núm. 16:22). Cuando comenzó la matanza del pueblo después de que el rey David hubiera pecado por instituir un censo, él rezó a Dios diciendo: "He pecado yo, el pastor, he hecho mal. Pero estos no son más que ovejas. ¿Qué han hecho ellas? Que Tu mano caiga sobre mí y mi familia" (II Sam. 24:17). El principio de la responsabilidad individual es fundamental en el judaísmo, como lo era para otras culturas antiguas del Cercano Oriente.[2]

Más bien, lo que está en juego es la comprensión profunda del rango de responsabilidades que nos cabe si tomamos seriamente nuestro rol como padres, vecinos, ciudadanos, e hijos del pacto. Jurídicamente, solo el criminal es responsable de su crimen. Pero la Torá señala que también somos los guardianes de nuestros hermanos. Compartimos la responsabilidad colectiva de la salud moral y espiritual de la sociedad. "Todos los israelitas" dijeron los sabios "son responsables el uno por el otro" (Shevuot 39a). La responsabilidad legal es algo fácilmente definible. Pero la responsabilidad moral es absolutamente más grande, aunque necesariamente más indefinida. "Que una persona no diga 'no he pecado

1. Hiljot Deot 6:7.
2. Ver Yejezkel Kaufmann, *The Religion of Israel*, New York, Schocken, 1972, pp. 329–333.

y si algún otro ha pecado, es un tema entre él y Dios'. Esto es contrario a la Torá", escribe Maimónides en su *Sefer HaMitzvot.*[3]

Esto es particularmente cierto cuando se trata de la relación entre padres e hijos. Abraham fue elegido, dice la Torá, solamente "para que le enseñe a sus hijos y a su familia a seguir el camino de Dios haciendo lo que es correcto y justo" (Gén. 18:19). El deber de los padres de enseñar a sus hijos es fundamental para el judaísmo. Aparece en los dos párrafos iniciales del recitado del Shemá, así como en determinados pasajes citados en la Hagadá de Pesaj en la sección de los "Cuatro hijos". Maimónides considera que se trata de uno de los pecados más graves –tan así que Dios no concede la oportunidad de arrepentimiento– "al que ve a su hijo caer en malas prácticas y no hace nada para evitarlo". "La razón" dice, es que "como su hijo está bajo su autoridad, si lo hubiera detenido, su hijo habría desistido". Por lo tanto, el pecado es asignado al padre como si hubiera estimulado activamente a su hijo a pecar.[4]

Si fuera así, comenzamos a escuchar la verdad desafiante de los Trece Atributos de la Misericordia. Ciertamente, no somos responsables por los pecados tanto de nuestros padres como de nuestros hijos. Pero en un sentido más profundo y amorfo, lo que hacemos y cómo vivimos tienen efecto sobre la tercera y la cuarta generación.

Raras veces ha sido más devastador ese efecto que como fue descrito en libros recientes por dos de los críticos sociales más incisivos de nuestro tiempo: Charles Murray del American Enterprise Institute y Robert Putnam de la Universidad de Harvard. Pese a sus enfoques políticos radicalmente distintos, Murray en *Coming Apart* y Putnam en *Our Kids,* manifiestan esencialmente la misma advertencia profética sobre una catástrofe social en proceso. Para Putnam, el "sueño americano" está en crisis.[5] Para Murray, la división de los Estados Unidos en dos clases sociales, la rica y la pobre con movilidad decreciente entre ambas "pondrá fin a lo que hizo que Norteamérica sea lo que es".[6]

3. Sefer ha-Mitzvot, mandamiento positivo 205.
4. Hiljot Teshuvá 4:1. La referencia es, claramente, por un hijo menor de trece años.
5. Robert Putnam, *Our Kids: The American Dream in Crisis* (New York: Simon & Schuster, 2015).
6. Charles Murray, *Coming Apart: The State of White America,* 1960–2010 (New York: Crown Forum, 2012), p. 11.

Sus posturas son, a grandes rasgos, que en determinado momento, a fines de 1950 y comienzos de los 60, una serie de instituciones y códigos morales comenzaron a disolverse. El matrimonio fue devaluado. Las familias comenzaron a fracturarse. Cada vez más niños crecían sin una relación estable con sus padres biológicos. Nuevas formas de pobreza infantil comenzaron a aparecer, así como prácticas disfuncionales: excesos de drogas y alcohol, embarazos adolescentes, delincuencia y desempleo en áreas de bajos ingresos. Posteriormente, la clase alta salió de esa situación y comenzó a preparar a sus hijos para un alto rendimiento a la vez que en el sector opuesto los niños crecían con escasa posibilidad de llegar al éxito en áreas de educación, social y ocupacional. El sueño americano de la oportunidad para todos se desvanece.

Lo que hace que este desarrollo sea tan trágico es que, por un momento, la gente olvidó la verdad bíblica de que lo que nosotros hacemos no nos afecta solo a nosotros. Tendrá efecto sobre nuestros hijos hasta la tercera y cuarta generación. Aún el más grande de los libertarios de nuestro tiempo, John Stuart Mills, puso especial énfasis sobre las responsabilidades parentales. Escribió:

> El hecho en sí, de generar un ser humano, es una de las acciones más responsables en el ámbito de la vida. Asumir esta responsabilidad –otorgar una vida que puede ser una bendición o una maldición– y no otorgar a ese ser un mínimo de posibilidades para lograr una existencia deseable, es un crimen contra ese mismo ser.[7]

Si no honramos nuestras responsabilidades como padres –aunque ninguna ley nos halle responsables– los hijos de la sociedad sufrirán las consecuencias de nuestros pecados.

CB

7. *On Liberty and Other Writings*, ed. Stefan Collini (New York: Cambridge University Press, 1989), p. 117.

Ki Tavó

En busca de la alegría

La felicidad, dice Aristóteles, es el principal bien al que aspiran todos los humanos.[1] Pero en el judaísmo no es necesariamente así. La felicidad tiene un alto valor. *Ashrei,* la palabra hebrea más cercana al concepto de felicidad es la primera del libro de los Salmos. Recitamos la plegaria conocida como *Ashrei* tres veces por día. Ciertamente podemos compartir la frase de la Declaración de Independencia Norteamericana, que entre los derechos inalienables de la humanidad están la vida, la libertad y la búsqueda de la felicidad.

Pero *Ashrei* no es el valor central de la Biblia hebrea. La palabra *simjá,* alegría, aparece casi diez veces más que la anterior. Es uno de los temas fundamentales de Deuteronomio. La raíz *s-m-j* aparece solo una vez en cada uno de los libros de Génesis, Éxodo, Levítico y Números, pero no menos de doce veces en Deuteronomio. Está en el corazón de la visión mosaica de la vida en la tierra de Israel. Es allí donde servimos a Dios con alegría.

La alegría juega un papel clave en dos contextos de la parashá de esta semana. Una tiene que ver con llevar los primeros frutos al Templo

1. Aristoteles, *Ética Nicomáquea,* Libro I.

de Jerusalén. Después de describir la ceremonia llevada a cabo en el lugar, la Torá concluye lo siguiente:

> Entonces te regocijarás por todas las cosas buenas que el Eterno nuestro Dios te ha dado a ti y a tu familia, junto con los levitas y el extranjero que mora entre vosotros (Deuteronomio 26:11).

El otro contexto es bastante distinto y además sorprendente. Ocurre con el tema de las maldiciones. Existen dos pasajes de maldiciones en la Torá, uno en Levítico 26 y el otro aquí en Deuteronomio 28. Las diferencias entre ambos son notables. Las maldiciones del Levítico terminan con una nota de esperanza. Las de Deuteronomio, en franca desesperación. Las de Levítico hablan de un abandono total del judaísmo por parte del pueblo. El pueblo camina *beken* con Dios, traducido como "con hostilidad", "rebeldía" o "desdén". Pero las maldiciones en el Deuteronomio son provocadas simplemente "porque no sirvieron al Eterno vuestro Dios con alegría y con la felicidad del corazón, debido a la abundancia de todas las cosas" (Deuteronomio 28:47).

Digamos que la falta de alegría puede no ser la mejor manera de vivir, pero ciertamente que no es pecado ni justifica una letanía de maldiciones. ¿Qué quiere significar la Torá cuando le atribuye un desastre nacional a la falta de alegría? ¿Por qué en el judaísmo la alegría parece significar más que la felicidad? Para contestar estas preguntas debemos comprender la diferencia entre alegría y felicidad. Esta es la forma en que los Salmos describen la vida feliz:

> Feliz es el hombre que no ha transitado por el consejo de los malvados, ni se ha parado en el camino de los pecadores ni se ha sentado donde se sientan los que desprecian. Sino que su deseo está en la Torá del Eterno; en Su Torá medita de día y de noche. Será como un árbol plantado a la vera del arroyo, dando su fruto en la estación, y que sus hojas no se marchitan; y en todo lo que hace, prosperará (Salmos 1:1–3).

Esta es una vida serena y bendecida, otorgada al que vive de acuerdo con la Torá. Como un árbol, esa vida tiene raíces. No es arrojado para un lado o para el otro por cada viento o capricho que lo azota. Esas personas dan frutos, permanecen firmes, sobreviven y crecen. Debido a todo eso, la felicidad radica en el estado mental del individuo.

Simjá, alegría, en la Torá, nunca se refiere a individuos sino a algo que compartimos. Un recién casado no es llamado al ejército por un año, dice la Torá, para que pueda estar en su casa y "llevar alegría a la mujer con la que se ha casado" (Deut. 24:5). Llevarás todas tus ofrendas al santuario central, dice Moisés, para que allí, "ante la presencia del Eterno vuestro Dios, ustedes y vuestras familias comerán y se regocijarán por todo lo que han puesto mano y porque el Eterno vuestro Dios los ha bendecido" (Deuteronomio 12:7). Las festividades, según la descripción en Deuteronomio, son días de alegría, precisamente por ser ocasiones de celebración colectiva: "tú, tus hijos e hijas, sirvientes y sirvientas, los levitas en vuestras ciudades, los extranjeros, los huérfanos de padre y las viudas que viven contigo" (Deuteronomio 16:11). *Simjá* es alegría compartida. No es algo que experimentamos en soledad.

La felicidad es una actitud frente a la vida, mientras que la alegría se da en el momento. Como dijo alguna vez J. D. Salinger: "La felicidad es sólida, la alegría, líquida". La felicidad es algo que se busca, la alegría, no. Ella te descubre. Tiene que ver con una sensación de conexión con otras personas o con Dios. Viene de otro ámbito que el de la felicidad. Es una emoción social. Es la exaltación que sentimos cuando nos unimos a otros. Es la redención de la soledad.

Paradójicamente, el libro de la Biblia que más se enfoca en la alegría, es precisamente aquel que con frecuencia es consideradocomo el menos feliz de todos, Kohelet, el Eclesiastés. Kohelet es, como se sabe, el hombre que tenía todo, pero describe todo como *hevel,* palabra que emplea casi cuarenta veces en el libro, y que fuera traducida como "insignificante", "carente de objeto", "fútil", "vacío" o como notoriamente lo consideró la Biblia de *King James*: "vanidad". Sin embargo, el hecho es que Kohelet usa la palabra *simjá* diecisiete veces, más que todos los libros mosaicos juntos. Después de cada una de sus meditaciones sobre la insignificancia de la vida, Kohelet termina con una exhortación a la alegría:

> Yo sé que no hay nada mejor para la gente que regocijarse y hacer el bien mientras vive (Kohelet 3:12).

> Yo vi que no hay nada mejor para una persona que regocijarse en su trabajo, ya que ese es su ámbito (Kohelet 3:22).

> Por eso yo recomiendo alegrarse en vida, porque no hay nada mejor para una persona bajo el sol que comer, beber y regocijarse (Kohelet 8:15).

> No importa cuántos años viva una persona, que se regocije en todos ellos (Kohelet 11:8).

En el Majzor Koren de Sucot yo sostengo que Kohelet solo puede comprenderse si tomamos en cuenta que *hevel* no puede significar "sin sentido", vacío" o "fútil". Significa "hálito superficial". Kohelet es una meditación sobre la inmortalidad. Por más tiempo que vivamos, sabemos que algún día vamos a morir. Nuestras vidas duran apenas un microsegundo en la historia del universo. El cosmos existirá eternamente, mientras que nosotros los mortales somos una mera exhalación fugaz.

Kohelet está obsesionado por eso, porque amenaza con eliminar cualquier certeza de la vida. Nunca viviremos para ver el resultado a largo plazo de nuestras acciones. Moisés no guio al pueblo a la tierra prometida. Sus hijos no continuaron con su grandeza. Aun él, el más grande de los profetas, no pudo prever que sería recordado por todos los tiempos como el líder más grande que ha tenido el pueblo judío. *Lehavdil,* (salvando las diferencias) Van Gogh vendió solo una obra en toda su vida. No podría saber que posteriormente sería considerado como uno de los más grandes pintores de los tiempos modernos. No sabemos qué harán nuestros descendientes con lo que les dejaremos. No podemos saber cómo o si seremos recordados. ¿Entonces, cómo podemos encontrar el sentido de la vida?

Kohelet finalmente encontró, no la felicidad, sino la alegría – porque la alegría no vive en los pensamientos del mañana sino en la aceptación agradecida y la celebración del presente. Estamos aquí, estamos vivos; estamos junto a otros que comparten nuestro júbilo. Estamos viviendo en la tierra de Dios, celebrando sus bendiciones, comiendo los productos de la tierra regados por Su lluvia, transformados en frutos bajo Su sol, respirando el aire que insufló en nosotros, viviendo la vida que Él renueva en nosotros cada día. Y sí, no sabemos lo que nos deparará el mañana; y sí, estamos rodeados de enemigos; y sí, nunca ser judío fue la opción más fácil ni la más segura. Pero cuando nos concentramos en el momento, permitiéndonos bailar, cantar, y agradecer, cuando hacemos cosas por el otro sin pretender nada a cambio, cuando dejamos de lado nuestropropio ser y sumamos nuestra voz al coro de la ciudad sagrada, entonces hay alegría.

Kierkegaard escribió una vez: "Se necesita coraje moral para apenarse; se requiere coraje religioso para regocijarse"[2]". Uno de los factores más relevantes del judaísmo y del pueblo judío es el hecho de que nuestra historia ha estado plagada de tragedias, pero los judíos nunca perdieron su capacidad de regocijo, de celebrar en medio de la oscuridad, de cantar la canción del Eterno aun en tierras extrañas.

Existen creencias del Oriente que prometen la paz mental si podemos entrenarnos en los hábitos de la aceptación. Epicuro enseñaba a sus discípulos a evitar riesgos como el matrimonio o una carrera de servidor público. Ninguna de estas propuestas debe ser negada, pero el judaísmo no es una religión de aceptación ni los judíos han detentado una tendencia a seguir una vida libre de riesgos. Podemos sobrevivir a los fracasos y a las derrotas, si nunca perdemos nuestra capacidad de estar alegres. Cada Sucot dejamos la seguridad y el confort de nuestras casas y vivimos en una choza expuesta al viento, al frío y a la lluvia. Pero lo llamamos *zeman simjatenu,* nuestra fiesta de la alegría. Este es un aspecto no menor de lo que significa ser judío.

De ahí la insistencia de Moisés en afirmar que la capacidad de ser alegre es lo que le da al pueblo judío la fortaleza para resistir. Sin ella, nos tornamos vulnerables a los múltiples desastres expuestos en las maldiciones de nuestra parashá. Celebrar juntos nos liga como pueblo: eso, la gratitud y la humildad que provienen de ver que nuestros logros no son por mérito propio sino por las bendiciones de Dios. La búsqueda de la felicidad nos puede llevar, posteriormente, a una auto contemplación y a un desinterés por los sufrimientos de los demás. Nos puede llevar a una conducta de no arriesgar y a la incapacidad de asumir una "gran audacia". No así la alegría. La alegría nos conecta con otros y con Dios.

2. Journals and Papers, vol. 2, Bloomington, Indiana University Press, 1967, p. 493.

presente en la asamblea. El significado es para "las generaciones que aún no han nacido". Por eso el Talmud señala: todos somos *mushbá me–omed me–har Sinai* – " hemos jurado en el Monte Sinaí".[1]

Hete aquí uno de los hechos más fundamentales del judaísmo: con excepción de los conversos, nosotros no elegimos ser judíos, nacemos judíos. Nos transformamos en seres adultos legalmente sujetos a los mandamientos a los doce años las niñas y a los trece los varones. Pero somos parte del pacto al nacer. El bar o bat–mitzvá no es una "confirmación", no requiere la aceptación voluntaria de la identidad judía. Esa elección ocurrió hace más de tres mil años cuando Moisés dijo: "*No es sólo contigo* que estoy sellando este pacto en juramento, sino con *quienquiera que no esté aquí* hoy con nosotros" aludiendo a todas las generaciones venideras.

Pero ¿cómo puede ser eso? Sin consentimiento no hay obligación. ¿Cómo podemos estar sujetos a un compromiso basado en una decisión tomada por nuestros antiguos antepasados hace mucho tiempo? Ciertamente, de acuerdo con la ley judía se puede conferir un beneficio a una persona sin su consentimiento. Aunque indudablemente es un beneficio ser judío, también de alguna forma es una carga, una restricción a nuestra opción de elecciones legítimas. ¿Por qué entonces estamos atados ahora a lo que dijeron los israelitas entonces?

Judaicamente, ésta es la pregunta principal. ¿Cómo puede transmitirse la identidad judía de padres a hijos? Si la identidad fuera meramente étnica, se podría comprender. Heredamos muchas cosas de nuestros padres, obviamente nuestros genes. Pero ser judío no es una condición genética, sino un conjunto de obligaciones religiosas.

Los sabios nos dieron una respuesta en la forma de una tradición en la parashá de esta semana. Dijeron que las almas de todas las generaciones futuras estaban presentes en el Sinaí. Por ser almas, dieron su consentimiento libremente muchas generaciones, antes de nacer.[2] Sin embargo, Arama argumenta que esto no responde a nuestra pregunta, ya que el pacto con Dios no es sólo con almas sino también con seres vivientes. Somos entes físicos con deseos físicos. Podemos entender que

1. Yoma 73b, Nedarim 8a.
2. Shevuot 39a.

el alma esté de acuerdo con el pacto, ya que, ¿qué más puede desear un alma que estar cercana a Dios?[3]?

Pero el acuerdo que cuenta es con los seres humanos vivientes, que respiran, que tienen cuerpos, y no podemos aseverar que acordarían con las múltiples restricciones alimentarias, de bebida, de relaciones sexuales y demás, de la Torá. Solamente después de nacer, después de llegar a una edad adecuada como para entender qué es lo que se requiere de nosotros podremos dar un consentimiento que nos comprometa. Por lo tanto, el hecho de que las generaciones aún no nacidas hubieran estado presentes en la ceremonia del pacto con Moisés no nos proporciona la respuesta deseada.

Esencialmente, Arama preguntaba: ¿por qué ser judío? Lo fascinante es que él fue el primero en hacer esa pregunta desde los comienzos de la era talmúdica. ¿Por qué no ocurrió antes? ¿Por qué recién en España y en el siglo XV? Durante muchas centurias la pregunta "¿por qué ser judío?" no apareció. La respuesta era evidente: soy judío porque mis padres lo eran y los suyos antes de ellos, desde los albores de la era judaica. Las preguntas existenciales sólo aparecen cuando sentimos que hay una elección. Durante gran parte de la historia la identidad judía no era electiva. Era un hecho de nacimiento, de destino. No era algo que se elegía, así como no se elige nacer.

En la España del siglo XV los judíos tuvieron que optar. Los judíos españoles tuvieron su Kristallnacht en 1391, y de ahí en más hasta su expulsión en 1492 fueron excluidos progresivamente de la vida pública del país. Tuvieron que soportar intensas presiones para convertirse, y algunos cedieron. De estos, algunos mantuvieron su identidad judía secretamente, otros no. Por primera vez en muchos siglos, ser judío no era el producto del destino sino de una elección. Por ese motivo, Arama lanzó la pregunta que había permanecido tantos siglos sin formularse. Y es por eso por lo que en una época en que todo lo significativo está abierto a elección, la pregunta surge nuevamente.

Arama dio una respuesta, y yo di la mía en mi libro *A Letter in the Scroll.*[4] Pero también creo que la respuesta yace en lo que dijo el mismo

3. Isaac Arama, *Akedat Yitzjak,* Deuteronomio, Nitzavim.
4. Publicado en Gran Bretaña como *Radical Then, Radical Now*

Moisés al final de su declaración: "Llamo al cielo y a la tierra como testigos de lo que he puesto ante ti: la vida y la muerte, la bendición y la maldición. Por eso, elige la vida, para que tú y tus hijos puedan vivir (Deuteronomio 30:19).

Elige la vida. Ninguna religión ni civilización ha insistido tan enfática y consistentemente en que *podemos elegir*. Está en nosotros, dice Maimónides, el ser tan justo como Moisés o tan malvado como Jeroboam.[5] Podemos ser grandes. Podemos ser pequeños. Podemos elegir.

En la antigüedad, se creía en el destino, en la fortuna, en la *moira, en el ananké,* la influencia de las estrellas o las arbitrariedades de la naturaleza y no en la libertad humana plena. Para ellos la verdadera libertad significaba: en el caso de los religiosos, aceptar el destino; en el de los filósofos el tomar conciencia de la necesidad. En la actualidad, la mayoría de los científicos ateos, aquellos que dicen que estamos definidos por nuestros genes tampoco creen en la libertad. Nuestro destino está encriptado en nuestro ADN. Para ellos, la elección es una ilusión de nuestra conciencia, una ficción en la que queremos creer.

El judaísmo dice No. La elección es como un músculo: si no se usa, se atrofia. La Ley judía es un régimen de entrenamiento continuo en el ejercicio de la voluntad. ¿Se puede comer esto, o no? ¿Puedo conectarme espiritualmente tres veces por día? ¿Puedo descansar un día a la semana? ¿Puedo diferir la gratificación del instinto – lo que señaló Freud como la marca de la civilización? ¿Puedo practicar el autocontrol – expresado en el "test de marshmallow"[6] como la señal más segura del éxito en la vida?[7] Ser judío implica no ir con la corriente, no hacer lo que otros hacen porque sí. Nos da 613 ejercicios de voluntad de poder que marcarán nuestras elecciones. Así es como nosotros, junto con Dios, nos transformamos en coautores de nuestras vidas. *Debemos* ser libres, dice Isaac Bashevis Singer, "¡No tenemos otra opción!"

Elige la vida. En muchas otras creencias, la vida aquí en la tierra con sus amores, pérdidas, triunfos y derrotas no tiene gran valor. Se hallará en el cielo, en la vida después de la muerte, en el alma en estrecha

5. Hiljot Teshuvá 54:2.
6. Nota del traductor: golosina masticable en los Estados Unidos de América.
7. Walter Mischel, *The Marshmallow Test*, Bantam Press, 2014.

comunión con Dios o en la aceptación del mundo-que-es. La vida es eternidad, serenidad, la vida es ausencia de dolor. Pero para el judaísmo, todo eso no es realmente vida. Puede que sea noble, espiritual y sublime, pero no es la vida con toda su pasión, responsabilidad y riesgo.

El judaísmo nos enseña cómo encontrar a Dios aquí abajo en la tierra, y no allá arriba en el cielo. Significa enfrentarse a la vida, no refugiarse de ella. Busca, no tanto la felicidad sino la alegría: la alegría de estar con otros y junto a ellos hacer una bendición a la vida. Significa arriesgarse a amar, a asumir compromisos, a ser leal. Es vivir por algo más grande que la búsqueda de placer o éxito. Es arriesgarse profundamente.

No niega el placer. El judaísmo no es ascético. Pero no le rinde culto, el judaísmo no es hedonista. En vez de ello, santifica el placer. Trae la Presencia Divina a mucho de lo físico al comer, beber e intimar. Encontramos a Dios no sólo en la sinagoga sino en el hogar, en la casa de estudio y en los actos de bondad, en la comunidad, en la hospitalidad y en cualquier ámbito en el que reparamos alguna de las fracturas del mundo humano.

Ninguna otra religión ha tratado al ser humano con mayor altura. No estamos manchados por el pecado capital. No somos un montón de genes egoístas. No somos una forma de vida sin consecuencia, perdida en la inmensidad del universo. Somos los seres a quienes Dios creó a Su imagen y semejanza. Somos el pueblo que Dios eligió para ser Su socio en la labor de la creación. Somos la nación que Dios desposó en el Sinaí, con la Torá como contrato matrimonial. Somos el pueblo al que Dios llamó a ser Su testigo. Somos los embajadores del cielo en un país llamado Tierra.

No somos mejores ni peores que otros. Somos simplemente diferentes, porque Dios valoriza la diferencia, mientras que en la mayoría de los casos, los seres humanos han tratado de eliminar las diferencias imponiendo una sola fe, un solo régimen o un imperio sobre toda la humanidad. La nuestra es una de las pocas creencias que asignan a los justos de toda nación un lugar en el cielo, en base a lo que han hecho en la tierra.

Elige la vida. Nada suena tan sencillo, y sin embargo ha resultado tan difícil a través del tiempo. En lugar de la vida, la gente elige substitutos. Buscan riqueza, posesiones, estatus, poder, fama y a estos dioses ofrendan el supremo sacrificio, dándose cuenta tardíamente de que la verdadera riqueza no es lo que se posee sino lo que provoca agradecimiento, que el estatus más alto no es preocuparse por el estatus, y que la influencia es más poderosa que el poder.

Es por eso por lo que aunque pocas religiones son tan exigentes, la mayoría de los judíos ha permanecido fiel al judaísmo a través del tiempo, viviendo vidas judías, creando hogares judíos y continuando con el relato judío. Y de ahí surge el convencimiento de Moisés de que con una fe tan cierta como inquebrantable "no solo contigo haré este pacto y este juramento, sino con todos los que no están hoy con nosotros". Su don a nosotros es que a través de la adoración de algo mucho más grande que nosotros mismos, podamos ser más grandes que sin él.

¿Por qué el judaísmo? Porque no hay un camino de mayor desafío para elegir la vida.

CB

Vaielej

La Torá como canción

La larga y tempestuosa carrera de Moisés está por llegar a su fin. Con palabras de ánimo y bendición entrega el manto de liderazgo a su sucesor, Josué, diciendo: "Tengo ahora ciento veinte años, y es posible que yo ya no entre ni salga, ya que el Eterno me ha dicho: 'Tú no cruzarás el Jordán'" (Deuteronomio 31:2).

Tal como observa Rashi, dice "es posible que yo ya no" y no "no podré". Moisés está aún en estado de pleno vigor físico, "sus ojos sin opacidad y su energía vital sin disminución" (Deuteronomio 34:7). Pero él ha arribado al final de su camino personal. Ha llegado la hora del comienzo de otra época, de una nueva generación, de un modo distinto de liderazgo.

Pero antes de dejar la vida, Dios tiene un último mandato para él, y a través de él para el futuro: "Y ahora escribe esta Canción y enséñala a los hijos de Israel, colócalo en su boca para que sea Mi testigo contra ellos" (Deuteronomio 31:19).

La explicación sencilla de esta frase es que Dios está ordenando a Moshé y Yehoshúa, escribir la canción que sigue, la de Haazinu (Deuteronomio 32:1–43). Así lo interpretaron Rashi y Najmánides, pero la Tradición Oral lo lee de otra forma. Según los sabios: "Y ahora escribe esta canción" se refiere a la Torá como un todo, de tal forma que el último de los 613 mandamientos es el de escribir –o tomar parte de la escritura, aunque sea una sola letra– de un rollo de la Torá. Esta es la declaración de la ley según Maimónides:

> A cada israelita se le ordena escribir un rollo de Torá para sí mismo, ya que está dicho: "Ahora, por lo tanto, escribe esta canción" lo cual significa "escribe para ti un sefer Torá (pero solo una copia completa) que contiene esta Canción", ya que no se escriben pasajes aislados de la Torá (sino un rollo completo). Aun si alguien ha heredado un rollo de Torá de sus padres, de la misma forma es una mitzvá escribir un ejemplar uno mismo, y el que lo hace es como si hubiera recibido (la Torá) del Monte Sinaí. El que no sabe cómo hacer para escribir un rollo puede contratar a otro (un escriba) para que lo haga y el que corrige, aunque sea una sola letra, es como si hubiera escrito el rollo completo.[1]

¿Por qué este mandamiento? ¿Por qué aparece al final de la vida de Moisés? ¿Por qué hacer que sea el último de los mandamientos? Y si la referencia es a la Torá como un todo, ¿por qué llamarla "una canción"?

La Tradición Oral nos sugiere una serie de ideas muy profundas al respecto. La primera es decir a los israelitas: a nosotros, en cada generación, que no alcanza con decir que "hemos recibido la Torá de Moisés" o "de nuestros padres". Debemos tomar la Torá y hacerla de nuevo en cada generación. Debemos escribir nuestro propio rollo. El tema central de la Torá no es que sea antigua, sino nueva; no solo tiene que ver con el pasado sino también con el futuro. No se trata simplemente de un documento arcaico que nos viene de una etapa anterior de evolución de la sociedad. Nos habla aquí y ahora, pero no sin que hagamos el esfuerzo de reescribirla.

Existen dos palabras hebreas para denominar la herencia: *najalá* y *yerushá/morashá*, que transmiten ideas distintas. *Najalá* está relacionada con la palabra *najal*, que significa río, arroyo. Así como fluye el río al descender, de la misma forma fluye la herencia por las generaciones. Ocurre naturalmente y no requiere ningún esfuerzo de nuestra parte.

1. Leyes de tefilin, mezuzá y sefer Torá, 7:1.

Yerushá/morashá es distinto En este caso el verbo es activo. Significa *tomar posesión de algo a través de un esfuerzo o una acción positiva.* Los israelitas recibieron la tierra como resultado de la promesa de Dios a Abraham. Ese fue su legado, su *najalá,* pero de cualquier forma tuvieron que luchar y ganar las guerras. *Lehavdil,* Mozart y Beethoven fueron ambos dos hijos de músicos. La música estaba en sus genes, pero su arte fue el resultado de un trabajo duro e incesante. La Torá es *morashá,* no *najalá.* Debemos escribirla nosotros, no meramente heredarla de nuestros antepasados.

¿Y por qué llamar a la Torá un canto? Porque si hemos de entregar nuestra fe y nuestro modo de vida a la generación venidera, esta debe cantar. La Torá debe ser afectiva, no sólo cognitiva. Debe hablarles a nuestras emociones. Tal como lo demostrara empíricamente Antonio Damasio en su libro *Descartes´Error* (El error de Descartes),[2] aunque el área de razonamiento del cerebro sea central para lo que nos constituye como humanos, es el sistema límbico, el centro de las emociones aquel que nos conduce hacia un lado u otro. Si nuestra Torá carece de pasión, no lograremos transmitirla al futuro. La música es la dimensión afectiva de la comunicación, el medio a través del cual nos expresamos, evocamos y compartimos emociones. Precisamente porque somos seres emotivos, la música es una parte esencial del vocabulario de la humanidad.

La música está estrechamente asociada a la espiritualidad. Tal como lo expresara Rainer María Rilke:

> Las palabras aun van suavemente hacia lo indecible.
> y una música siempre nueva, desde piedras palpitantes
> construye en el espacio inútil su divino hogar.[3]

El canto es central en la experiencia judaica. Nosotros no rezamos. *Davenamos,* o sea, canturreamos las palabras que dirigimos al cielo. Tampoco leemos la Torá. La cantamos, cada palabra con su propia cantilación. Incluso los textos rabínicos no son nunca meramente estudios; las

2. Antonio Damasio, *Descartes' Error, emotion, reason and the human brain,* London, Penguin, 2005.
3. "Sonetos a Orfeo", libro II, soneto 10.

cantamos con la melodía particular tan conocida por todos los estudiantes del Talmud. Cada tiempo y cada texto tiene su melodía específica. La misma plegaria puede ser cantada con media docena de melodías distintas según sea parte del servicio de la mañana, de la tarde o del atardecer, y según sea un día de la semana, Shabat, una festividad o alguna de las Festividades Solemnes. Hay distintas cantilaciones para las lecturas bíblicas dependiendo de que el texto provenga de la Torá, de los profetas o de 'los escritos', los *Ketuvim*. La música es el mapa del espíritu judío y cada experiencia espiritual posee su escenario musical distintivo.

El judaísmo es una religión de palabras; sin embargo, cuando su lenguaje aspira a lo espiritual, se modula en forma de canción, como si las palabras mismas quisieran escapar de la atracción gravitacional de los significados finitos. La música habla a algo más profundo que la mente. Si es que queremos hacer nueva la Torá en cada generación, debemos encontrar nuevas formas de cantar su canción. Las palabras nunca cambian, la música sí.

El anterior Gran Rabino de Israel, el Rab. Abraham Shapira, me contó una vez una historia de dos grandes sabios rabínicos del siglo XIX, ambos distinguidos eruditos; el hijo de uno de ellos sucumbió al espíritu secular de la época mientras que el otro fue bendecido con hijos que siguieron su senda. La diferencia entre ambos fue esta, dijo: cuando llegó la *seudá shlishit*, la tercera comida de Shabat, el primero pronunció palabras de Torá mientras que el segundo cantó canciones. Su mensaje fue claro. Sin una dimensión afectiva –sin música– el judaísmo es un cuerpo sin alma. Son las canciones que enseñamos a nuestros hijos las que transmiten nuestro amor a Dios.

Hace unos años uno de los líderes del judaísmo mundial quiso averiguar qué había pasado con los "niños judíos perdidos" de Polonia, que durante la guerra fueron adoptados por familias cristianas y criados como católicos. Decidió que la forma más fácil de hacerlo era a través de la comida. Organizó un gran banquete y puso avisos en la prensa polaca invitando a quien creyera que había nacido judío a asistir a la cena gratuita. Acudieron centenares de personas, pero el evento estuvo al borde del desastre porque ninguno de los presentes recordaba nada de su primera infancia – hasta que le preguntó al hombre sentado a su lado si recordaba alguna de las canciones que su madre judía le cantaba antes de dormir. Comenzó a cantar *Rozhinkes mit mandlen* (Pasas y almendras) una antigua canción de cuna idish. Lentamente los demás lo acompañaron, hasta que todo el salón fue un gran coro. En algunos casos, lo único que queda de la identidad judía es una canción.

El Rabino Yejiel Mijael Epstein (1829–1908) en la introducción al *Aruj ha-Shuljan Joshen Mishpat* escribe que la Torá se compara con una canción, porque para aquellos a los que les gusta la música, la más hermosa melodía coral es una armonía compleja con muchas voces distintas cantando notas distintas. Así, dice, es la Torá, con su multiplicidad de comentarios, sus "setenta rostros". El judaísmo es una sinfonía coral escrita para muchas voces: el texto escrito es la melodía, la tradición oral, su polifonía.

De esa forma, la vida de Moisés termina con un sentido poético de conclusión, con el mandato de comenzar nuevamente, en cada generación, de escribir nuestro propio rollo, de agregar nuestros propios comentarios, el pueblo del libro reinterpretando sin fin el libro del pueblo y cantando su canción. La Torá es el libreto de Dios, y nosotros, el pueblo judío, Su coro. Hemos cantado colectivamente la canción de Dios. Somos los intérpretes de Su sinfonía coral. Y aunque cuando los judíos hablan frecuentemente discuten, cuando cantan, cantan en armonía porque las palabras son el lenguaje de la mente, pero la música es el lenguaje del alma.

CB

Haazinu

El arco del universo moral

Con un lenguaje majestuoso, Moisés prorrumpe en un canto, invistiendo su testamento final a los israelitas de todo el poder y la pasión de que dispone. Comienza en forma dramática pero delicada, llamando al cielo y a la tierra a atestiguar lo que está por pronunciar, palabras que casi que se reflejan en el discurso de Portia en el *Mercader de Venecia*: "La calidad de la merced no se tensa, cae como la suave lluvia del cielo".

Escuchad, oh cielos, lo que hablaré,
escucha tú, tierra, las palabras de mi boca.
Deja que mis enseñanzas caigan como la lluvia
y que mis palabras desciendan como el rocío,
cual chubascos sobre la hierba,
cual lluvia abundante sobre el pasto (Deuteronomio 32:1–2).

Pero este es un mero preludio al mensaje central que quiere transmitir Moisés. Es la idea conocida como *tziduk ha-din*, reivindicando la justicia de Dios. Moisés lo enuncia de esta forma:

Él es la Roca. Sus obras son perfectas,
y todos Sus caminos son justos.

Un Dios fiel que no hace el mal,
elevado y justo es Él (Deuteronomio 32:4).

Esta es una doctrina fundamental del judaísmo en su comprensión del mal y del sufrimiento del mundo – una doctrina difícil pero necesaria. Dios es justo. Entonces, ¿por qué ocurren cosas malas?

¿Acaso Él es corrupto? No – el defecto está en Sus hijos,
una generación desviada y perversa (Deuteronomio 32:5).

Dios recompensa el bien con el bien, el mal con el mal. Cuando nos ocurren cosas malas, es porque hemos sido culpables de hacer algo malo. La culpa radica no en nuestras estrellas sino en nosotros mismos.

Yendo al modo profético, Moisés prevé lo que ya ha anunciado, aún antes de que el pueblo haya cruzado el Jordán y entrado en la tierra. A lo largo del libro de Devarim nos ha estado advirtiendo sobre el peligro de que una vez en su tierra, una vez superadas las dificultades del desierto y olvidadas las penurias de las batallas, el pueblo se torne complaciente y cómodo. Atribuya sus logros a sí mismo y se aparte de la fe. Cuando esto ocurra, le sobrevendrán desastres:

Yeshurún creció, engordó y pateó –
tú te has vuelto grueso, obeso, pesado. –
Ellos abandonaron al Dios que los creó
y despreciaron a la Roca, su Salvador…
Desertaron de la Roca que los creó;
y olvidaron al Dios que les dio la vida (Deuteronomio 32:15–18).

Esta, que es la primera vez que aparece la palabra Yeshurún en la Torá –de la raíz *yashar,* erguido– es deliberadamente irónica. Israel alguna vez supo lo que era ser erguido, pero caerá en el desvío por una combinación de riqueza, seguridad y la asimilación de las costumbres de sus vecinos. Traicionará los términos del pacto, y cuando ello ocurra, verá que Dios ya no está con él. Descubrirá que la historia es un lobo hambriento. Separado de la fuente de su fortaleza será avasallado por sus enemigos. Todo lo que la nación alguna vez disfrutó se perderá. Este es un mensaje temible y terrible.

Sin embargo, Moisés está llegando al final de la Torá con un tema que ha estado presente desde el principio. Dios, Creador del universo, creó un mundo que es fundamentalmente bueno: esa palabra se repite siete veces en el primer capítulo de Bereshit. Son los humanos, con su libre albedrío por haber sido creados a imagen y semejanza de Dios, los que introducen el mal en el mundo y luego sufren las consecuencias. De ahí la insistencia de Moisés de que cuando aparecen los problemas y las tragedias, es necesario hurgar la causa en nosotros mismos y no culpar a Dios. Dios es recto y justo. Las limitaciones son nuestras, las limitaciones son de Sus hijos.

Esta es quizás la idea más difícil de todo el judaísmo. Está abierta a la más sencilla de las objeciones, una que ha resonado en casi cada una de las generaciones. Si Dios es justo, ¿por qué pasan cosas malas a la gente buena?

Es una pregunta formulada no por los escépticos, los que dudan, sino por los verdaderos héroes de la fe. La escuchamos en la súplica de Abraham: "¿Será que el Juez de toda la tierra no imparta justicia?" Lo escuchamos en el desafío de Moisés: "¿Por qué has hecho mal Tú a este pueblo?" Y resuena nuevamente en Jeremías: "Dios, Tú siempre tienes razón cuando discuto contigo. Pero debo plantear mi caso frente a Ti: ¿Por qué prosperan los malvados? ¿Por qué son ellos tan felices? (Jeremías 12:1).

Es una discusión que nunca cesó. Prosiguió a través de toda la literatura rabínica. Se oyó también en las *kinot,* los lamentos, impulsados por las persecuciones de los judíos en la Edad Media. Aparece en la literatura producida en los albores de la expulsión de España y su eco continúa vibrando en las memorias del Holocausto.

El Talmud dice que de todas las preguntas que Moisés le hizo a Dios, esta es la única que Él no respondió.[1] La interpretación más simple y profunda está en el Salmo 92: "La canción del día de Shabat". Aunque "los malvados crecen como el césped", a la larga serán destruidos. Los rectos, por contraste, "florecen como la palmera y crecen como el

1. Berajot 7a.

cedro del Líbano". El mal vence en el corto plazo, pero nunca en el largo. Los malvados son como el césped mientras que los justos son como los árboles. El césped crece de la noche a la mañana, al árbol le lleva años alcanzar su altura plena. A la larga, las tiranías son derrotadas. Los imperios se debilitan y caen. La bondad y la verdad vencen en la batalla final. Tal como dijera Martin Luther King sobre el espíritu del salmo: "El arco del universo moral es extenso, pero se inclina hacia la justicia".[2]

Este compromiso de ver la justicia en la historia bajo la soberanía de Dios es una creencia difícil. Pero veamos las alternativas. Hay tres: La primera es decir que no existe ningún sentido en la historia: *Homo hominis lupus est* – "El hombre es como un lobo para el hombre". Como señalara Tucídides en nombre de los atenienses: "Los fuertes hacen lo que quieren, los débiles sufren lo que deben". La historia es una lucha darwiniana por sobrevivir, y la justicia no es más que el nombre dado a la voluntad de poder del más fuerte.

La segunda, sobre la cual escribí en *Not in God's Name,* es el dualismo, el concepto de que el mal no proviene de Dios sino de una fuerza independiente: Satanás, el Diablo, el Anticristo, Lucifer, el Príncipe de las Tinieblas, y tantos otros nombres dados a la fuerza que no es Dios, sino que se opone a Él y a aquellos que Lo veneran. Esta idea que ha aparecido de forma sectaria en cada uno de los monoteísmos abrahámicos, así como en los totalitarismos seculares modernos es la más poderosa de toda la historia. Divide a la humanidad en los indiscutiblemente buenos y los irremediablemente malvados, dando curso a una larga secuencia de derramamiento de sangre y barbarie, del tipo que vemos hoy en día en muchas partes del mundo en forma de guerra santa contra el gran y el pequeño Satán. Esto es dualismo, no monoteísmo, y los sabios, que lo llamaron *shtei reshuyot* – "dos poderes o dominios",[3] tenían razón en rechazarlo sumariamente.

La tercera alternativa, debatida extensamente en la literatura rabínica, es decir que la justicia existe ulteriormente en el mundo venidero, en la vida después de la muerte. Aunque este es un elemento esencial del judaísmo, es impactante ver qué poco ha recurrido el judaísmo a él,

2. "Out of the Long Night," *The Gospel Messenger,* February 8, 1958, p. 14.
3. Berajot 33b.

reconociendo que el tema central del Tanaj se ubica en este mundo, en la vida antes de la muerte. Puesto que es aquí donde debemos trabajar en pos de la justicia, la igualdad, la compasión, la decencia, aliviar la pobreza y lograr, en lo que esté a nuestro alcance, la perfección de la sociedad y de nuestras propias vidas. El Tanaj casi nunca elige esta opción. Dios no le dice a Jeremías o a Job que las respuestas a estas preguntas están en el cielo y que las verán apenas dejen de estar sobre la tierra. La pasión por la justicia, tan característica del judaísmo, se disiparía al instante si esta fuera la única respuesta.

Aun siendo difícil, la fe judía ha tenido el efecto a lo largo de la historia de inducirnos a decir: si han ocurrido cosas malas, no culpemos a nadie más que a nosotros mismos y trabajemos para superarlo. Yo creo que fue esto lo que llevó a los judíos una y otra vez a emerger de la tragedia, conmovidos, lastimados, cojeando como Jacob después de su encuentro con el ángel, pero listos para comenzar nuevamente, para asumir nuestra misión y fe, para atribuir nuestros logros a Dios y nuestras derrotas a nosotros mismos.

Yo creo que de esa humildad nace una fortaleza trascendente.

CB

Vezot Habrajá

La muerte de Moisés, la vida de Moisés

Y así muere Moisés, solo en una montaña con Dios, tal como lo había estado tantos años atrás cuando siendo un pastor en Madián vio un arbusto en llamas y escuchó el llamado que cambió su vida y los horizontes morales del mundo.

Es una escena que conmueve por su sencillez. No hay multitudes. No hay llanto. La sensación simultánea de cercanía y distancia resulta casi abrumadora. De lejos, vislumbra la Tierra, pero hace tiempo que sabe que nunca la alcanzará. Ni su esposa ni sus hijos están allí para despedirlo; ellos desaparecieron mucho antes de la narración. Su hermana Miriam y su hermano Aarón, con quienes por tanto tiempo compartió las cargas del liderazgo, han muerto antes que él. Su discípulo Josué se ha convertido en su sucesor. Moisés se ha transformado en el hombre de fe solitario, excepto que con Dios no hay hombre o mujer solitarios, aun si están solos.

Es un momento profundamente triste, y sin embargo, el obituario que le dedica la Torá —ya sea si Josué o él mismo lo haya escrito a instancias de Dios y con lágrimas en sus ojos (Baba Batra 15a)— resulta insuperable:

> No se levantó más un profeta en Israel como Moisés, a quien el Eterno conoció cara a cara, ni en todas las señales y maravillas que el Eterno le envió a hacer en la tierra de Egipto, a Faraón y a todos sus siervos y a toda su tierra, y por todos los actos poderosos y señales asombrosas que Moisés mostró a la vista de todo Israel (Deuteronomio 34:10–12).

Moisés rara vez figura en las listas —que suelen hacerse de vez en cuando— de las personas más influyentes de la historia. Es más difícil identificarse con él que con Abraham en su devoción, David en su carisma o Isaías en sus sinfonías de esperanza. El contraste entre las muertes de Abraham y Moisés no podría ser mayor. De Abraham, la Torá dice: "Entonces Abraham expiró y murió a una edad avanzada, anciano y lleno de años; y fue reunido con su pueblo" (Génesis 25:8). La muerte de Abraham fue serena. Aunque había pasado por muchas pruebas, vivió para ver el principio del cumplimiento de las promesas que Dios le había hecho. Tenía un hijo y había adquirido por lo menos la primera parcela de tierra en Israel. En el largo viaje que emprenderían sus descendientes, fue él quien dió el primer paso. Hay una sensación de cierre.

Por el contrario, la edad avanzada de Moisés es todo menos serena. En el último mes de su vida desafió al pueblo con vigor inquebrantable y franqueza pura. Justo en el momento en el que se preparaban para cruzar el Jordán y entrar a la tierra de Israel, Moisés les advirtió acerca de los desafíos que les esperaban. La más grande prueba, les dijo, no será la pobreza sino la abundancia, no será la esclavitud sino la libertad, no será la falta de vivienda en el desierto sino la comodidad del hogar. Al leer estas palabras viene a la mente el poema de Dylan Thomas: "No entres dócilmente en esa buena noche". La pasión de sus palabras a sus ciento veinte años de edad es tan intensa como en cualquiera de las etapas anteriores de su vida. Este no es un hombre listo para jubilarse. Él ha continuado desafiando tanto al pueblo como a Dios hasta el final.

¿Qué es lo que aprendemos de la muerte de Moisés?

1. Para cada uno de nosotros, incluso para los más grandes, existe un Jordán que no cruzaremos, una tierra prometida a la cual no entraremos, un destino que no alcanzaremos. Esto es a lo que

Rabí Tarfón se refería cuando dijo: "No depende de ti el completar la tarea, pero tampoco eres libre de desistir de ella" (Mishná Avot 2:16). Lo que nosotros comenzamos, otros continuarán. Lo importante es que emprendimos el camino, que no nos hemos quedado inmóviles.

2. "Ningún hombre conoce el lugar de su sepultura" (Deuteronomio 34:6). Qué contraste entre Moisés y los héroes de otras civilizaciones, cuyas tumbas entierro se convirtieron en monumentos, santuarios y sitios de peregrinaje. Fue precisamente para evitar esto que la Torá insiste explícitamente en que nadie sabe dónde está enterrado Moisés. Creemos que el mayor error es adorar a los seres humanos como si fueran dioses. Admiramos a los seres humanos, no les adoramos. Esa diferencia es todo menos pequeña.

3. Solo Dios es perfecto. Eso es lo que Moisés deseaba que la gente nunca olvidara. Incluso el mejor de los seres humanos es imperfecto. Moisés pecó. Seguimos sin conocer cuál fue su pecado —hay muchas opiniones al respecto. Pero fue por eso que Dios le dijo que no entraría a la tierra prometida. No hay ser humano infalible. La perfección le pertenece solamente a Dios. Y es solo cuando honramos esta diferencia esencial entre el cielo y la tierra que Dios puede ser Dios y los seres humanos, humanos.

4. La Torá tampoco oculta el pecado de Moisés. "Porque no me santificasteis…" (Números 20:12). La Torá no oculta el pecado de nadie. Es valientemente honesta sobre el más grande de los grandes. Suceden cosas malas cuando tratamos de esconder el pecado de las personas. Es por eso que han habido tantos escándalos recientes en el mundo de los judíos religiosos; escándalos sexuales, financieros y de otros tipos. Cuando las personas religiosas ocultan la verdad, lo hacen por los motivos más elevados: buscan prevenir un *jilul Hashem*. El resultado es, inevitablemente, un *jilul Hashem* aún mayor. Tal arrogancia, el negar las deficiencias, incluso las de los más grandes, tiene

consecuencias horribles y malvadas que apartan a las personas decentes de la religión. La Torá no esconde los pecados de las personas y tampoco debemos hacerlo nosotros.

5. Hay más de una manera de vivir una buena vida. Incluso Moisés, el más grande de los hombres, no pudo liderar solo, necesitó de las habilidades conciliatorias de Aarón, de la valentía de Miriam y del apoyo de los setenta ancianos. Nunca debemos preguntar: ¿Por qué no soy tan bueno como X? Todos nosotros tenemos algo —una habilidad, una pasión, una sensibilidad— que nos hace o podría hacernos grandes. El mayor error es tratar de ser alguien más en vez de ser tú mismo. Haz aquello para lo cual eres el mejor, después rodéate de personas que sean fuertes allí donde tú eres débil.

6. Nunca pierdas el idealismo de la juventud. La Torá dice de Moisés que a la edad de 120 "su ojo no se había opacado y su energía vital no había disminuido" (Deuteronomio 34:7). Yo solía pensar que estas dos frases eran complementarias hasta que me di cuenta que la primera es la explicación de la segunda. Que el ojo de Moisés "no se haya opacado" significa que él nunca perdió la pasión por la justicia que tuvo siendo joven. Ahí está, tan vigoroso en Deuteronomio como lo fuera en Éxodo. Somos tan jóvenes como nuestros ideales. Da paso al cinismo y envejecerás rápidamente.

7. En la zarza ardiente, Moisés le dijo a Dios: "No soy hombre de palabras. Soy torpe de habla y lengua" (Éxodo 4:10). Para cuando llegamos a Deuteronomio, el libro llamado "Palabras", *Devarim*, Moisés se ha convertido en el más elocuente de los profetas. Hay a quienes esto los desconcierta. No debería. Dios eligió a alguien que no era un hombre de palabras, para que cuando hablara, la gente se diera cuenta que *no era él quien hablaba sino Dios quien hablaba a través de él.* Lo que él decía no eran sus palabras, sino las de Dios. Es por eso que Él escogió a una pareja que no podía tener hijos —Abraham y Sara— para ser los padres del primer

niño judio. Por eso fue que Él eligió a un pueblo que no se destacaba por su piedad, para convertirlos en los testigos de Dios para el mundo. *La forma más elevada de grandeza es el abrirnos a Dios para que Sus bendiciones fluyan a través de nosotros hacia al mundo.* Es así como los sacerdotes bendecían al pueblo. No era su bendición, ellos eran el canal para la bendición de Dios. El mayor logro al que podemos aspirar es abrirnos a los demás y a Dios en amor, para que a través nuestro fluya algo más grande que nosotros mismos.

8. Moisés defendió al pueblo. ¿Le caían bien? ¿Los admiraba? ¿Era él querido por ellos? La Torá no nos deja dudas respecto a las respuestas de estas preguntas. Sin embargo, él los defendió con toda la pasión y el poder a su disposición. Aun cuando habían pecado. Aun cuando fueron desagradecidos con Dios. Aun cuando hicieron un becerro de oro. Él arriesgó su vida para defenderlos. Le dijo a Dios: "Y ahora, perdónalos, y si no lo haces, bórrame del libro que Tú has escrito" (Éxodo 32:32). De acuerdo con el Talmud, Dios le enseñó esta lección a Moisés al principio de su carrera. Cuando Moisés dijo acerca del pueblo: "Ellos no creerán en mí" (Éxodo 4:1), Dios dijo: "Ellos son creyentes, hijos de creyentes, y al final serás tú el que no crea" (Shabat 97a). Los líderes dignos de admiración son aquellos que defienden al pueblo —incluso a los no-ortodoxos, incluso a los seculares, incluso a aquellos cuya ortodoxia es de un matiz distinto al suyo. Las personas dignas de respeto son aquellas que dan respeto. Aquellos que odian serán odiados, quienes menosprecian a otros serán menospreciados, y aquellos que condenan serán condenados. Ese es un principio básico del judaísmo: *midá kenegued midá*. Las personas grandes son aquellas que ayudan a otras a ser grandes. Moisés enseñó al pueblo judío cómo alcanzar la grandeza.

El tributo más significativo que la Torá le confiere a Moisés es llamarlo *eved Hashem*, siervo de Dios. Es por eso por lo que el Rambám escribe que todos podemos ser tan grandes como Moisés.[1] Porque todos podemos servir. Somos tan grandes como las causas a las que servimos, y cuando servimos con verdadera humildad una fuerza mayor que nosotros, esta fluye a través nuestro trayendo la Presencia Divina al mundo.

AS

1. *Mishné Torá, Hiljot Teshuvá* 5:2.

Sobre el autor

Líder religioso internacional, filósofo, autor galardonado y voz moral respetada, el Rabino Lord Jonathan Sacks (1948–2020) fue laureado con el *Templeton Prize* 2016 en reconocimiento a sus «contribuciones excepcionales para afirmar la dimensión espiritual de la vida». Descrito en su tiempo por Su Alteza Real El Príncipe de Gales como «una luz para esta nación» y por el ex-Primer Ministro Británico Tony Blair como «un gigante intelectual», el rabino Sacks fue un frecuente y solicitado colaborador en la radio, la televisión y la prensa, tanto en Gran Bretaña como alrededor del mundo.

Sirvió por veintidós años (1991–2013) como Gran Rabino de las Congregaciones Hebreas Unidas del Commonwealth. Le fueron conferidos diecisiete títulos honorarios, incluido un Doctorado en Divinidad otorgado por Lord Carey, el entonces Arzobispo de Canterbury, para conmemorar sus primeros diez años en el cargo de Gran Rabino.

En reconocimiento a su trabajo, el rabino Sacks obtuvo también varios premios internacionales, incluyendo el *Jerusalem Prize* en 1995 por su contribución a la vida judía de la diáspora, el *Ladislaus Laszt Ecumenical and Social Concern Award* de parte de la Universidad Ben-Gurion en Israel en 2011, el *Guardian of Zion Award* de parte del Ingeborg Rennert Center for Jerusalem Studies de la Universidad de Bar-Ilan, y el *Katz Award* en 2014 en reconocimiento a su contribución al análisis práctico y la aplicación de la halajá en la vida moderna. Fue nombrado Caballero vitalicio por Su Majestad la Reina Isabel II en 2005, ocupando su asiento en la Cámara de los Lores en Octubre de 2009.

Autor de más de treinta libros, varios de los cuales ganaron premios literarios. *No en nombre de Dios (Not in God's Name)* fue galardonado con el *National Jewish Book Award* de los Estados Unidos de América en 2015 y fue uno de los diez libros más vendidos del Sunday Times en el Reino Unido. *La dignidad de la diferencia (The Dignity of Difference)* obtuvo el *Grawemeyer Award* en religión en 2004 por su éxito en la definición de un marco para el diálogo interreligioso. Sus comentarios sobre la porción semanal de la Torá, *Pacto y Conversación*, traducidos al hebreo, español, portugués y turco, son leídos en comunidades judías alrededor del mundo.

Después de graduarse en filosofía del Gonville & Caius College de Cambridge con los más altos honores, realizó estudios de posgrado en Oxford y en Londres, obteniendo su doctorado en 1981 y recibiendo su ordenación rabínica del Jews' College y Yeshivat Etz Chaim. Sirvió como rabino de las sinagogas Golders Green y Marble Arch en Londres, antes de convertirse en el director del Jews' College.

El rabino Sacks estuvo casado con Elaine durante cincuenta años. Tuvieron tres hijos y varios nietos.

www.rabbisacks.org / @RabbiSacks

Las fuentes utilizadas en este libro son de la familia Arno.

Maggid Books
Lo mejor del pensamiento judío contemporáneo
de Koren Publishers Jerusalem Ltd.